영성의 오솔길
믿음 안에 사는 기쁨

KB190226

이 소중한책을

특별히 _____님께

드립니다.

영성의 오솔길

믿음 안에 사는 기쁨

- 신앙의 확신/회개/성숙/헌신을 위한 묵상 -
Joy of Living by Faith

강영희 지음

나침반

우리의 시선이 주심을 향하게 됩니다

가장 먼저 여기까지 인도해 주신 하나님께 감사를 드립니다.

이 글은 때마다 일마다 하나님이 주시는 은혜로 쓴 글이라는 것을 미리 밝힙니다.

그리고 이 글은 두서, 조직적인 흐름, 주제, 제목에 중점을 두지 않았습니다. 못갖춘마디처럼 허술해 보여도 그 속에 살아계신 하나님을 전하고 싶은 마음을 표현했다는 것에 큰 의미를 두고 싶습니다.

그래서 신앙의 확신과 회개, 성숙, 헌신을 위해 자주 반복해 강조했습니다. 그러므로 매일매일 묵상하다보면 우리의 시선이 주님을 향하게 된다고 믿기 때문입니다.

살아계신 은혜의 하나님을 알고 싶어 하시는 분들께 조금이라도 유익이 되고 싶어 쓴 글이니 많이 애독해 주시고 신앙생활에 큰 도움이 되시기 바랍니다.

강영희 드림

차례

말씀과 간증으로 찾아가는 믿음

"그는 우리의 화평이신지라 둘로 하나를 만드사
원수 된 것 곧 중간에 막힌 담을 자기 육체로 허시고" - 엡 2:14

우리가 "하나님을 믿는다"는 것은 오로지 하나님 은혜로만 되는 일이다. 믿음으로 사는 일은 쉬운 것 같지만 정작 하나님을 잘 믿지 않으면 믿음으로 사는 것이 무엇인지 알지 못해 결국 믿음 안으로 들어가는 길도 사라진다.

사람들은 대부분 하나님을 잘 믿는다고 생각하지만 믿음으로 사는 일은 앞이 보이지 않는 좁고좁은 길로 들어가는 힘든 여정이 앞에 놓여 있다. 만일 우리가 이와 같음을 안다면 우리는 이 세상을 사는 동안 겸손히 마음을 동여매어야 한다. 우리에게는 이 세상을 살아가는 시간이 믿음으로 세워지는 단 한 번뿐인 기회다. 그런데 우리는 믿음으로 사는 것이 무엇인지 바르게 알지 못하기에 잘 믿지 못하는 것이 큰 문제가 된다.

그리고 믿음으로 살아가는 것이 그리 쉬운 일이 아니라는 것을 알기까지는 오랜 시간이 걸린다. 그래서 온 마음과 정성을 다해서 하나님을 향한 간절한 마음으로 하나님을 바라보며 살아가는 진

9

실한 사람이 되려면 신앙은 하나님 중심으로 많이 바뀌어야 한다.

📖

우리가 살아가는 이 세상은 매우 고단하고 힘든 곳이다. 때문에 사람들은 이 세상을 험한 바다나 척박한 광야로 비유하지만 척박하고 메마른 땅인 이 세상 삶이 바로 믿음으로 들어가는 단 한 번뿐인 중요한 훈련 기회라는 것을 안다면 우리는 믿음으로 살아가기 위해 온 마음과 힘을 다해야 한다.

📖

세상에서 시간을 따라 떠도는 우리 육신은 매우 연약하고 부족한 존재지만 믿음으로 살아가기만 하면 하나님을 만나 하나님이 주시는 은혜 안에서 사는 큰 기쁨을 맛보게 된다. 그리고 믿음으로 하나님을 바라보다가 우리 영혼의 소원인 하나님 안으로 들어가서 하나님이 주시는 영생복락을 누리는 사람이 된다면 그것이 믿음으로 가는 큰 여정이 된다. 그리고 오직 믿음으로 살아가면서 진심으로 하나님께 마음을 드리면 전혀 예상하지 못한 방향에서 역사하시는 하나님을 경험하게 되면 그제야 믿음으로 사는 일이 무엇인지 깨닫는다.

사람이 믿음으로 살아가려면 마음을 모으지 않으면 조금도 되는 것이 없다. 그러나 하나님에 대한 간절한 마음만 있다면 언젠가는 하나님 안으로 들어가 사는 귀한 믿음의 사람이 되는 날이 온다는 것을 반드시 믿어야 한다.

　사람들은 '믿는다'는 말을 쉽게 하지만 그 삶과 신앙수준에 따라 육신의 특성이 많이 나타난다. 하나님은 우리가 믿음 없이 살아가는 모습을 보여 주시려고 불의하게 살아가는 모습을 겪게 하신다. 이처럼 불의함을 겪은 사람은 그렇게 살면 안 된다는 것을 알게 되어 믿음으로 변화되어야 한다는 것을 깨닫게 된다. 그러면 믿음으로 사는 것이 무엇인지 알면 알수록 믿음이 소중하다는 것을 깨닫게 되고 결국 믿음을 붙들게 된다.

　우리는 하나님을 바라보면서 믿음으로 살아가려고 애를 쓴다. 그런 마음을 아시는 하나님은 비밀스러운 믿음의 길을 조금씩 열어주시면 그로인해 신자들은 너무나 기뻐서 날이면 날마다 하나님을 바라보게 된다. 믿음으로 사는 것은 하나님을 의식하면서 하나님 한 분만으로 만족하며 하나님을 따라가는 것이다. 예전에는 세상에서 좋아하는 것만 따라 다녔다. 그러다가 믿음으로 살아가고 싶어 애를 썼고 보이지 않는 은밀한 나라로 들어가게 되는 그때에야 믿음이 무엇을 말하는지 분명하게 알게 됐다.

　평생 하나님을 잘 믿으려고 애를 썼으나 현실적으로는 되는 일이 조금도 없는 것만 느낀다. 그럴 때마다 의지할 곳이 없으니 더 간절하게 믿음을 붙든 것이 '나의 인생'임을 고백한다. 나는 그동안 아무리 애를 써도 굳건한 믿음 안으로 들어 갈 수 없었다. 그것을 깨닫기까지 오랜 시간을 보내면서 우리가 하나님을 만나려고 애쓰고 힘쓰지만 사람의 힘으로는 그 어떤 방법도 통하지 않는 것이 '믿음의 세계'라는 것만 경험한다.

우리는 하나님을 잘 믿는다고 생각하지만 사실은 하나님 안으로 들어가지도 못하는 문제투성이라는 것을 깨닫지 못한다. 그만큼 애쓰고 힘쓰면 다 되는 줄만 알았던 믿음은 잠깐의 은혜에 젖을 수는 있어도 더 이상 깊이 들어가지 못하고 돌고 돌 뿐이다. 이렇게 오랜 시간이 지나가면서 믿음은 사람의 힘으로는 하나도 되지 못한다는 것만 알게 된다.

우리의 삶도 내 힘으로는 하나도 되는 것이 없는 것만 경험하면서 동시에 믿음의 세계는 더욱 마음대로 되지 않으니 삶이 더욱 힘들어진다. 그리고 사람이 보이는 것 중심으로 살아가다가 보이지 않는 믿음으로 살아가려면 얼마나 어려운지를 알기까지도 오랜 시간이 걸린다.

그러나 우리 삶은 우리가 영혼 구원을 받을 수 있는 단 한 번뿐인 기회라는 것을 안다면 우리는 매 순간마다 달라져야 한다. 매일 기도하고 성경과 신앙서적을 무수하게 읽어보아도 실패를 반복했다면 생각을 바꿀 필요가 있다. 거기에서 우리 삶 자체가 믿음으로 세워지는 단 한번 뿐인 훈련기회라는 것을 안다면 날마다 하나님을 바라보면서 다가오는 모든 문제들을 믿음으로 이겨내야 이것이 바로 믿음으로 사는 길이 된다.

📖

　신자라고 해서 모두가 하나님을 잘 안다고 말할 수는 없지만 하나님이 누구신지 알지 못하면 믿음도 무엇인지 알지 못한다. 믿음으로 산다는 것은 순간마다 하나님을 생각하고 하나님께 마음을 드리며 하나님 한 분만으로 만족하는 삶이 되는 것이다.

📖

　우리가 사는 목적은 인생 성공에 있지만, 믿음은 하나님을 믿고 하나님이 주시는 은혜를 받아서 하나님 말씀 안으로 들어가 하나님과 함께 동행 하면서 사는 것이다. 그러나 그 마음과 생각을 믿음으로 바꾸지 못하면 믿음은 한낱 장식품에 불과하고, 성령으로 살아가지 못하면 참된 믿음이 되지 못한다. 또한 영혼의 깊고 깊은 어두운 밤이 와서, 최악의 상황에 몰려 지적을 분간할 수 없는 칠흑 같은 순간이 오면, 믿음이 어려서 하나님을 찾아가지 못한다.
　이처럼 하나님께 나아가지 못하게 하는 것은 다른 것이 아니라 하나님을 알지 못하는 무딘 육신으로 하나님을 믿는 진정한 마음이 없으면 되는 것이 하나도 없다는 것을 경험해야 믿음이 귀한 것을 알게 된다.

하나님을 가장 소중하게 여기는 사람은 하나님을 붙들고 하나님 안으로 들어가려고 애를 쓰게 되는데 이것이 곧 믿음으로 사는 것으로 우리가 하나님을 잘 믿으려면 무수한 시행착오를 겪을 수 있다. 믿음으로 살다가 불시에 험한 문제가 찾아오면 마음은 상하고 다치지만 그것이 믿음으로 들어가는 한 가지 방법이라는 것을 안다면 거기에 침몰 당하지 않고 믿음으로 이길 수 있다.

믿음으로 사는 것이란, 모든 힘을 다해도 잘 되지 않는 그 길에서 창조주 하나님을 어떻게 만날 수 있는지 상상할 수 없는 일이지만, 그럼에도 하나님을 만나려고 무던히 애쓰다가 드디어 하나님을 만나 하나님의 은혜를 경험하고 나면 '하나님만이 모두이다'라는 것을 알게 되는 것이다.

신자는 믿음으로 기도하지 않고는 하나님의 생명이나 사랑을 경험 할 수 없고 십자가를 알지 못하면 주님을 만날 확률도 희박해지나 하나님 안에서 살아가려고 애쓰는 그 일을 통해 하나님을 만난다면 그것은 전적으로 하나님 은혜로만 되는 것이지 사람의 힘으로는 되지 않는다. 그러나 우리가 믿는 그 길에서 잘 믿지 못하게 방해하는 것이 얼마나 많은지…. 그 중 하나가 자신의 생각대로 하나님을 믿으면서 잘 믿고 있다고 생각하는 것이다.

우리는 삶으로 인해 힘들어하다가 하나님의 은혜를 받으면 그제야 하나님이 누구신지 알고 하나님을 붙들게 된다. 믿음은 그냥 되는 것이 아니다. 이런 과정이 바로 믿음으로 가는 첫 걸음이 된다.

📖

믿음으로 살아가려면 마음이 준비되어야 한다. 하지만 하나님은 준비된 사람뿐만 아니라 준비하는 사람을 쓰신다. 하나님은 우리를 아시고 부르신다는 것을 아는 사람은 그 부르심에 응하는 사람이 되어야 한다. 결국은 신자가 믿음으로 살아가려면 그 마음 안에 굳건한 믿음이 내재되기까지 오래 걸리고 또한 하나님의 부르심을 따라가는 사람이 되기까지 오래 걸릴 수 있다. 믿음으로 가는 길은 멀고도 힘들지만 그 가는 길에 사람이 아니라 하나님 은혜를 따라간다면 믿음은 그리 어려운 길이 아니다.

📖

우리는 믿음으로 하나님을 향하여 마음을 드리기만 하면 하나님 안으로 들어가서 하나님의 사랑을 받으면서 살아갈 수 있다. 농부가 밭에 씨를 뿌리면 곡식을 거둘 때가 있듯이 무슨 일을 하든지 믿음으로 심으면 믿음을 거두고, 선을 심으면 선한 열매를 거두며, 섬기는 자는 그 섬김을 심어 하늘 상급을 받는다. 그리고 육신으로 심는 자는 육신의 것으로 거두고, 영으로 심는 자는 영생으로 거둔다는 의미가 무엇인지 알게 된다. 믿음으로 사는 것이란 무슨 일을 하든지 오직 중심을 드리기만 하면 하나님이 아신다는 것이다.

우리는 믿는다고 하면서도 하나님 안으로 들어가지 못하는 연약한 사람이다. 그러나 우리가 기도생활을 하지 못하면 믿음은 한낱 겉치레에 불과해 신앙이 자라는데 매우 오래 걸린다. 그리고 자신의 선함으로 나갈 때 그 선함은 자신의 부족함만 깨닫게 해줄 뿐 참된 생명의 효력은 그리스도 우리 주 예수님 한 분뿐이라는 걸 알게 된다. 믿음으로 가는 그 길을 말씀과 기도로 간다면 그 일이 성령 충만으로 이어져 새로운 은혜로 사는 날이 오고, 믿음으로 사는 일은 즐거운 일이 된다.

📖

우리가 자신의 문제를 깨닫고 자기 자신을 낮추는 겸손한 마음을 갖게 되면 믿음의 상황은 많이 달라진다. 또한 천지를 지으신 하나님을 향한 간절한 마음만 있다면 하나님을 만나게 되고 하나님으로부터 은혜 안으로 들어가게 되며 이것이 은혜라는 것을 알게 된다.

우리가 참된 믿음으로 세워지려면 회개를 해야 한다. 이는 사람이 죄를 뉘우치고 돌이키는 것 없이는 하나님 안으로 들어가지 못하기 때문이다. 우리가 하나님 앞에서 자신의 잘못을 알고 뉘우칠 때 하나님으로부터 용서의 은혜가 온다. 그런데 티끌 같은 검은 점 하나도 견딜 수 없어 하나님 앞에서 솔직하게 고백하는 것도 하나님이 주셔야 되고 하나님 앞에서 죄인인 것을 시인하는 그 마음도 하나님이 주셔야 한다.

📖

하나님과 우리 사이에 가로 막힌 담을 무너뜨리는 방법은 오직 회개뿐이다. 믿는 사람이 회개하지 않으면 하나님 나라가 도무지 열리지 않고 들어가지도 못한다. 그리고 신자는 그 본성적인 죄를 뉘우치기만 하면 하나님이 주시는 용서의 은혜로 자신을 이기고 사단을 이기면서 그 어떤 험한 시련도 이겨내는 믿음의 동력이 생긴다.

신자가 죄를 회개(자백) 하면 하나님이 방패와 병기가 되어주시어 은혜의 길로 인도해주신다. 또한 기도함으로 살아계신 하나님을 경험하면서 기쁘게 하나님을 향해 나가는 사람이 되면, 바른 믿음으로 살아가게 된다.

📖

우리가 믿음으로 살아가려면 하나님이 계시는 곳으로 들어가 하나님을 만나서 하나님 은혜 안에 사는 사람이 되어야 바른 믿음으로 사는 것이다. 믿는다고 하면서 하나님이 주시는 하나님 은혜를 조금도 경험하지 못하면 믿는다는 것도 다 헛된 일이 되고 만다. 그리고 신자가 자신이 부족한 죄인 출신이라는 것을 알지 못하면 그 죄가 무엇을 말하는지 알지 못하고 하나님도 누구신지 알아보지 못하니 더욱 회개하지 못한다.

📖

하나님 나라는 너무나 신비해서 육신의 힘으로는 아무리 힘쓰고 애써도 사람 마음대로 열리거나 들어갈 수 없다. 이것을 깨달아야 믿음으로 사는 길이 무엇인지 알게 된다. 그러나 믿음 안에서 하나님께 돌이키는 회개를 하려고만 하면 하나님이 반드시 되게 해주신다.

우리는 매사에 회개하려고 하지만 회개하려는 마음도 하나님이 하게 해주시고 믿음도 믿게 해주셔야 믿을 수 있다. 사람의 힘으로 아무리 회개를 하려고 해도 절대로 되지 않던 회개 역시 마음만 있다면 하나님은 우리를 회개의 길로 인도해 주신다.

우리가 마음만 드리면 회개하도록 해주시고 하나님을 믿도록 해주시는 능력이 회개와 믿음에 대한 하나님의 주권이시다. 신자가 참된 믿음으로 살아가려면 적극적으로 하나님과 막힌 죄의 담을 무너뜨려야 되는데, 그것은 그냥 되지 않는다. 회개를 통해서만 가능하다.

📖

우리는 진정으로 하나님을 경험해야한다. 회개함으로 하나님을 경험하고 하나님이 주시는 은혜가 무엇인지 깨달아야 믿음으로 사는 것이 무엇인지 알게 된다. 그러나 진정한 회개는 우리 마음대로 되지 않는다는 사실을 뼈저리게 경험하면서 회개가 안 되어 매우 실망하고 좌절하는 긴 시간이 지나가기도 했다.

그런데 회개가 전혀 되지 못하는 것도 하나님 은혜라는 것을 나중에야 깨달았다. 우리가 아무런 노력도 없이 쉽게 회개가 된다면 믿음을 소중하게 여기지 못할 수도 있다. 아무리 하나님을 마음으로 갈망하고 하나님 안으로 들어가려고 몸부림쳐도, 아무것도 되지 못하는 상황을 처절하게 경험한 후에야 믿음으로 사는 것이 얼마나 소중한지를 알게 된다. 그리고 회개도 기도도 사람의 힘으로 되지 못한다는 것도 깨닫게 된다. 그리고 굳건한 믿음이 되려고 늘 애쓰지만 자주 실패하는 경험 속에서 회개는 전혀 다른 방향에서 열리는 신비한 경험을 하게 된다.

회개와 믿음에 대한 능력

"하나님께로부터 난 자마다 죄를 짓지 아니하나니 이는 하나님의 씨가 그의 속에 거함이요
그도 범죄하지 못하는 것은 하나님께로부터 났음이라"- 요일 3:9

세상은 겉으로 보기에는 아무리 좋아보여도 그 속에는 허울 좋은 거짓으로 가득 차 있다. 사람도 겉으로는 고상하고 아름답게 보여도 그 속에는 온갖 추한 것으로 가득 차 있으니 결국 세상도 사람도 믿지 못한다.

우리는 어디서나 바르게 살아가면 된다고 생각하지만 하나님은 어려운 사건을 통하여 우리의 본성을 건드리신다. 우리 안에 든 죄의 속성은 깊이 숨어 있는 것이 특성이지만 그 죄가 힘든 사건을 통하여 불시에 드러날 때면 우리는 자신의 불의한 모습을 보게 된다.

어느 사건을 통해 올라오는 혈기나 낙심 등 그 본능적인 속성들이 활개를 치고 드러나면 자신이 나쁜 사람이라는 것을 알게 된다. 그리고 그 불의함을 보고 뉘우치는 것이 바로 회개하는 것이고 믿음으로 사는 것인데 아직 그 일을 중요하게 느끼지 못한다는 것은 아직 회개의 기회가 오지 않은 것이라고 밖에 말할 수 없다.

회개하려는 마음과 기도도 모두 하나님이 하게 해주셔야 되는 것이다. 신자가 하나님의 깊은 은혜의 자리까지 나아가려면 자신의 죄를 보는 안목이 열려 어둠속 깊이 숨겨진 죄의 속성을 깨닫고 이것을 보는 영적 지각이 열려야 한다.

우리 안에서 죄가 알아지고 죄의 실체가 느껴지면 죄를 보는 눈이 열려서 숨은 죄의 현상을 보게 된다. 그러면 육신은 선과 악이 같이 거하는 죄의 집인 동시에 믿음 안에서는 하나님이 거하시는 거룩한 성전이라는 사실을 알아야한다. 우리 안의 불결한 죄를 그냥 둔다면 하나님 나라는 열리지 않는다.

믿음으로 바르게 산다고 자신하는 것 때문에 믿음이 절대로 열리지 못하던 내가 하나님 은혜로 죄를 보고 난 후에야 죄가 무섭다는 것을 경험했다. 어떤 문제를 통해 내 안에서 한없이 올라오는 혈기와 분노에 직면하면서 그것이 바로 죄가 주는 불결한 결과라는 사실을 보면 죄가 무엇을 말하는지 알게 된다. 그래서 참된 믿음이 되려면 성령의 도우심을 받아 내면의 진정한 자신의 모습을 보게 해달라고 기도해야 한다.

그동안 자신의 죄를 보지 못해 회개하지 못하다가 성령의 역사로 무서운 죄를 세밀하게 보면 그 죄가 성령의 능력으로 쫓겨가는 경험을 하게 된다. 마음에 회개가 바르게 된다면 이것이 믿음으로 가는 첫걸음이 되는 것이지 믿음은 다른 것으로 되지 않는다.

대부분의 사람은 편하게 믿으면서 편하게 잘 살기를 원하지만 믿음으로 살아가려면 어렵다하더라도 바르게 믿어야 한다. 우리가 만일 자신의 모습을 알지 못하면 믿음이 무엇인지 알지 못하고 내가 나를 보지 못하면 보이지 않는 하나님도 믿지 못해서 진실한 믿음이 되지 못한다.

경험에 의하면 항상 바르게 살아온 사람은 그것이 눈을 가려서 더욱 잘 믿지 못하고 회개도 하지 못하게 된다. 믿음으로 사는 것이란 하나님을 믿고 모든 것을 맡기는 것이다. 하지만 어떤 사람은 자신이 바르게 살고 있다는 그 정당성 때문에 자신만 믿고 하나님께는 믿고 맡기지 못한다.

우리가 실천하는 윤리적이고 옳은 행실도 반드시 해야 하는 아름다운 미덕이지만 믿음 안에서는 하나님께로 돌아가지 못하는 굳은 마음이 문제가 될 수 있다. 그리고 이를 돌이키지 않으면 하나님 나라는 절대로 열리지 않는다. 믿음의 세계는 상상이 안 되고 추측만 난무하는 신비한 세계여서 아무리 기도하고 예배에 참석한다고 해도 육신의 무능한 한계만 경험한다. 그리고 그곳에서 되지 못하는 믿음을 보면서 마음은 늘 낙심한다.

📖

어느 날 지금까지 믿음 안에서 힘쓰지 못한 것이 무엇인지 돌아보니 진정한 회개를 하지 못했다는 것을 깨닫고 회개를 하려고 굳게 결심을 했다. 그리고 늘 회개하려고 애쓰는 세월이 오랫동안 지나가지만 애를 쓰면 쓸수록 회개가 잘 되어야 하는데 마음과 목이 더 마르고 공허해지는 심정적인 어려움에 봉착했다.

마음을 다해 회개에 전념을 하려고 하니 더 큰 영혼의 메마름과 공허함이 파도같이 밀려들면서 목이 조여 오는 듯 숨이 막히고 속수무책 속에 갇히는 큰 어려움으로 힘든 날이 지나갔다. 그동안 한 번도 경험하지 못한 극한 상황의 심정적인 공백을 겪으면서 이것이 바로 회개하지 못하게 하려는 사단의 방해라는 것을 비로소 깨닫고 회개란 진정으로 어려운 길이라고 느끼게 됐다. 그러나 진짜 문제는 이런 마음의 극한 상황 속에서는 믿음이 어려 해결할 방법을 몰랐다는 것이다.

📖

심령으로 부딪치는 안팎의 큰 어려움 속에서 끊임없이 하나님을 붙들지만 이 극한 상황을 해결해주실 분은 하나님 한 분뿐인데 아무리 회개를 하려 해도 잘 되지 않았다. 낙심하는 가운데 어떤 소망이나 희망이 조금도 보이지 않았다.

이처럼 우리가 살아가는 동안 감옥 같은 어려움을 온몸과 마음으로 경험한다. 이 깊어가는 영혼의 무기력을 해결해주실 분은 하나님 한 분외에는 없지만 믿음이 없어 그 무엇도 되는 것이 없는 날들만 지나갔다.

📖

우리가 회개하려는 마음이 되어도 힘든 세월만 지나갈 뿐 회개가 될 기미는 조금도 보이지 않는다. 믿음으로 살아가려면 회개하는 방법뿐인데 가장 힘든 것 또한 회개하는 것이다. 우리는 철저하게 회개를 하려면 먼저 자신과 힘든 싸움을 해야 한다. 그렇지 않으면 회개는 쉽게 되지 않는다.

믿음을 세우기 위해 기도와 회개를 사용해야 하는데, 그것을 할 줄 모르는 사람은 믿음으로 사는 것 또한 무엇인지 알지 못해서 믿음이 성장하지 못한다. 회개를 해보지 않은 사람은 믿음도 하나님도 모르는 것이고 회개가 얼마나 힘든지 모른다면 그 믿음이 자라는 것이 얼마나 어려운 일인지 알지 못해 믿음으로 살아가는 것이 매우 어려운 길이라는 것을 알지 못한다. 또한 회개하는 그 시간에 하나님과 동행하는 수고와 기쁨을 모른다면 믿음이 무엇인지 알지 못해 믿음을 중요하게 여기지 못한다.

그러나 지속적인 회개로 시간이 지나가던 어느 날 캄캄한 마음 안으로 문득 작은 빛 하나가 살짝 스치고 지나간다고 느낀 것뿐인데 금방 숨이 편해지고 살만해진다. 우리는 낮에는 해, 밤에는 달이 비쳐주는 밝은 세상에서 살아가지만 아주 작은 빛 하나가 어둠으로 꽉 막힌 내면을 비춰주면 그 막힌 숨이 조금씩 풀어지는 경험 속에 하나님이 주시는 은혜의 신비함을 맛본다.

　우리가 회개함으로 성령이 우리 마음 안으로 내주하면 성령의 감동하심으로 모든 생각에 변화가 일어나고(지적 요소), 모든 삶의 방향이 잘못되었다는 뉘우침이 일어나서(정적 요소), 하나님을 믿어야 한다는 결심으로 나타난다(의지 요소). 그리고 진정한 회개란 반복적이 될 수 없는 일회적인 회개를 말하나 죄를 알면 알수록 회개하는 행위는 반복되어야 하고(성경은 이를 자백이라고 표현하기도 한다-요한일서 1:9 참조) 각자의 반응으로만 된다.

📖

　회개를 통하여 믿음이 들어오면 하나님 말씀이 진정한 진리라는 것을 인정하는 확실한 지식(지적)과 내면에서 하나님에 대한 신뢰(감정)와 하나님 뜻대로 살아드리려는 행동적인 결단(의지적)이 포함되는 진정한 신앙 안으로 들어가게 된다.
　그래서 믿음은 하나님이 주시는 선물이며 구원에 이르게 하는 지혜를 가져다준다. 성경 말씀도 성령을 떠난 말씀은 구원과는 아무런 관계가 없지만 참된 성경 지식은 성령을 받아서 성령으로 해석되어야 하고 하나님 말씀은 영적이어서 영으로 깨닫지 않으면 아무리 애를 써도 깨닫지 못한다.

십자가의 도가 이방인에게는 스쳐가는 소리로만 들리지만 내적으로 하나님의 부르심을 입은 사람에게는 하나님의 능력이 된다(고전 1:23-24). 그러므로 그리스도의 향기가 이 사람에게는 사망에 이르는 냄새요 저 사람에게는 생명에 이르는 향기가 된다는 것을 안다면(고후 2:15-16) 같은 진리라도 성령의 역사하심에 따라 복음이 되기도 하고 허탄한 소리가 되기도 한다.

성경과 성령은 불가분의 관계로 전도도 외적 부르심의 한 가지 수단이지만 진정한 구원은 성령에 의한 하나님 은혜로만 되어야 한다.

신자의 믿음은 하나님 성전으로 사는 믿음이 되어야 한다. 구약시대는 하나님이 말씀하신 대로 지은 성전에서 예배를 드리고 신약시대인 지금은 교회 중심의 예배로 나아간다. 하지만 진정한 예배는 우리 마음 안에 신령한 하나님의 성전이 지어져서 그 안으로 들어오시는 하나님을 온몸으로 모시면서 살아가는 것이다.

하나님은 우리 마음 안으로 들어오기를 원하시는 분이시다. 하나님은 우리 마음을 하나님의 거처로 삼기 원하신다. 그러나 우리 마음이 깨끗이 정화되지 않으면 하나님과 동행 할 수 없기 때문에 우리는 늘 마음을 정화시켜야 한다. 사람이 마음을 깨끗이 정화시키는 방법이 바로 회개(자백)하는 것으로 만일 바르게 회개만 된다면 나머지는 하나님이 다 아시고 해 주신다.

신자가 하나님이 그의 안으로 들어오시길 원한다면 먼저 회개해야한다. 심령 성전이 지어지면 몸과 마음이 하나님 은혜로 기쁘게 살아가는 날이 온다. 그리고 하나님 안에서 늘 하나님과 동행하다가 주일 날 성도들과 함께 드리는 예배가 주는 믿음의 기쁨을 모른다면 믿음의 깊이를 알지 못하는 것이다. 믿음으로 가는 길은 불투명하고 그 앞이 보이지 않아도 하나님만이 우리에게 영생을 주시는 분이시니고 믿음으로 하나님을 향하여 마음을 드리면 된다는 그 열심을 가지고 하나님만 따라가는 사람이 되어야 한다.

사람은 무엇을 하더라도 하나님을 향한 진정한 마음이 되지 못하면 허수아비 같은 신앙이고 죽정이 같은 믿음이라는 것을 깨달아야 하는데 거기까지 가는 데도 매우 오래 걸린다. 사람들은 처음에는 무작정 예배만 드리면 된다고 생각하지만 진정한 믿음은 사람이 어떻게 하나님과 깊은 사귐의 관계성 안으로 들어가느냐에 따라서 신앙은 많이 달라진다. 사람은 몸과 영혼의 양면적인 관계 속에서 살아가지만 온몸과 영혼으로 하나님을 믿으면서 하나님과의 올바른 관계 안에서 바르게 세워져 바른 믿음으로 살아가야 한다.

그리고 믿음을 중요하게 여기지 못하면 영원히 나약한 죄인으로 살아간다는 것을 깨닫는데도 오래 걸린다. 우리가 하나님과 동행하지 못하면 매사에 되는 것이 하나도 없는 것만 경험하지만, 그 믿음이 되지 못하는 한 가지 이유는 그가 진정으로 하나님을 만나지 못해서이고 진실한 믿음이 되지 못해서이다.

어떤 사람은 하나님 은혜로 날마다 하나님을 바라보면서 하나님과 같이 행복하게 살아가는 사람이 있는가 하면 어떤 사람은 믿음을 소중하게 여기지 못해서 믿음이 주는 기쁨을 알지 못한다. 그래서 힘든 세상 문제들을 통해 믿음으로 사는 것이 무엇을 말하는지 경험해야 믿음을 알게 된다.

하나님은 어려운 사건과 문제를 통해 우리 내면을 건드리신다. 그때 한없이 흐르는 눈물과 아무것도 할 수 없는 무능한 사람이라는 것을 깨달아야 믿음을 붙들게 된다. 믿음으로 산다는 것은 하나님을 의지하는 것으로 몸과 마음이 너무 힘들어서 믿음 안으로 들어가야만 산다는 것을 깨닫는 것이다. 그러나 아무리 은혜를 받으려고 애를 써도 하나님 은혜 안으로 들어가는 방법은 알기가 쉽지 않다.

그냥 은혜를 받으라고만 하지 어떻게 은혜를 받는지 구체적으로 설명해 주는 사람이 많지 않다. 생각해 보니 어떻게 하나님 은혜 안으로 들어가는지 깨닫는데도 오랜 시간이 걸렸다.

사람이 믿는다고 하면서도 하나님 은혜로 바르게 세워지지 못하면 겉으로 보기에는 바르게 보일지 모르지만 허울 좋은 가식과 다름이 없다. 어떤 분은 기도하는 방법을 알려 달라고 하지만 진정으로 하나님 앞에서 기도로 씨름을 해본 사람은 그런 말을 하면 안 된다. 사람은 어려움이 닥치면 영적 상담자를 찾아 돌아다니지만 믿음의 사람은 진정한 우리의 상담자이신 하나님 앞으로 나가서 마음을 다해 자신과 씨름을 해야 한다.

그리고 믿음으로 나아가다 하나님 은혜를 받으면 너무 기뻐서 감사하게 되고 은혜가 메마르면 성령의 불을 다시 지피려고 새벽마다 기도를 하고 밖으로 돌아다니는 반복 속에서 살아간다.

나는 지금 그때를 연민의 정으로 돌아보며 그때가 하나님 은혜 안으로 들어가는 출발점이었다는 것을 깨닫게 된다. 시간만 허비하면서 헛되이 믿어온 사람은 그 마음과 생각이 믿음으로 많이 변해야 한다. 언제, 어느 곳에서나 마음만 드리면 만나주시는 하나님 은혜가 있는데 육신 중심의 수동기어로 힘겹게 가던 믿음이 성령 중심의 자동기어로 가는 신비한 하나님 은혜가 마음 안으로 들어온다면 어디서나 헤매고 돌아다닐 필요가 없어진다.

하나님을 믿는다는 이유로 마음도 환경도 어려움을 당하고 나중에는 멸시와 천대를 받기도 한다. 하지만 몸과 마음이 가난하고 비천에 처해지는 그때가 되어서야 믿음으로 사는 것이 무엇인지 깨달을 때가 있다. 살다가 안팎으로 느닷없는 사건을 통해 몸과 마음이 상하고 다칠 때, 하나님은 그 상한 것을 보시고 그 안으로 들어오시는 분이시기도 하다. 하나님은 우리가 어떤 사건을 통하여 상하고 다치면서 낮아지고 비천한 자리에 있을 때 오시는 분이라는 걸 안다면 우리는 마음이 가난하고 낮아져야 한다.

📖

진실한 믿음의 사람이 되려면 마음과 영혼이 목이 마르고 주리는 심령의 공허함으로부터 시작되지만 마음이 허전하고 목이 마르는 형편도 나에게서 나오는 것이 아니라 하나님이 해주셔야 된다. 마음의 처절한 공허나 목이 마르는 갈증은 하나님이 우리를 부르시는 신호이기 때문이다.

📖

사람이 믿음으로 산다고 하면서 배우고 경험한 것은 너무도 많으나 하나님께 받은 은혜 경험이 부족한 것은 하나님께 마음을 드리지 못해서이다. 그리고 마음을 드리거나 하나님을 믿는 것도 하나님이 해주셔야지 사람의 힘은 아무런 도움이 되지 못한다는 것을 아는 데도 시간이 걸린다. 그동안 육신의 힘으로 애쓰던 모든 일도 헛된 사람의 욕망에서 비롯된 것을 안다면 우리는 이 간사한 육신의 욕망에 속으면 안 된다. 믿음으로 산다는 것은 하나님께 마음을 드려야지 우리가 마음을 드리지 못하면 아무것도 되지 못하고 다른 것에 마음을 쏟으면서 하나님을 잊으면 진실한 믿음으로 나아가지 못한다.

📖

우리는 마음이 허전해서 하나님을 만나려고 온갖 정성을 다하지만 번번이 실패하고야 만다. 그 무엇을 하든지 하나님이 함께해주셔야 되는데 육신의 힘으로 평생 애써봐야 되는 것이 하나도 없는 것만 경험하게 된다.

믿음이 없는 인생은 맥없이 지나가지만 무엇보다도 하나님과 함께 살아가고 싶은 이유는 공허한 마음 때문이다. 이 공허하고 허전한 마음을 견디다 못해 믿음으로 살아가야 한다는 것을 깨닫고 그렇게 살기 위해 애를 쓰지만 사람의 힘과 지식으로는 도저히 이해될 수 없고 정복할 수 없는 신비한 영역이 믿음의 세계다. 공허한 마음에는 진정한 믿음이 필요하다는 것만 처절하게 경험한다.

믿음이 주는 능력으로 사는 삶

"믿음이 없이는 하나님을 기쁘시게 하지 못하나니 하나님께 나아가는 자는 반드시 그가 계신 것과 또한 그가 자기를 찾는 자들에게 상 주시는 이심을 믿어야 할지니라" - 히 11:6

　오늘도 맑은 새 아침 '하나님이 주신 이 좋은 하루를 어떻게 보내나' 생각한다. 그리고 '오늘도 참 좋은날이다'라는 것이 마음에 닿으면 무의식중에 하나님을 먼저 생각해야 하는데 그러지 못하는 어리석음을 돌아보게 된다. 그리고 매사에 하나님을 먼저 생각해야 하는데 할 일을 다 하고 나서야 하나님을 찾는 미련함을 돌아보면서 하나님 없이 스스로 사는 것이 얼마나 어리석은지 알게 된다. 믿음으로 살아가려면 하나님을 먼저 생각해야 하는데 그러지 못하는 사람의 약함을 보면서 마음이 안 되면 믿음도 안 된다는 것을 깨닫는다.

　언제나 좋은 믿음을 주신 하나님이 고마워서 열심히 믿으려고 하지만 하나님을 믿는 일이 그리 쉬운 일은 아니다. 어떤 분은 하나님을 만나려고 무인도에서 오랫동안 지내고, 어떤 분은 토굴 속에서 하나님을 갈망하며 산다. 하지만 크리스천이라면 이 세상을 살아가며 겪는 여러 가지 시련을 믿음으로 이겨내는 여러가지 훈련 기회를 거쳐야 된다는 것을 깨달아야 한다.

돌이켜 보면 좋은 옷을 입은 사람은 좋은 옷이 더러워질 것 같아서 더러운 곳에 가지 못한다. 그러나 겸손히 주님 앞에 무릎을 꿇을 때 주님이 만나주신다. 그리고 주님이 이 땅에 오실 때 빈들에서 일하던 목자가 천사를 만났다. 하나님을 만나고 싶어 애태우며 기다리며 기도하는 가난한 영혼의 낮아진 자리에 하나님은 오신다.

📖

어떤 사람은 열심히 봉사를 하면 그 일이 최고의 영성인 줄 안다. 하지만 진정한 믿음은 대중 속에 섞여서 다수의 방법으로 가는 것이 아니라 하나님과 일대일의 깊은 관계 안으로 들어가는 것이다. 우리가 기도하면서 잘 믿기 위해 힘쓰는 것이 하나님의 일이고 그것이 가장 중요한 일인데 이를 잘 알지 못한다. 하나님을 얻지 못하면 아무것도 아니라는 것을 전혀 생각하지 못한다.

또한 일을 잘하면 진실한 신자로 보일지 모르지만 하나님 앞에서는 신자로서의 참된 믿음이 무엇인지 잘 모르면 믿음도 전혀 알지 못하는 것이다. 사실 영혼이 무엇을 말하는지 알지 못하면 영이신 하나님도 잘 알 수 없다. 그래서 신자라면 먼저 영혼으로 영이신 하나님을 만나서 영이신 하나님 안으로 들어가야 한다.

📖

믿음이 성숙해진다는 것은 우리 영혼이 하나님을 만나 하나님 은혜에 이르는 길로 끊임없이 나가는 것이다. 그러나 영이신 하나님을 만나려면 마음 안으로 성령님이 오셔야 된다. 우리 영혼은 영이신 하나님과 친밀해지는 영적인 관계 속으로 들어가서 하나님과 동행하려면 반드시 성령 충만해야 한다.

또한 잘 믿으려고 힘써 하는 선행도 성령을 통하지 않으면 아직 믿음으로 하는 것이 아니라는 것을 알아야한다. 성령을 통하지 않는 사람의 힘으로 하나님의 성품에 참예하려는 헛된 어리석음 때문에 진정한 믿음은 시간이 많이 걸린다는 것을 이제는 알게 된다.

📖

믿음의 진정한 핵심은 우리를 구원해주신 하나님 은혜에 감사해 선한 일도 해야 하는데 믿음 없이 사람의 힘으로 나간다면 마음 안에서 회의가 일어난다. 마음에 회의가 일어난다는 것은 '믿음이 어리다'는 의미이다. 믿음은 하나님이 원하시는 방법대로 따라가지 못하면 마음도 공허해진다. 그 공허한 마음을 그대로 방치하면 마귀의 소굴로 변하기 마련이다. 그리고 믿음으로 살아가려면 세상의 좋아하는 것 때문에 문제가 되지만 그 좋아하는 것을 처음부터 버리라고 하면 버리지 못한다. 단지 믿음의 분량에 맞게 처음부터 큰돈을 쓰고 돕는 것이 아니라 극히 작은 일 하나도 믿음으로 살아가기 위해 돕는 연습을 해야 한다.

믿음 안에서는 돕는 것도 손해를 보게 하려는 것이 아니라 하늘의 신령한 복을 주시려는 아버지 하나님의 마음으로, 드리고 섬기는 것도 해야 한다. 이와 같음을 안다면 이것이 허비가 아니므로 더 드리고 싶어 하고 더 손해를 보아도 된다는 마음으로, 궁극적으로는 모든 것을 드리되 마지막에는 우리의 생명까지도 드리는 것이 믿음으로 사는 것이다.

사람이 믿음으로 살아가려면 자신이 소중히 여기는 것을 버리기만 하면 된다. 그러면 하나님이 아시고 하늘 복으로 채워 주시는데 하나님보다 다른 것이 더 소중하다면 믿음으로 살아가지 못한다.

사람은 세상의 넘쳐나는 지식 속에서 살아가지만 믿음 안에서는 모든 것을 뒤로하고 믿음으로 사는 것만이 진정한 믿음이 주는 능력이 된다. 믿음이 주는 능력이란 하나님 은혜가 들어와서 하나님 은혜로 사는 것을 말한다.

신자가 참된 믿음이 되려면 먼저 성령을 받아야 하는데 믿음이 어리면 성령이 무엇인지 알지 못해서 성령을 중요하게 여기지 못한다. 신자는 믿음으로 성령을 받아서 충만하신 성령의 인도하심을 따라가야 하는데 믿음이 어리면 정직하게 사는 것만이 옳은 믿음이라고 생각해 진실한 믿음이 되지 못한다.

📖

믿음으로 산다는 것은 성령을 받아서 성령으로 하나님을 느끼면서 하나님 뜻을 따라가는 것인데 나는 믿음으로 산다고 하면서도 힘들고 슬픈 세월이 지나갔다. 그 어려운 날들을 통과하면서 느낀 것은 인생의 그 모든 일도 하나님 앞에서는 아무것도 아니라는 사실이다. 그러나 돌아보니 그날은 헛된 시간이 아니라 하나님 훈련 속에 들어 있었던 가장 귀하고 소중한 시간이라는 것을 이제야 깨닫는다. 그 어려운 하나님의 훈련을 거치면서 살아가는 삶 자체가 바로 믿음으로 세워지는 가장 중요한 기회라는 것에 감사한다.

📖

살다가 힘이 들 때면 마음이 약해져서 울기도 했다. 그런데 그 울음의 의미가 모두 달랐다. 처음에는 앞에 닥친 어려움으로 억울하고 분해서 울다가, 나중에는 이런 어려운 일을 잘 넘어가지 못하는 나약한 믿음 때문에 속이 상해서 울었고, 외롭고 고독해서 울다가 영혼의 주인이신 하나님을 만난 후에는 하나님 사랑을 받고나니 마음이 벅차고 감사해서 울었다. 그리고 그동안 잘 믿어드리지 못한 지난날의 헛된 삶과 믿음 없이 산 그날들을 돌아보고 그 좌절 속에서 울면서 삶이 무참히 짓밟히고 배척당하고 나서야 '세상도 사람도 믿을 것이 못 된다'는 것을 깨달았다.

하지만 그날의 낙심하는, 비참한 영혼의 주린 시간이 없었다면 하나님께로 올인 하지도 못했을 것이고 하나님 말씀과 기도에 전적으로 전념하지도 못했을 것이다. 그리고 늘 방황하는 나약한 나를 보시고 믿음으로 바로 세워주시려고 기막힌 문제 속으로 몰아가 믿음으로 훈련을 시키신 하나님 아버지의 깊으신 의도와 뜻을 그 어려운 길을 통과함으로 알게 됐다. 가장 외롭고 연약한 시기에 사방을 돌아보아도 위로해 주는 이가 하나도 없는, 생명이 끊어진 것 같은 그때가 되어서야 일생 사모하고 기다리던 하나님의 강력하신 임재로 온 영혼이 힘을 받아서 다시 살아나게 되었다.

이 부족하고 아무 자격도 없는 사람에게 어떻게 이렇게 큰 하나님 은혜가 오는지 잘 알 수 없지만 이 모든 것을 다 아시고 보셔서 위로해 주시려는 하나님 아버지의 사랑이라는 것밖에 도무지 설명할 길이 없다.

📖

믿음으로 사는 것이란 동에서 심으면 서에서 걷는 것이다. 우리는 착하게 살아가기만 하면 하나님이 복을 주실 거라고 생각하지만 하나님의 방법은 전혀 다르다. 일생 동안 심고 돌보아도 실패만 경험하는 그 장소에서 마땅히 해결할 방법은 하나도 없지만 믿음 안에서는 물질로 심고 은혜로 걷으며 육으로 심고 영으로 걷게 해주신다. 그리고 썩어질 것으로 심고 하늘의 것으로 채워 주시고 섬기다가 당한 아픔을 하늘 은혜로 보상해 주시는 하나님을 경험하면 믿음의 인식이 많이 달라진다.

그리고 사람의 억울함을 보시고 찾아주시고 위로해 주시는 분은 나에게 신세를 진 사람이 아니라 하나님 한 분뿐이라는 것을 경험하면서 그 힘든 날들이 열리고 저물어가는 그 속에서 하나님의 진한 사랑을 체험한다. 이로 인해 그동안 다치고 상한 상처들이 아물고 마음의 허기나 공허함도 사라지는 경험을 하니 이 땅에 사는 동안 나의 할 일도 사랑뿐이라는 것을 깨닫는다. 그리고 또 다시 억울한 일을 당해도 다시 또 배신당할 각오를 하고나니 두려운 마음도 사라진다. 살아가는 그 곳에서 손해를 보면 하나님이 아신다는 것을 경험하니 비록 미끄러지고 실패해도 오직 나에게 남은 것은 하나님 한 분이라는 것에 감사하게 된다.

📖

사는 동안 강한 사람을 통해 여린 마음이 많이 상하고 다쳤지만 믿음으로 살아가려면 더 많이 부서지고 깨져서 지푸라기 하나도 붙들 것이 없는 사람이 되어야 전적으로 하나님만 붙들게 되고 아무런 소망이 없는 칠흑 같은 장소에 가서야 하나님을 의지하게 된다. 그러나 이제는 매사에 너무 애쓰거나 힘쓰지 않는다. 모든 것이 거품이 되고 가루가 되어도 믿음 없는 사람의 힘으로 가는 것은 다 무익한 안개와 같은 허무한 일임을 알기 때문에 모든 것을 하나님께 맡기게 된다.

📖

언제 어디서나 나의 형편을 아시고 찾아 주시는 분은 하나님 한 분뿐이다. 그 힘든 마음의 굴곡 속에 불의한 것이 마음 안으로 들어오면 그것을 물리치면서 믿음으로 그 강을 건너가면 하나님은 강 건너편에서 감히 맛 볼 수 없는 생명 과실의 맛을 보여 주신다. 세상에서 맛 볼 수 없는 생명 과실의 맛은 복음으로 살아가다가 사람들에게 당하는 쓰디쓴 멸시 속에서 맛보게 해주신다.

이와 같은 경험을 통해 하나님 은혜를 안다면 이런 것이 바로 믿음으로 사는 참된 의미가 된다. 그래서 신자는 그 삶속에서 이유 없는 멸시를 당해도 감사해야 한다. 이유는 그 일이 혼자 받는 멸시가 아니라 그 모멸의 장소에서 하나님이 보시고 아시고 같이 해주신다는 것을 알기 때문이다. 믿음으로 살아가려면 마음 안에서 떠오르는 생각, 모든 현실, 이 모든 것을 하나님이 아신다고 생각하며 믿음으로 사는 의미가 무엇을 말하는지 다시 생각해 보아야 한다.

📖

우리는 믿음 안에서 크게 영과 혼과 육으로 나누기도 하지만 대부분은 영에 혼을 더해서 영혼 혹은 심령이라고 하는 영혼과 육체로 이루어진다. 우리가 믿으면서 하나님 안으로 들어가려면 하나님의 신비스러운 은혜로 우리 영혼이 거듭나는 과정을 거쳐야지 믿음은 그냥 되지 않는다.

📖

우리는 본래 허물과 죄로 인해 하나님을 만날 수 없는 사람이다. 하지만 하나님이 부르시고 그 은혜로 다시 살려 주셔서 영적으로 거듭나게 해주신 그 일을 중생이라고 한다. 죄로 영원히 하나님과 단절된 사람을 하나님의 신비하신 중생을 통하여 사망에서 생명으로 옮겨주시고 어둠의 권세에서 건져내시어 하나님의 자녀로 삼아 주시는 이 역사가 바로 중생 경험이다.

여기서 거듭나서 새 생명을 얻은 사람은 하나님 은혜로, 새로운 피조물로 하나님의 성품을 닮아가는 믿음의 사람으로 살아가게 된다. 그리고 하나님의 말씀이 신자 속에 떨어져서 새 생명이 시작되는 중생은 새로운 생명의 시작되는 것이다.

그것은 전혀 본질적이고 완전한 초자연적인 하나님 역사로만 되며 우리의 생애에서 단 한번만 일어나는 큰 사건으로 그 효과는 영구적이다. 그리고 중생 곧 거듭나는 것이란 새로운 피조물이 되는 것을 의미한다.

📖

믿음으로 거듭난 사람은 씨앗이 땅에 떨어져서 발아하여 성장하는 것과 같이 믿음도 자라가면서 점진적인 성화로 나아가게 된다. 그리고 신자가 믿음으로 거듭난다는 것은 하나님 은혜로 다시 태어나는 것으로 신자에게 거듭남이 필요한 이유는 사람이 거듭나지 않으면 하나님나라로 들어갈 수 없기 때문이다.

우리 영혼은 거듭나기 이전에는 하나님을 만난 경험이 없기 때문에 하나님을 알 수도, 믿을 수도 없지만 중생(거듭남)의 신비한 역사로 영혼이 거듭난 후에는 하나님 은혜가 오게 되고 잘 믿게 된다.

그리고 신자들은 내적인 중생을 통한 하나님의 은혜 속에서 점점 믿음이 자라가며 그리스도화 되어 가는 것으로, 하나님의 부르심을 받은 사람(구원받은 사람)은 이 거절할 수 없는 불가항력적인 하나님 은혜로 하나님을 바라보면서 하나님을 믿는 믿음의 사람으로 살아가게 된다.

복음으로 변화 받은 사람

"내가 복음을 부끄러워하지 아니하노니 이 복음은 모든 믿는 자에게 구원을 주시는 하나님
의 능력이 됨이라 먼저는 유대인에게요 그리고 헬라인에게로다 복음에는 하나님의 의가 나
타나서 믿음으로 믿음에 이르게 하나니 기록된 바 오직 의인은 믿음으로 말미암아 살리라
함과 같으니라" - 롬 1:16-17

하나님이 사람을 부르심에는 외적인 무르심과 내적인 부르심
이 있다. 외적인 부르심이란 구원을 위한 전도를 통한 일반적인
초청을 말하며 이 초청은 모든 사람에게 차별 없이 주어진다. 그
러나 신자 마음 안에서 일어나는 내적인 부르심은 하나님이 미리
정하신 자들을 불러 구원에 이르게 하시는 강력한 하나님의 초청
이다. 이는 거부할 수 없는 은혜로 부르심을 받은 사람은 영생을
얻게 되고, 믿음에서 믿음으로 살아가게 된다.

십자가에 못 박히신 그리스도가 유대인에게는 거리끼는 것이
요, 이방인에게는 미련한 것이나 하나님께서 구원받는 자들은 주
님께서 성령을 보내 거듭나게 해주시고 그를 영생으로 이끌어 가
신다.

하나님은 그 죄로 죽은 사람 가운데 예정하신 사람을 부르시고 하나님의 자녀로 삼아주신다. 이미 죽은 나사로를 살려 주시는 주님을 나사로는 거절할 이유가 없는 것처럼 우리도 죄로 하나님 앞에서 죽은 사람이라는 것을 인정하면 우리를 부르시는 주님을 거절할 이유가 전혀 없다.

우리가 그 삶에서 오는 힘든 일들을 안다면 늘 근심하지만 그 힘든 형편도 하나님이 부르시는 초청 기회라는 것을 안다면 더욱 하나님을 붙드는 진실한 믿음이 된다. 그리고 신자가 믿음이 자라면 그 내면에서 성령의 운행하심을 통하여 믿음의 사람이 되었다는 것을 확증할 수 있다.

우리가 친구를 얻으려면 그의 인격이나 됨됨이가 사람을 감화시키고 감동시키는 것이지 그의 외모나 겉치레가 아니다. 매사에 사람의 인격이 마음을 감동시키고 사람을 얻는 것처럼 사람도 하나님을 감동시키는 진실한 믿음이 되어야 한다. 그러나 그 죄로 무딘 육신은 아무것도 모르고 그 무엇을 보아도 돌과 같이 무디고 차가워서 그 무엇도 느끼거나 알지 못하지만 하나님 사랑을 받고 하나님 은혜로 믿음이 열리면 마음도 영혼도 따뜻해지고 풍성해지는데 이런 비밀한 은혜를 모르면 하나님도 모르는 것이고 천국도 모르는 것이다.

우리가 물과 성령으로 거듭난다는 것은, 전적인 하나님 은혜로만 되는 것으로 여기서 물이란 정결케 하시는 하나님 말씀이다. 그 말씀을 들을 때 우리 영혼과 몸이 변화를 받는 것을 말하고 성령은 하나님의 영으로 인격적이며, 성령을 통하여 우리 영혼과 몸이 변화를 받아서 부활 생명으로 다시 사는 것을 말한다.

그래서 믿음이란 우리 영혼이 하나님 말씀을 영으로 경험하고 그 말씀으로 바르게 세워져 말씀이신 하나님과 동행하며 살아가는 것을 말한다. 하나님 은혜로 믿음을 선물로 받은 사람은 하나님 자녀가 되는 권세를 주시고 또한 양자의 영을 받아서 하나님을 감히 아빠, 아버지라고 부르게 해주신다. 하나님의 자녀가 된 사람은 이미 허물과 죄로 죽었던 사람인데 믿음을 선물로 주셔서 믿게 해주시고 하나님을 아버지라고 부르게 해주시는 은혜는 하나님의 주권으로만 된다.

하나님 주권에 의해 자녀가 된 사람은 하나님 자녀로서의 합당한 신분으로 살아가는 삶을 통하여 점진적인 성화로 나가게 된다. 그리고 이 성화는 인간의 몸과 영혼, 지성과 감정과 의지 모두에게 큰 영향을 미쳐 믿음 안에서 새로운 피조물로서 사람의 전 인격이 성화적 삶에 전적으로 동원되어야 한다.

성화는 하나님의 초자연적인 사역으로 출발하여 성령님이 함께 하시는 은혜를 따라 적극적인 성화적 삶의 순종을 통하여 전 생애동안 진행 되는 것이다.

하나님 은혜로 영혼이 깨어난 사람은 보혜사 성령의 내재를 통하여 그리스도와 동행하는 삶을 살아가게 된다. 그리고 그리스도의 사랑을 알고 하나님의 모든 충만하신 것으로 충만케 되는 성화의 완성 즉 영화에 이르기까지 나가게 된다.

📖

성화와 영화를 통하여 하나님을 영화롭게 해드림이 인간의 노력으로 되는 것이 아니라 예수 그리스도 안에서 하나님 아들의 형상을 본받는 사람들에게 선물로 주어지는 것이다. 그리고 하나님은 그 분의 예정에 의해 성도로 선택된 그 순간부터 영화에 이르기까지 성도를 붙잡으신 손을 결코 놓지 않으신다. 그러면 한 번 선택함을 받은 성도는 마침내 영화에 이르기까지 하나님의 간섭을 조금도 피할 수 없고 영혼 구원을 위한 성령의 사역은 절대 거절할 수 없는 불가항력적인 하나님 주권으로만 된다. 그러나 하나님께로 나가는 길에는 마음대로 믿지 못하게 방해하는 여러 가지 육신적 부패한 자아의 속성이 있다. 속히 이 속박에서 벗어나기 위하여 자신과 싸우는 것이 바로 믿음으로 사는 것이다.

📖

우리의 싸움은 다른 것이 아니라 마음대로 하나님을 믿지 못하게 방해하는 악한 속성을 믿음으로 이겨내는 것이다. 그리고 이 신비한 믿음 안으로 들어가지 못하게 방해하는 것은 다른 것이 아니라 바로 나 자신이라는 것에서부터 믿음은 새롭게 출발되어야 한다.

살아가다가 영혼에 지척을 분간할 수 없는 깜깜한 밤이 오면 그것이 바로 지옥과 같다. 그런 영혼이 겪는 지옥 같은 형편을 모르면 믿음이 무엇인지 알지 못해 왜 하나님을 믿어야 하는지 알지 못한다. 그러나 우리가 깜깜한 환경에 둘러싸여 처절하게 낙심하고 상심하는 깊은 나락으로 내려갈 때면 믿음이 귀한 것을 알고 하나님을 붙들고 하나님을 바라본다.

믿는다는 것은 전적으로 하나님 은혜로만 되는 것으로 조금도 살 가망 없던 나사로를 살려주시고 이삭을 태어나게 해주시는 하나님을 본다면 우리도 하나님의 은혜를 통하여 다시 믿음으로 살아서 하나님을 믿으며 하나님을 따르는 사람이 되어야 한다.

믿음 안에서 천국이라는 말은 이미 다 들어서 알고 있지만 대부분의 사람들은 살아계시는 하나님을 알지 못해 그 천국을 마음으로 받아들이지 못한다. 대부분 천국이란 죽은 후에 들어가는 곳이라고 생각하지만 지금 우리가 이 땅에서 살아가면서 믿음으로 누리며 사는 것도 현세 천국이다. 그 천국은 현재 믿음 안에서 맛보고 누리는 것으로 그 맛을 보고 누려야 믿음이 좋은 것을 알게 된다.

진실한 믿음이 되려면 복음을 자신에게 먼저 전해야 한다. 사람들은 복음을 다른 이에게 전하려고 애쓰지만 다른 사람보다 나 자신에게 복음을 먼저 전하고 나 자신이 먼저 하나님 은혜로 믿음으로 변화를 받아서 세워져야 한다.

또한 복음을 받아들이고 복음으로 변화 받은 사람이 신자인데 하나님과 동행하는 것이 무엇인지 알지 못해서 잘 믿지 못하고 자신에게 복음을 전도하지 못해서 잘 믿지 못하는 것이 문제라는 것을 알지 못한다.

하나님을 믿는다고 해도 그 복음이 무엇을 말하는지 알지 못한다. 하나님 생명의 흐름을 온몸과 마음으로 느끼고 맛보는데 까지 나가지 못하는 사람도 복음을 받아드리고 복음으로 무장되기만 하면 믿음 안에서 진리와 생명이 넘치는 복음이 무엇을 말하는지를 알게 된다.

참된 믿음이 되려면 반드시 복음으로 무장해서 하나님이 계신 곳으로 들어가 영혼 몸으로 주님의 풍성하신 인격을 경험하면 그제야 믿음이 무엇인지를 알게 되는 것이지 영적인 지식 없이 믿음이 된다고 말할 수 없다.

그래서 참된 믿음의 사람이 되려면 하나님을 영으로 경험해야 하나님이 누구신지 알게 된다. 비록 지금까지 믿음이 부족해서 조금도 하나님을 느끼지 못하는 무감각한 사람이었다 해도 하나님을 향하여 마음을 드리기만 하면 신비하신 하나님 은혜로 하나님을 만나게 된다. 비록 하나님 앞에 나가지 못할 정도로 온 영혼과 몸이 죄로 검게 그을려 있다고 해도 회개를 통해 하나님께로 들어만 간다면 그것이 바로 믿음이 주는 큰 소망이 된다.

📖

믿음으로 산다는 것은 항상 기뻐하고 쉬지 말고 기도하라는 말씀을 평생 걸어놓고 외운다고 해서 되는 것이 아니다. 믿음이 되지 못하니 진정으로 믿음을 추구하지 못하고 믿음으로 경험하는 영적 실재가 무엇인지 몰라 헛된 시간만 오랫동안 지나간다.

그리고 자신이 어떤 사람인지 모르고 자신의 모습이 어떠한지 모르고 잘 믿지 못하기에 그 문제점을 잘 알지 못한다. 만일 사람이 자신의 모습을 안다면 자신의 부족함을 아니까 하나님을 믿으려고 하지만 진정한 자신을 알지 못하면 진정으로 드리는 예배나 기도가 무엇을 말하는지 알지 못해서 믿음으로 살아가지 못한다.

📖

오늘도 느닷없이 솟아오르는 알 수 없는 생각과 감정을 따라다니다가 헛된 시간만 지나간다. 마음에서 무심하게 떠오르는 허다한 잡념을 생각 없이 따라다니다가, 왜 이런 것이 드러나는지…. 여기에 끌려 다니면서 마음이 곤고한지 돌아보게 된다. 심히 부패한 것이 사람의 마음이라고 하지만 속에서 올라오는 들풀 같은 상념과 헛된 생각에 사로잡혀서 무작정 끌려 다니는 공허함을 돌아보면 믿음 안에서 이런 것이 무엇을 말하는지 깊이 생각해보게 된다.

마음에서 올라오는 생각과 무수한 잡념이 무엇 때문에 생기는 것인지 그리고 사람을 피곤하게 끌고 다니는 그 상념들이 무엇을 말하는지 잘 알 수 없지만 이것들은 진정한 나의 생각이 아니라 사단의 헛된 속임수라는 것을 깨닫는데도 오랜 시간이 걸린다.

한없이 끌려 다니는 함정에서 벗어나려고 무척 애를 쓰지만 아무것도 되지 못하는 무능한 나를 보면서 모든 생각이 진정 무엇으로부터 오는 것인지 믿음 안에서 분별해야 함을 깨닫는다.

📖

우리가 믿음으로 살아가려면 생각을 조심해야 하는데 생각이 복잡해지면 믿음으로 사는 것은 힘들어진다. 그리고 사는 동안 겪어온 나쁜 감정이 마음 깊숙이 숨어 있다가 생각이라는 모습으로 나타나서 마음을 힘들게 하면 처음에는 왜 그런 것이 드러나 마음을 괴롭히고 곤고하게 하는지 깨닫지 못한다.

하지만 이내 이런 것은 진정한 나의 본심이 아니라 어떤 알 수 없는 어둠이 주는 속임수라는 것을 인식하면 즉시 처리해야 한다. 마음에서 어떤 예상치도 못하는 생각이 마구 떠올라서 마음을 어지럽힌다면 그것은 자신의 진짜 생각이 아니라는 것을 알아야 믿음으로 나가게 된다.

먹구름처럼 솟아오르는 잡념과 상념과 억울한 감정들이 눈덩이처럼 크게 부풀어 오르면서 빈 마음을 가득 채운다면 그것들이 진정한 자신의 마음인지 아닌지 살펴야 한다. 이때 무심히 마음을 놓아버리면 생각은 극히 작은 것부터 시작해 눈덩이처럼 불어나 더 넓게 사방으로 번진다. 이내 마음을 끌고 다니는 현상에 부딪치게 되는데 그런 것들에 끌려 다니지 말아야 하고 그 떠오르는 생각이나 감정들은 어떤 정체가 주는 어둠의 술수라는 것을 깨닫고 거기에 걸려들지 말아야 한다.

여기에 한참동안 끌려 다니다가 그대로 두면 안 되겠다 싶어서 그들을 물리치려고 애를 많이 쓴다. 무수한 생각이 느닷없이 올라올 때마다 그것을 물리쳐야 하는 이유는 깨끗한 마음이 되고 싶어서다. 만약에 여기에 계속 끌려 다니면 심정적인 곤고함에 깊이 빠져들어 믿음으로 살아가지 못한다.

알 수 없는 정체가 주는 어둠의 장난 속에 자신이 들어있다는 사실을 깨닫는다면 이것을 계속 거절하고 마음을 깨끗하게 지켜야 한다. 우리의 생각이나 감정은 일종의 신경안테나와 같아서 무엇이든지 받아들이고 내보내는 역할을 하지만 이처럼 마구 올라오는 생각은 지속적으로 물리쳐야 한다. 그리고 이 떠오르는 것들을 지속적으로 물리치는 기나긴 시간이 지난 후에야 무엇인지 모르는 것이 마음에서 세미하게 느껴진다.

📖

마음 안에서 야릇하고 이상한 것이 미세하게 움직이며 요동하는 느낌이 오고 무엇인지 보이지 않는 이상한 실체가 마음 안에서 감지되면서 그 무엇이 들어있는 것을 감지한다. 악은 드러나야 처리된다고 하지만 비로소 그 요동하는 실체를 마음 안에서 느끼면 그의 마지막이 멀지 않다는 확신이 오니까 부단하게 물리치면서 이기느냐 지느냐의 내면의 보이지 않는 실체와의 싸움으로 긴 시간이 지나간다.

만약에 그들을 그대로 방치한다면 자신은 물론이고 사방에 나쁜 영향을 미치는 원인이 되니 미리 그들을 처리해야 한다는 각오로 이들을 사로잡고 물리치기 위한 내면의 싸움에 바빠서 다른 것에는 전혀 관심을 두지 못하는 길고 긴 하루가 지나간다. 그리고 한참 후에야 드디어 마음 안에 어떠한 느낌이 사라지면서 잔잔하고 요동 없는 편안함이 스며들어 마음이 편해진다.

우리는 이런 작은 영적 싸움을 통해 사람 안에는 무수한 어둠이 존재한다는 것을 알게 된다. 그리고 어떤 마음은 자신의 생각이 아니라는 사실을 발견하고 이런 것을 믿음으로 물리치는 경험들을 통해 사람 안이 온통 죄로 오염되어 있음을 알게 된다.

📖

사람들은 과거의 좋지 않은 경험 때문에 암울한 생각 속으로 끌려 다니는 일이 허다하지만 모든 생각들이 과연 어디서 비롯되는 것인지 분별한다면 그것에 조금도 틈을 주면 안 된다. 사람은 여러 가지 잔 근심으로 마음이 흔들릴 때가 많지만 그것이 나 자신의 생각이 아니라는 것을 알면 마음 속 가장 밑바닥에 도사리고 있던 근심들은 자기들이 있을 곳이 아니라는 것을 알고 떠난다.

📖

죄는 드러나야 처리된다. 사람들은 자신이 매우 바른 사람인 줄 알지만 어떤 문제를 통해 나쁜 것이 드러나는 현상을 보면서 자신이 부족한 사람이라는 것을 깨닫게 된다. 그러나 믿음은 머리나 이론이 아니라 가슴이 동의하지 못하면 아무것도 되는 것이 없어서 마음이 그 무엇도 되지 않는다.

가나안 정복을 앞두고 정탐꾼을 보내는 의미는 믿음의 경계보초를 잘 세우라는 의미이다. 우리 안에서 드러나는 악의 세력을 감지할 수 있는 파수군의 역할이란, 깨어있는 믿음으로 도처에 숨어 있는 어둠의 계략을 안다면 더 열심히 깨어 있기를 힘써야 한다.

믿음 안에서 육신의 자아를 십자가에 못 박아야 한다는 의미는 다시는 죄에게 종노릇을 하지 말아야 한다는 뜻으로 죄에 대하여 죽어지고 그리스도 예수 안에서 살아있는 자로 여겨지려면 깨어 있는 믿음이 되어야 한다. 그리고 극히 작은 생각까지도 다스리고 이기려면 그 유혹이 무엇을 말하는지 마음을 늘 점검하면서 여기에 말려들지 말아야 한다. 믿음 안으로 들어가 얻은 것이 무엇이고 경험하고 취한 것이 무엇인지 또 물리치고 들어간 곳이 어디인지…. 이처럼 경험한 것은 많은데 여전히 실패하는 사람을 보면 하나님이 아니고서는 아무것도 할 수 없는 연약한 사람이라는 것을 깨닫는다.

껍데기만 신앙인 사람은 성전 마당만 돌고 돌지만 믿음이 깊어지면 하나님이 계시는 그 깊은 신앙 안으로 들어가는 믿음이 된다. 혹시 이만하면 괜찮다고 생각한다면 아직 하나님을 깊이 알지 못한 것이기에 신앙이 자라는데 오래 걸린다. 신앙이 성숙해진다는 의미는 자신이 죄인이라는 것을 아는 것으로 매사에 겸손한 마음으로 사는 것이 믿음으로 가는 지름길이다. 그러므로 하나님 앞에서 가장 무서운 죄란 바로 자신이 죄인이라는 것을 조금도 모르는 것이다.

하나님 기도로 살아가는 날

"구하라 그리하면 너희에게 주실 것이요 찾으라 그리하면 찾아낼 것이요 문을 두드리라 그
리하면 너희에게 열릴 것이니 구하는 이마다 받을 것이요 찾는 이는 찾아낼 것이요 두드리
는 이에게는 열릴 것이니라" - 마 7:7-8

어느 날부터 자연스럽게 마음이 하나님께 맡겨진다. 그동안 모
든 것을 하나님께 맡긴다고 하면서도 절대로 맡겨지지 않아 힘든
시간을 보냈는데 마음으로 슬며시 맡겨지는 은혜가 온다. 이 맡겨
지는 마음도 하나님 은혜로만 된다는 것조차도 모르는 사람에게
기적처럼 마음이 하나님께 맡겨진다.

그동안 믿음으로 모든 것을 하나님께 맡긴다고 하면서도 진정
으로 맡기지 못하고 산 시간이 한참이나 지나간 후에야 하나님께
맡겨지는 마음을 보면서 이런 기이한 은혜 경험 속에서 앞으로 모
든 일들을 하나님께 맡기라는 사인임을 알게 된다. 그리고 하나님
께 모든 것을 맡겨드린다고 하면서 맡김이 안 되어 마음이 매우
슬프고 힘들게 살아가던 사람이 비로소 하나님께 맡겨지는 은혜
를 받고는 평생 하나님을 따르게 된다.

돌아보니 믿음과 맡김은 서로 비슷한 것 같지만 맛과 느낌이 다

르다. 믿음은 마음에 든든한 담력이 오는 것이고, 맡김은 하나님께 전적으로 마음이 기울어지고 의지하게 되는 것이다.

📖

　신자가 믿음으로 모든 것을 다 하나님께 맡길 수 있다면 믿음과 맡김은 양날의 칼과 같아서 어떤 어려움도 이기게 된다. 그동안 모든 일을 혼자서 결정해야 속이 편하던 사람이 하나님께 맡기는 은혜가 오니 앞으로의 모든 일을 하나님을 믿고 다 맡기라는 하나님의 응답으로 받게 된다.
　하나님께 맡겨지는 마음이란 은혜로 오는 것이기에 사람들과의 신뢰와는 그 느낌이 다르다. 마음으로 의지하고 느긋하게 맡겨지는 마음을 주시는 이유는 앞으로의 모든 일을 하나님이 맡아서 해주시겠다는 뜻이다. 그렇지 않다면 이와 같은 마음을 주실 리가 없다.

📖

　어떤 일을 하려면 반드시 마음에 소원을 주시고 그 소원을 이루어 가시는 하나님을 경험하면서 앞으로의 삶도, 믿음의 여정도 다 하나님을 믿고 맡기라는 사인으로 알게 된다. 그러나 지금까지 모든 일을 하나님께 맡긴다고 하면서도 안 되어서 힘들던 날들이 수없이 지난 후에야 슬며시 맡겨지는 은혜가 오면 그 기쁨으로 마음이 벅차오른다. 믿는다고 하면서도 절대로 하나님께 마음이 맡겨지지 않아서 힘들게 살아가던 사람이 진귀한 맡김으로만 되는 하나님의 은혜를 맛보고 나면 모든 문제가 해결된다.

그리고 믿음으로 맡겨지는 하늘 은혜가 있다는 말을 알지도, 듣지도 못하던 사람에게 이런 비밀스러운 영적 경험을 주시는 것을 보면서 남이 알지 못하는 은혜를 주시는 이유는 앞으로 하나님만을 믿고 맡기면서 살아가야 한다는 의미로 받아들여진다.

돌아보면 하나님께 맡기기만 하면 믿음은 그리 어렵지 않은 길인데 맡기지 못하는 것은 우리의 문제다. 믿음이란 하나님만 믿고 하나님 은혜로 살아가면 되는데 세상 방법을 다 동원하고 믿으면서도 하나님께 맡겨드리지 못하면 되는 것이 없다. 하지만 이제는 하나님을 의지하면 다 해주신다는 것을 알았기에 영적으로 큰 얻음이 생겼다.

그러나 무슨 일이든지 육신의 힘으로 버티면 믿음으로 살아가지 못한다. 그동안 편안하던 사람에게 문제가 생겨 마음이 힘들어지면 죽은 줄 알았던 본능이 한없이 솟아오른다. 이와 같은 경험을 하면 사람은 많이 실망하게 된다.

나는 혼자가 편하고 혼자가 자유롭다고 느끼는 사람이다. 군중 속에 있으면 더 쓸쓸하고 다수 안에 있으면 오히려 더 많이 외로움을 느껴 봇짐을 자주 쌌다. 그리고 하늘을 보며 세상과 사람에 대해 눈을 감는 법을 일찍부터 배웠다.

언제 어디서나 하나님과 같이해야 하는데 사람들과 어울리면서 시간만 보내다가 하나님을 잊어버리면 그것은 믿음으로 사는 것이 아니라는 걸 깨달았다. 그리고 깊은 낙심 속에서 영혼이 질식하는 것 같은 어둠으로 소망 없는 날을 수없이 보낸 후에야 은혜를 맛보여 주시면 모든 마음의 응어리가 풀어진다.

그동안 은혜의 경험은 조금은 하지만 지금의 이 경험은 매우 은밀하고 소중한 것으로 아주 작은 빛 하나가 어두운 마음 안으로 살짝 스치고 지나간다고 느낀 것뿐인데 답답하고 막힌 마음이 금방 뚫린다.

암흑 속에서 숨이 막혀서 죽을 것 같이 힘들던 수많은 영혼의 절절한 시간이 지나간 후 주일 예배에서 아주 작고 미세한 평화의 여운이 마음속으로 살며시 들어오는 은혜를 경험하니 그제야 영혼과 몸이 힘을 얻었다. 밖에서 들어오는 빛이 아니라 내면에서 나오는 작은 빛 하나가 지옥 같은 어둔 마음을 비추자 숨이 쉬어지고 마음이 편해졌다.

숨이 막히고 목이 조여드는 심각한 시간과 세상과 사람에 대해 아무 소망도 없는 낙심하는 마음으로 간신히 교회에 나가 드리는 예배에서 작은 빛 하나가 가슴을 슬며시 치고 지나갔는데 금방 숨이 쉬어지고 살만해졌다.

그리고 꽉 막혔던 마음이 조금씩 펴지면서 한없이 내려가고 낮아지는 경험이 오랫동안 지속되면서 그 낮아진 마음 속 푹 파인 웅덩이 안으로 먼저 겸손이 고이고 하나님 은혜가 들어오기 시작했다. 그것을 경험하니 겸손도 사람의 교양이나 선함으로 오는 것이 아니라 하나님이 주셔야 한다는 것을 알게 됐다. 그 후부터 번져나는 평안의 여운이 점점 크고 넓고 깊게 속 안으로 퍼지면서 삭막하고 어둡던 마음 안으로 밝은 서광이 비추기 시작했다.

날이 가면 갈수록 하나님 생명 빛이 깊고 넓게 퍼져 나가면서 황폐한 마음속을 가득 채워줄 때 슬프고 괴롭던 마음이 다시 소생하게 됐다. 그리고 세상에서 가장 소중한 것은 하나님 한 분뿐이라는 것을 깨달았다.

사방을 보아도 답답한 것뿐인 사람이 기도의 골방을 수없이 드나들다가 하나님 은혜의 빛이 임하고 마음 안으로 평강이 들어오니까 그제야 믿음이 좋은 것을 알았다. 그곳에서 확실하게 아는 것은 믿음으로 사는 것이라고 하지만 빛 가운데 거하면서 어둠 가운데 거하는 고차원적인 죄인이 바로 나 자신이라는 것을 깨닫는 것이다.

그래서 극히 작은 것 하나까지도 일일이 알려 주시는 하나님을 만나니 오직 감사한 것뿐이다. 그리고 하나님 말씀을 읽을 때마다 감사해서 눈물이 나지만 그대로 살아가지 못해서 어려움을 당할 때 참된 복이란 사람의 소유에 있는 것이 아니라 하나님 은혜 안에 사는 것뿐이라는 것을 알게 됐다.

📖

우리 눈에는 보이지 않는 하나님이지만 늘 아시고 만나 주시는 하나님을 보면서 그 어떤 일도 마음대로 하면 안 된다는 것을 알았다. 믿음으로 살아가려면 하나님을 바라보고 직진해야 하는데 분수도 모르고 세상으로 좌회전해야 속이 시원한 믿음이 없는 난폭한 운전자라면 그런 것도 믿음 안에서 이제 그만 해야 한다.

우리는 스스로 무엇을 할 수 있는 존재가 아닌데 마음대로 돌아다니다가 경고처분을 받고 범칙금도 물어야 한다. 그러나 그 어려움 많은 환경도 믿음을 세워주는 좋은 재료라는 것을 아니 항상 조심하게 된다.

📖

언제부터인가 기도가 하고 싶은데 기도가 안 되어서 갈등을 많이 했다. 하나님을 만나는 통로가 기도인데 기도가 조금도 되지 않고 가고 싶은 곳은 온통 기도의 장소인데 기도하려면 기도가 잘 되지 않았다. 잘 안 되는 기도를 경험하면서 생각해보니 하나님이 싫어하시는 머리기도를 해온 것이 문제라는 생각이 들었다.

그러던 어느 날 소리 내어 기도하는데 하나님은 "애야 나는 네 말보다 네 마음으로 하는 기도를 더 좋아 한다"라고 하시는 음성을 들으면서 잘못된 기도를 돌이키게 되었다.

기도도 표면적인 소리기도 보다는 하나님 앞에서 마음을 모아야 한다. 그리고 기도가 잘 안 되는 이유는 더럽고 추한 입으로 하는 위선적인 기도를 하나님이 싫어하신다고 생각하니 입이 추하다고 느껴진다. 또한 돌아보니 온통 죄인이 사람 모습으로 하는 기도를 하나님이 들어 주실 리가 없다는 생각에 이르렀다.

언제나 가고 싶고 사모하는 자리는 기도하는 자리인데 기도가 안 되어 마음만 애태우면서 입을 열지 못한 채 시간만 지나갔다. 그러나 그 기도도 처음에는 하루에 10분, 30분, 그리고 1시간 또는 2시간도 어려운 사람이 억지로 3시간, 5시간을 채우려고 애를 썼다. 이에 생각해 보니 기도란 시간만 채운다고 되는 것이 아니라 하루 종일 하나님께 마음을 드려야 한다는 것을 깨달았다. 그래서 하루 종일 매 순간마다, 일마다 주님께 마음을 드리는 깊은 영적 기도로 방향을 바꾸면서 심령으로 마음을 드리는 기도를 하게 됐다.

기도하는 가운데 알게 된 한 가지 사실은 하나님은 죄인의 기도를 듣기 싫어하신다는 것이고 하나님이 듣기 싫어하시는 소리기도를 그동안 해왔다는 사실이다. 그래서 그 후부터는 소리기도를 끝내고 영이신 하나님을 향하여 영으로 침묵하면서 영으로 하나님을 바라보면서 하루 종일 마음으로 기도하게 됐다.

기도의 방법은 여러 가지다. 하지만 참된 기도는 마음으로, 영으로 하나님을 찾아가는 것이다. 사람들은 소리 내서 하는 기도를 잘하면 좋다고 생각하지만 모든 일을 믿음으로 해야지 본능적인 육신의 힘으로 하는 기도나 설교는 좋지 않다고 생각한다.

반대로 기도하는 것을 방해하는 것이 마귀의 소행이라는 사실을 안다면 믿음과 사단의 틈 사이에서 방황하는 기도의 숙제를 풀어내야 한다는 과제로 마음에 한기가 서린다.

그러나 우리는 하나님의 자녀로 기도가 잘 되면 사단이 싫어하는 것이기에 사단과 싸우는 것이 기도의 시작이다. 하나님과 교제의 통로가 기도이기에 기도를 하지 못하게 방해하는 사단을 물리치는 것이 기도의 첫걸음이 된다.

기도의 문을 열기 위해서는 자신과 씨름을 해서 마음 문이 열려야 한다. 그렇지 않으면 기도는 처음부터 마음대로 되지 않는다. 그리고 기도가 안 되는 이 장애를 해결하지 못하면 영원히 하나님과의 관계는 풀리지 않으니 힘들어도 더욱 더 기도에 힘써야 한다.

하지만 기도를 시작하는 것보다 더 힘든 것은 사람의 침묵 보다 하나님의 침묵을 이겨내는 것이다. 기도하는 시간의 그 기나긴 침묵 속으로 하나님이 아시고 찾아오시기를 기다리는 것은 멀고 먼

인내의 행군 같아서 긴 고생과 수고가 따른다.

다행스러운 것은 침묵기도의 장점은 언제 어디서나 마음으로 영이신 하나님께 마음을 드릴 수 있는 점이다. 그리고 마음 중심으로 내려가는 기도를 통하여 하나님은 가장 좋은 기도의 첩경으로 인도해 주신 것을 이제는 알았다.

📖

침묵과 묵상과 향심기도 속에서 하나님을 찾아가는 시간이 많이 흐르면서 하나님께 마음을 드리고 성령님께 의탁하면서 기도하면 기도도 쉽게 이뤄진다. 그동안 기도하는 방법을 몰라서 장소만 생각하고 마음에도 없는 소리기도만 해왔던 사람이 전혀 새로운 기도의 길로 들어서 내면으로 내리는 깊은 기도를 하게 되었다.

그 기도가 심령 안으로 내려가는 과정은 길고도 멀지만 그 기나긴 침묵 속에서 심중의 말 한마디라도 진실하게 하는 것이 참된 기도가 된다. 심령 깊은 곳으로 내려가서 드리는 기도는 일반기도와의 차이가 많이 나기 때문이다.

정한 장소와 정한 시간만 고집하던 사람이 언제 어디서나 하나님을 찾아가는 자유함 속에 전혀 새로운 기도의 길로 인도해 주시는 하나님을 경험하면 기도는 짐이 아니라 즐거운 길이 된다. 또한 그동안 육신의 문제로 기도하나 하나님 앞에서는 그것이 아니라는 사실을 안다면 하나님 계신 곳으로 들어가고 싶은 열망에 불타는 기도에 올인 해야 된다. 그리고 그동안 안 되는 것 같고 속수무책 같았던 기도가 하나님이 기뻐하시는 곳으로 들어가는 첩경이 된다.

기도가 안 되어서 숨이 막히는 답답함으로 내몰리는 길고 긴 침묵 속에서의 하루는 너무나 길고 멀지만 밤이 깊으면 반드시 새벽은 온다는 말처럼 그 어느 날 비천해지고 낮아지는 마음속에 희미한 생명의 빛이 마음 안을 비쳐주기 시작한다. 아무리 힘쓰고 애써도 기도가 안 되는 깊은 침묵기도 속으로 들어오시는 하나님을 만나게 되지만 이 체험은 작은 시작에 불과하고 더 깊고 은혜로운 하루하루가 늘 계속 된다면 믿음의 폭도 훨씬 넓어지고 깊어진다.

기도란 자신과 씨름하면서 하나님과 소통하는 것으로 참된 기도란 하나님이 어떤 분인지를 알고 싶어서 기도해야 한다. 기도는 육신의 문제 때문에 기도하는 것이 아니라 하나님을 만나기 위해 해야 한다. 언제나 세상 것만 바라보면서 육신의 필요한 것만 구하던 사람이 하늘에 속한 신령한 것에 빠져 기도한다면 하나님이 알아주시고 기뻐하신다.

육신의 욕망을 이루기 위해 기도하다가 자신도 모르게 마음이 열리면 자신의 부족함이 보이기 시작하고 그것을 보고 뉘우치면서 하나님을 만나려고 기도하는 것이 기도의 첫걸음이 된다. 사람이 기도하다가 하나님이 보이기 시작하면 되는데 여기까지 도달하기까지도 시간이 오래 걸린다.

그러나 영혼의 깊은 낙심 속에서도 모든 어려움을 이기기만 하면 새로운 은혜의 문이 열려서 하나님 은혜로 살아가는 날이 오는 것을 아니 기도는 매우 기쁜 일이 된다.

기도는 매우 힘든 영적인 노동이지만 기도의 한 고비를 넘어가면서 하나님 은혜를 맛본다면 마음도 영혼도 편안해진다. 육신으로 기도하던 사람이 기도를 통해 영으로 하나님을 경험하면 보이는 세상이 다가 아니라는 것을 알게 되고 더 깊이 하나님 계신 곳으로 들어가려고 힘쓰게 된다.

사람이 기도하다가 은혜를 받아 온 영혼이 충족될 때면 날마다 새록새록 새 힘이 들어오고 믿으면 된다는 의미를 깨닫게 된다. 그러나 기도의 첫 단계에서 사람의 생각으로 하는 육신의 욕망에 속으면 안 된다.

하나님 은혜로 사는 최고의 기쁨

"말씀이 육신이 되어 우리 가운데 거하시매 우리가 그의 영광을 보니 아버지의 독생자의 영광이요 은혜와 진리가 충만하더라" - 요 1:14

하나님을 믿어도 되는 일이 하나도 없는 것을 경험하면서 너무 속상해서 소 울음 같은 소리를 내며 울던 시간이 많았다. 믿음이 적었던 그때가 지금은 안타깝게 느껴지지만 하나님의 은혜로 그 공허한 마음과, 성령으로 거친 돌 같은 마음이 부서지고 날카로운 이성이 무너지면서 계산적이고 실리적이고 이기적인 마음이 사라지고 자기밖에 모르는 사람이 죄인 중의 죄인이라는 것을 깨달았다. 나 자신도 나의 것이 아니고 그 어떤 생각과 마음도 자기 것이 아니라는 것을 알고 나니 모든 관심과 생각이 바뀌어서 무엇을 해도 하나님만 믿어야 한다는 것을 알게 됐다.

사람이 믿음으로 살아가려면 본질적으로 자신이 죄인이라는 것을 인정하고 믿음으로 사는 것은 자신의 힘으로는 할 수 없다는 것을 인정해야 한다. 신자가 믿음으로 세워지려면 하나님이 아니면 안 된다는 것을 알아야 하는 이유는 믿음은 사람의 힘으로는 되는 것이 아니라는 것을 알기 때문이다. 믿음이란 모든 일이 주님이 아니면 안 된다는 것을 아는 것에서부터 출발해야 한다.

📖

사람들은 청렴과 공의를 참된 미덕이라고 말하지만 믿음은 하나님 말씀 안으로 들어가서 하나님 말씀으로 살아가는 것이 핵심이 되어야 한다. 즉 잘해주는 사람에게만 잘해 주는 것이 아니라 비우며 손해 보아도 하나님의 길이면 기쁘게 가는 것이 믿음으로 사는 것이다. 그러나 우리 영혼이 세상에 치우치면서 어두워져 심령의 허전함과 외로움을 느끼는 연약함을 알지 못하면 하나님을 잘 믿지 못한다. 믿음의 시작은 마음의 공허함에서 출발하지만 그 공허함이 믿음으로만 해결된다는 사실을 안다면 우리는 오직 하나님만 붙들어야 한다.

📖

어느 날 문득 "내가 너를 어찌하랴"하며 걱정하시는 하나님이 느껴졌다.

"내가 너를 어찌하느냐"고 하나님이 염려하시는 것을 생각하면 마음은 근심이 되지만 이제는 그 무엇을 스스로 하려고 하지 않는다. 매일 믿음 안에서 하나님으로 자족함을 배우며 사는 일만이 나의 할 일이라는 것을 아니 세상의 그 무엇도 나의 마음을 만족시킬 수 없는 것을 알기 때문이다.

사람들은 은혜를 받으면 무슨 큰일을 해야 한다고 생각하지만 믿음은 하나님 안에서 그 은혜를 누리며 사는 것이라는 것을 알지 못한다. 사는 동안 아무리 만나고 싶어도 그렇게 만날 수 없어서 애태우던 하나님을 만나서 하나님 사랑을 받으니까 마음대로 돌아다니는 습관도 버리게 된다.

📖

믿음이란 주님 안에서 영혼의 만족함을 누린다면 무엇을 더 구하고 더 있어야 하는지가 중요하지 않고 오직 주님만이 전부라는 것만 깨닫는 것이 중요하다. 윤리적이고 반듯한 사람이 믿음의 사람으로 바뀌는 동기는 바로 하나님 은혜뿐이다. 믿음은 심령의 문제이기에 하나님을 영으로, 몸으로, 느낌으로, 하나님을 경험하면 믿음이 바뀌는 기회가 된다.

📖

가끔 마음의 허전함으로 힘들어 낙심할 때 "나는 온 천지에 충만하지 아니하냐"고 하시는 하나님 말씀을 생각하면 슬픈 마음이 금방 사라진다. 사람이 만일 부어주시는 충만하신 하나님 말씀을 맛보면 맛볼수록 마음은 하나님의 은혜가 벅차오른다. 또한 마음속에서 기쁨이 올라오는 것을 느끼면 하나님은 편안할 때 오시는 분 일 뿐만 아니라, 힘들고 근심하고 처절하게 가난해진 마음 안으로 오시는 분이시라는 것을 깨닫는다.

하나님이 주시는 은혜를 말로는 표현할 수 없지만 마음이 가난하고 약해진 사람을 위로해 주시려는 아버지의 사랑이라는 것을 안다. 그래서 충만하신 하나님 은혜의 생기를 들숨과 날숨으로 온 몸으로 마시고 토해내는 믿음의 당김과 이음줄 속에 슬픈 마음이 어느 듯 사라진다. 나의 작은 신음까지 들으시고, 아시고, 오시는, 하나님을 만나서 하나님의 생기를 마시면 마실수록 내 안의 추함이 떠나가면 마음이 밝아지는 기쁨으로 감사하게 된다.

📖

마음이 공허하고 메마른 사람은 예수님을 먹고 마셔야 그 영혼과 몸이 다시 살아난다. 예수님을 떡으로 취한다는 것은 곧 하나님 말씀을 먹어야 한다는 것이고 예수님을 생수로 취한다는 것은 주님의 피를 먹고 마셔야 그 죄가 그친다는 것이다.

📖

믿음의 본질은 물이 없어 마르고 황폐한 땅에서 우리 영혼이 하나님을 갈망하며 나아갈 때 공허하고 고독한 영혼이 사랑의 하나님을 만나면 모두 해소된다는 것이다. 사람이 공허하고 외로울 때 찾아오셔서 크신 하나님을 경험하게 하시는 이유는 "내가 너를 안다"는 하나님 아버지 사랑의 표현이라고 밖에 설명할 길이 없다.

사람들은 믿음으로 변화를 받으면 다 된다고 말 하지만 아무리 힘써도 하나님 은혜로 살아가지 못하면 조금도 변화 받지 못하고 또 영의 하나님을 만나지 못하면 그 어떤 사람도 변화되지 못한다. 사람이 하나님을 갈망하고 하나님 음성을 들으면서 하나님이 주시는 은혜로 전혀 새로워져서 하나님 은혜로 넉넉하게 살아갈 힘을 얻으면 되는데 그렇게 되지 못하는 이유는 영의 하나님을 만나지 못했기 때문이다.

　　그러나 신자가 하나님 말씀을 들으려 할 때 하나님은 그 믿음의 수준에 맞춰서 오신다. 하나님이 사람의 가장 빈핍한 마음의 낮은 자리까지 찾아오시어 말씀을 들려주시는 이유는 "내가 너를 사랑한다"는 의미다. 이를 있는 그래도 받아들이면 누구나 변하지 않을 수 없다.

　　하나님 말씀을 듣는 방법은 영으로 또는 성령의 은사를 통하여 듣기도 하고 또는 환경이나 사람을 통해서 들을 수 있다. 사람이 하나님 말씀을 들을 때의 신비한 맛과 느낌은 경험한 사람만이 아는 비밀이다. 만일 사람이 하나님 말씀을 듣는다면 사람의 전 존재 안에서 살아계신 하나님을 경험함으로 공허한 감정도, 마음도, 영혼도, 그 감격으로 인해 전혀 새로워진다. 하나님의 말씀은 매우 신비해서 마음속에 신비한 생명의 음성으로 다가올 때 그 생생하신 하나님 음성을 듣는 사람은 심령 속에서 큰 변화를 일으키게 된다.

📖

사람은 그 인생이 아무리 성공한 것 같아도 믿음이 되지 못하면 평생 피곤하게 살아간다. 믿음이란 영혼의 문제로 영혼으로 하나님을 만나고 마음으로 하나님을 모시면서 살아가야 하는데 하나님께 주목하지 못해서 문제가 된다. 세상 만물도 태양 빛이 비추면 그 생명이 회복 되어 잘 자라듯이 하나님의 생명인 참 진리의 빛이 우리 영혼에 비친다면 천지가 개벽 하듯이 그 은혜로 사는 날이 온다.

그러나 온 땅이 혼돈하고 공허하고 사람도 세상도 병들어서 온통 오염되어 쇠해 가는 모습이 바로 이 땅에서 살아가는 사람의 모습이고 우리의 현실이다. 거기서 사람은 누구나 착하게 살아가기만 하면 복을 받는다고 생각하지만 불신자도 착하게 사는 사람이 많이 있는 것을 안다면 더 깊은 하나님 은혜 안으로 들어가서 하나님 생명을 받아서 그 생명으로 살아가는 것이 신앙 목적이 되어야 한다.

📖

사람이 아무리 바르게 믿으려고 애를 써도 되는 것이 하나도 없는 것만 경험한다면 그 원인은 영이신 하나님을 만나지 못해서이다. 그러나 하나님을 믿으려면 매사에 침묵해야 한다. 신자들은 기쁘나 슬프나 침묵해야 하는데 사람들은 정직하게 사는 것만 생각하지 그 이상은 믿음이 무엇을 말하는지 잘 알지 못한다.

물론 바르고 정직하게 사는 삶을 하나님은 기뻐하시지만 그런 곧은 사람을 하나님은 특별한 방법을 통해서 믿음으로 꺾이지 못하는 육신의 단단함을 보여 주신다. 늘 의롭게 산다고 자신하는 사람이 그 곧음으로 살아가는 사람의 무지함을 깨닫게 해주시는 현실을 보면서 완전하고 정직한 사람일수록 그 곧음과 옳다는 것 때문에 하나님 안으로 들어가기가 매우 어렵다는 것을 경험한다.

또한 늘 바르게 산다고 자신하던 사람이 은혜 안에서 육신의 돌 같이 단단한 곧음을 보고나서야 그 죄가 크다는 것을 안다. 사람은 믿음으로 살아가야 하는데 자신의 곧음과 옳음이나 신념으로 나아가면서 믿음이 변해도 그것이 무엇을 말하는지 알지 못한다. 믿음이란 구체적이고 실재적이며 현실적인데 이상이나 추상적으로 생각하면서 자기 신념으로 만들어 낸 자기 안의 자기 하나님을 따라가다가 잘 믿는 줄로 오해하니 문제가 된다.

하나님을 바라보다가 하나님 은혜를 알고 난 후부터는 어디 나설 주제가 못 된다는 것을 깨닫는다. 믿음이 오기 전에는 죄가 무엇을 말하는지 몰라서 무슨 죄를 지었는지 하나도 모르던 사람이 성령의 역사로 사람 속에 든 무수한 죄와 부족함을 보고 나서야 그 죄가 무엇을 말하는지 알게 된다.

믿음이 올라가면 갈수록 더럽고 추한 죄인이라는 사실을 절실하게 느낀다. 그리고 영성이 올라간다는 것은 죄라는 것을 세세하게 알고 나면 자신은 그 어디에도 나설 수 없는 죄인이라는 것을 아는 것이다. 그리고 은혜로만 되는 회개가 있다는 말을 한 번도 들은 적이 없던 사람이 하나님이 주시는 은혜로 회개에 올인 하면서 회개하지 못하게 방해하는 것은 다른 것이 아니라 우리 육신 속에 들어있는 게으름이라는 사실에 놀라움을 금치 못한다.

그리고 예전에는 회개에 대한 말씀을 읽어도 들어도 그 뜻을 조금도 깨닫지 못했다. 말씀도 처음에는 머리 지식으로만 나가지만 말씀으로 오시는 하나님을 만나는 그 감동으로 심령이 출렁인다면 하나님 말씀이 무엇을 의미하는지 알게 된다.

우리가 만일 영으로 온 영혼에 임하시는 하나님 말씀을 경험한다면 말씀 안에서 만나는 하나님만이 최고라는 것을 알면 되는데 그것을 모르기에 하나님이 누구신지 알지 못한다. 그러나 믿음으로 하나님과 동행하는 즐거움을 모른다면 생명으로 오시는 말씀을 모르는 것이고 그 천국 같은 행복한 믿음도 모르는 것이다.

그리고 세상에서 그 허다한 마음의 상실감을 넘어가는 힘은 오직 말씀뿐이다. 그리고 믿음으로 나아가다 시련을 당하면 그곳에서는 마음이 무너지고 눈물이 나는데 거기서 다정하신 하나님 말씀을 들으면 마음이 금방 풀어진다. 그런 일을 믿음 안에서 경험한다면 하나님은 높고 높으신 신이시기 전에 우리 영의 친 아버지시라는 것을 알게 된다.

📖

부모님의 다정한 음성도 조금도 듣지 못하던 내가 하나님 은혜로 하나님 아버지의 다정하신 말씀을 듣고 하나님 사랑을 경험하니 거친 마음도 풀어지고 편안해졌다. 이때가 되면 하나님은 막연하거나 먼 곳에 계신 분이 아니라 가장 가까운 친정아버지보다도 더 친근한 영의 친 아버지시라는 것을 깨닫는다.

📖

우리가 믿음으로 사는 것은 너무나 은밀하고 비밀스러워서 그 누구에게도 함부로 드러낼 수 없지만 믿음만 자라면 다 알게 된다. 그리고 하나님을 아는 사람은 언어와 행동도 믿음으로 해야 한다는 것을 알게 되니 매사에 조심하지만 하나님 계신 곳으로 들어가지 못하는 어리석음을 안다면 우리는 잘 믿어야 한다.

📖

믿음 안에서 하나님을 모른다는 것은 하나님 말씀을 모르는 것이고 하나님의 인격을 모르는 것과 마찬가지다. 하지만 하나님 은혜만 들어오면 사람의 전 존재 안에서 놀라운 창조의 역사가 일어나고 영혼과 몸에 전혀 새로운 변화가 시작되는데 이런 것을 모른다는 것은 아직 믿음이 어려서 하나님을 경험하지 못했기 때문이다.

📖

　믿음으로 살아가다가 믿음 안에서 언제인가 불가항력적인 커다란 마음의 지각변동이 일어나고 천지가 진동하듯 대 우주적인 재창조의 사건이 일어나서 우리 영혼에 하늘의 풍성한 생명 빛이 들어온다면 바뀌지 않을 사람은 하나도 없을 것이다. 그리고 하나님 은혜를 경험하는 사람은 온 영혼과 전 존재로 하나님을 의지하고 바라보면서 하나님을 찬양하고 기뻐하지 않을 수 없다는 것을 안다면 신자들은 그 어떤 일보다 은혜 안에서 살아가기를 전심으로 구해야 한다.

📖

　하나님이 은혜를 구하는 사람을 만져주셔야 믿음이 바뀌는 것이지 생각과 마음으로 결단을 한다고 해서 사람이 바뀌는 것이 아니다. 그러나 하나님 은혜는 단 한 번에 그치는 것이 아니라 지속적으로 들어오고 지나가면서 우리 영혼과 몸을 씻어주고 채워줘서 그 은혜로 살아가야 참된 믿음으로 사는 것이다.

신자는 교회에서 직임을 받아 충성을 다 하지만 하나님 은혜가 없으면 성령의 엔진 동력을 상실한 것과 같아 믿을 힘이 없어 마음에 회의가 들어 온다는 것을 안다면 오직 하나님만 붙들어야 한다. 사람은 어떤 큰일도 선행도 하나님이 하게 해주셔야지 우리 힘으로는 되지 못한다.

사람의 힘은 일시적이고 헛된 것인데 그런 육신으로 사는 힘을 버려야 믿음이 된다는 것을 안다면 내게 사는 것이 주님이시니 그 주님으로 사는 것이 바른 믿음이 된다. 우리가 만일 은혜 안으로 들어가기만 하면 하늘 생명으로 가득 채워져 하나님 은혜로 사는 최고의 기쁨을 누리게 된다.

이때 "너는 큰 은혜를 받았으니 앞으로 무엇을 할 것이냐?"고 사람들이 물으면 "여기까지 온 것도 하나님 은혜라는 것을 아니 앞으로의 일도 하나님께 맡길 것"이라고 대답할 것이다. 사람은 누구나 삶에서 오는 질병과 고난 때문에 힘들어하지만 그 어떤 어려움도 믿음으로 해결되어야지 사람의 힘으로는 잘 되지 않는다.

그러나 대부분의 사람들은 어려움을 당한 후에야 하나님께 마음을 돌이키게 된다. 이런 사람을 보면서 뜨거운 햇빛과 비바람 속에서 나무가 자라고 열매가 맺히듯이 믿음을 성장하고 성숙으로 이끌어가는 것은 대개 시련을 통해서만 가능하다는 것을 새삼 깨닫는다. 사람에게 오는 시련을 통하여 살아계신 하나님의 손길을 체험하고 그 일을 통해 다치고 상한 마음을 치료해주시는 하나님을 경험하면 믿음으로 사는 것이 무엇을 말하는지 알게 된다.

📖

본능 중심의 사고를 믿음으로 바꾸는 기회가 바로 시련이지만 고난당하게 하심이 하나님의 본심이 아니라 그 시련 속에서 믿음을 세워 가시는 하나님을 안다면 깊이 감사해야 한다. 중요한 것은 그 마음에 따라서 믿음의 방향이 달라지고 그 어떤 일 앞에서도 하나님만 바라본다면 하나님이 알아주신다는 이것이 큰 복이라는 것이다.

📖

그동안 내 생각으로 결정한 그 옳고 그름이 중요해서 그것에 좌우되어 살았지만 그 옳음이 구원으로 데려다 주지 못한다는 것을 경험한 후에야 복음이 무엇인지를 알게 됐다. 그러나 우리는 이것도 저것도 다 실천하고 경험해야지 믿음은 그냥 되는 것이 아니다. 우리가 아무리 세상에서 성공해도 믿음이 아니면 다 무익하고 우리 자신의 생각과 감정이 아무리 바르다고 해도 믿음으로 하지 않은 것은 무의미하다는 것을 알기까지도 매우 오래 걸린다.

낮은 자리에 찾아오시는 하나님

"사람아 주께서 선한 것이 무엇임을 네게 보이셨나니 여호와께서 네게 구하시는 것은 오직
정의를 행하며 인자를 사랑하며 겸손하게 네 하나님과 함께 행하는 것이 아니냐" - 미 6:8

어린 시절부터 어렵고 힘든 일을 속으로만 삼켜버리는 습관이
생겼다. 그래서 속사정을 털어놓을 데도, 쏟아 부을 데도 없어서
괴롭게 산 날들이 많았다. 그리고 당시에는 믿음이 부족해서 그
형편을 하나님께 시원하게 쏟아내지 못했다는 것을 이제는 안다.
지금도 그 습관이 몸에 배어서 다른 사람에게 속사정을 쉽게 쏟아
내지 못한다.

하나님께 모든 사정을 말하고 흐르는 물같이 하나님만 바라보
면서 하나님과 같이 흘러만 가면 되는데 몸으로 이기고 부딪치려
하니까 몸과 마음은 점점 메말라갔다. 그러나 그 삭막하고 외로운
영혼의 현장으로 찾아오시는 하나님을 만나니 세월이 가도 무너
질 줄 모르던 마음의 담이 무너졌다.

어디서나 힘들면 힘들다고 말해야 하는데 너무 미숙해서 그 말
을 할 줄을 몰랐던 연약한 마음을, 하나님이 오셔서 크신 사랑으
로 녹여 주시니 굳은 마음이 풀어졌다. 하나님께 모든 일을 맡기

면 되는데 전적으로 맡김이 안 되어서 힘들던 그 상황도 하나님이
아시고 해결해주시니 감사할 뿐이다.

어디서나 맡기기만 하면 모든 짐을 맡아주시는 하나님이 계신
것을 알지 못하고 모든 짐을 그대로 지고는 믿음 없이 힘들게 살
아온 그 인생이 바로 나 자신이라는 것을 이제는 안다. 그러나 그
가난한 영혼의 목마르고 주린 시간이 없었다면 하나님을 찾아가
지 못했을 것이고 그 힘든 메마른 땅을 걸어 갈 때 하나님을 붙들
지 않았으면 하나님을 만나지 못했을 것이다. 그리고 살면서 마음
이 상하고 다치는 모멸의 순간까지 내려가도 참는 이유는 하나님
이 다 보시고 아신다는 것을 알기 때문이다.

참된 믿음은 내면에서 하나님이 알아지고 느끼는 것으로 마음
이 비워지는 것이 없이 아무 일도 되지 못한다. 우리의 육체는 그
누구도 넘볼 수 없는 크고 견고한 여리고성과 같아서 이런 견고하
고도 완전한 마음의 짐이 어떤 사건을 통해 무너지는 체험이 들어
오지 않으면 우리는 하나님을 찾아가지 못한다.

어떤 사람은 독서를 통해 은혜를 받았다고 말하지만 믿음은 세
상 지식이나 사람의 능력으로 되지 않는다. 영혼이 맛보는 그 진
한 은혜의 감격은 사람의 능력으로 되지 않는다. 하나님 은혜는

마음 안으로 들어와 하나님을 경험하면 거기서 만나는 하나님의 인격을 통해 큰 감동으로 다가와 사고가 바뀌는 것이다.

📖

믿음이 성장하려면 우리 영혼이 하나님과 깊은 관계 속에서 매사에 감사하고 감격해야 하는 것이지 일을 하고 말을 많이 한다고 해서 되지 않는다. 그러나 믿음으로 살아가려면 내 자신이 믿음으로 세워진 사람인지 아닌지 늘 돌아보아야 한다.

무늬만 신앙인인 사람은 교회 주변에서 맴돌면 참된 신자처럼 보일지 모르지만 그 마음이 하나님 관계 속으로 깊이 들어가지 못하면 믿음으로 살아가지 못한다. 하나님과의 관계가 바르게 되어야 하는데 아무리 일을 완벽하게 해도 하나님 관계 안으로 들어가지 못하면 아무 소용이 없다.

📖

우리는 자칫 눈으로 보이는 것을 따라가다가 믿음을 붙들지 못한다. 또한 잘 믿으려고 애쓰지만 믿음으로 가는 길을 알지 못해 신앙이 자라기까지 오랜 시간이 걸린다. 믿음은 예식이나 의식, 의나 옳음, 사람의 힘과 능력으로 가는 것이 아니라 그냥 하나님을 믿으면 되는데 그것을 알지 못해서 하나님 은혜가 들어오지 못한다. 비워지고 낮아진 비천한 자리에 하나님이 오신다는 것은 상상할 수도 없는 경이로운 경험이지만 우리 영혼이 하나님이 누구신지 모른다면 무슨 일을 하든지 다 헛된 것으로 끝나고 만다.

📖

하나님 나라는 믿는 자들만이 들어갈 수 있는 현재적이고 미래적인 나라이다. 하나님 나라가 이미 세상에 왔음에도 불구하고 사람들은 그 안으로 들어가지 못하고 이런저런 생각만 하다가 기회를 놓친다면 믿음 안에서 그 영혼의 누림을 모른다면 하나님이 누구신지 모르는 것이다. 또한 하나님 나라의 누림은 생명의 문제이기에 믿음은 사람 안에 하나님 생명이 있느냐 없느냐로 귀결된다. 우리의 영혼이 은혜로 오시는 하나님 생명을 누리고 있느냐 없느냐에 대한 참된 영적 지식이 없다면 그 누구도 믿음 안에서 자유로울 수 없다.

📖

하나님 나라란 하나님의 임재가 있고 하나님과의 누림이 있는 나라로 하나님 은혜와 하나님 임재로 사는 하나님 나라는 현재와 미래를 포함한다. 믿음은 현재 이곳에서 그 나라를 누리는 것이며 미래 또한 그 나라로 들어 갈 것을 바라보는 것이다. 사실 믿음으로 어려운 고비를 넘어가 마음이 행복한 날이 온다는 것을 믿는 것은 쉽지 않은 일이다. 하지만 그 힘든 길도 하나님이 해주실 것을 믿기에 어떤 어려움이 와도 다 맡겨야 한다.

우리는 착한 일을 하면 하나님이 복을 주신다고 생각하지만 이보다 먼저 하나님을 찾아 하나님 계신 곳으로 들어가서 하나님 사랑을 경험하면서 착한 일도 믿음으로 해야 한다. 그리고 선한 싸움을 하는 마음 안에는 죄가 역사하지 못하고, 사람을 사랑하는 그 사랑 때문에 죄가 들어오지 못한다. 우리 안에 하나님 사랑이 채워지고 그 채워진 사랑으로 일하고 다시 받고 흘러나가는 하나님의 사랑을 경험한다면 세상에 그 무엇도 사람을 만족시킬 것이 없는 것을 알게 된다.

세상에는 약한 사람들이 많이 산다. 가난하고 병든 사람, 외롭고 마음이 상한 사람…. 이들 중 가련한 처지의 사람은 믿음으로 들어가기에 매우 좋은 조건을 가졌으므로 어렵고 힘들 때 하나님을 찾아가는 믿음이 된다면 하나님이 아시고 도와주신다. 그리고 사람은 그 도움을 받기 위해서는 먼저 마음이 가난해야한다.

하나님은 가난하고 비통해 하는 마음을 보시고 아신다. 하나님은 고독하고 외로운 자의 하나님이시다. 하나님은 속상하고 마음이 상한 비통해하는 마음 안으로 들어오시는 분이시다. 우리가 만일 그 가난한 마음 안으로 들어오시는 하나님을 경험하면서 마음의 가난함과 비통함을 통하며 하나님을 찾아가는 믿음이 된다면 하나님이 만나주신다는 것을 믿어야 한다.

사람이 만일 어떤 척박한 환경 속에 들어가 있어도 진실한 믿음만 된다면 어떤 상황도 곧 천국으로 바뀌게 된다. 세상만 바라보던 사람이 하나님 은혜를 경험하면 다른 것에 관심을 갖지 않게 되는 것도 믿음이 올라야 가능하다. 그리고 믿음으로 하나님과 동행하며 무수한 고비 고비를 넘다보니 작은 것 하나라도 믿음으로 느껴지고 알아지는 것을 따라가면 언젠가는 하나님이 해주실 때가 있다.

우리 믿음이 하나님 한 분만으로 만족한 사람이 된다면 세상에서 더 구할 것이 없다는 걸 안다. 하나님만이 우리의 모든 것이 되면 모든 문제가 해결되는데 믿음이 되지 못해서 일생동안 어렵게 살아왔다는 것을 이제는 안다. 우리 주위에 하나님을 잘 믿지 못하게 하는 것들이 너무도 많다. 그러나 이와 같은 어려움이 믿음을 세워주기 위한 시련이라는 것을 안다면 그 시련도 이제는 감사로 받는다. 또한 사람 안에는 부패한 것들이 얼마나 많은지 믿음 안에서 자신의 모습이 보여야 하는데 조금도 보지 못하기에 하나님이 보이지 않아서 하나님을 붙들지 못한다.

우리가 겸손해야 하는 이유는 마음이 겸손하고 낮은 자리에 있을 때 하나님은 오시는 분이기 때문이다. 그런데 간혹 올라오는 자신감에 속아서 육신을 따라갈 때 우리가 바르지 못한 것을 알면 속히 돌이켜야 하는데 그러지 못한다면 매사가 힘들어진다. 모든 일을 믿음으로 해야 하는데 사람의 힘으로 한다면 아무리 선한 일을 한다고 해도 마음에 만족이 되지 못한다.

그리고 마음에 만족이 되지 못한다는 것은 하나님이 기뻐하시지 않는다는 말과 같다. 믿음이란 하나님을 경험하지 못하면 믿음으로 사는 것이 무엇인지 알지 못하기에 믿음이 자라 가는데 시간이 오래 걸린다. 돌같이 무지한 사람도 믿음이 오기만 하면 점점 성숙해진다. 믿음은 다른 것이 아니라 영에 속한 문제로 영으로, 마음으로 중심을 드리기에 하나님이 만나 주신다.

사실 우리가 믿음 안으로 들어가는 것은 천지가 개벽하는 것 이상으로 매우 어렵고 힘들 수 있다. 그러나 우리는 하나님 은혜로 잘 믿을 때가 있고 하나님 음성을 들을 때가 있으며 하나님 말씀을 맛있게 먹고 누릴 때가 있다. 하나님이 마음을 바꾸어 주시면 안 될 것이 하나도 없는 때가 온다. 그때 우리는 이전 삶이 얼마나 거짓되고 부패한 삶이었는지 알게 된다. 우리는 하나님을 믿다가 하나님 사랑을 받을 때가 있고 자신을 보면서 회개하다가 몸도 마음도 겸손해지면서 하나님 안으로 들어갈 때가 반드시 온다는 것을 안다면 하나님만 따라가야 한다.

📖

하나님은 때로는 전혀 성정이 맞지 않는 사람을 붙여 주시어 강한 육신의 불결함을 보게 해주신다. 사람의 힘으로 낮추지 못하니까 자신과 매우 다른 사람을 붙여서 매사에 포기하게 만드는 자신을 보게 해주신다. 우리의 삶에서는 사방으로 힘들게 하는 것이 수 없이 많은데 그런 일이 자꾸 마음을 상하게 할 때마다 믿음을 붙들다보니 좋은 날이 온다. 그러면 우리 마음도 믿음이 아닌 것은 아니라는 것을 알기에 우리를 아시는 하나님을 안다면 막연하게 믿으면 안 된다.

📖

신자들은 치열한 영적 전쟁 속에서 살아가지만 육신은 매우 둔해서 그것을 잘 의식하지 못한다. 다만 은혜가 충만해지면 세미한 느낌도 저절로 알아져서 영으로 사는 것이 무엇인지, 육으로 사는 것이 무엇인지 분별이 되지만 믿음이 어리면 잘 몰라서 하나님을 따라가지 못한다.

때로는 나 자신도 어떤 사람인지 잘 모르는데 그리스도의 생명으로 사는 것이 무엇인지, 영으로 사는 것이 무엇인지 알기 위해서는 많은 훈련을 거쳐야 한다. 이럴 때 믿음을 확증하는 방법은 그 마음 안에 하나님 생명이 흐르고 있는지, 하나님 생명으로 역사가 일어나는지, 하나님 생명으로 살아가고 있는지, 하나님 생명이 주는 그 힘으로 영혼의 허기와 갈증이 극복되었는지, 허다한 죄의 쓰레기가 처리되었는지 등이 증명되고 확인되어야 한다. 이처럼 어려움 가운데서도 소망이 되는 것은 언젠가 하나님 안으로 들어가게 해 주실 때가 있는 것을 알기 때문이다.

하나님 나라는 겸손한 마음에 세워지는 것이 특징이라는 것을 아는 사람은 모든 것을 버리고 그 겸손을 얻으려고 애써야 한다. 믿음으로 사는 것이란 마음이 낮아져야 하고 허다한 것들을 처리하고 그 마음에 겸손이 채워져야 한다. 사람이 겸손해져야 하는데 낮아지는 것이 무엇인지 알지 못해서 겸손을 소중하게 여기지 못한다. 믿음이란 섬김도 희생도 반드시 필요하지만 겸손하게 비워진 사람이 참된 은혜로 사는 것이 무엇인지 경험하면 그것만이 참복이 된다.

소외되고 외로운 곳으로 몸과 마음을 자꾸 몰아가고 싶은 마음은 어디서 오는 것인지, 세상으로부터 격리되고 세상을 멀리하려는 이유는 무엇을 말하는지 잘 알 수 없지만 그것까지도 하나님과 같이 하고 싶은 마음이라는 것을 이제는 안다.

수도사들처럼 세상을 등지고 살아가는 것이 아니라 평범한 삶을 통하여 신앙훈련을 받아 믿음을 일군다는 것은 크리스천만 가지고 있는 참된 특권이고 진리이다. 그러나 때로는 믿음으로 살고 싶은 마음에 세상을 차단하고 하나님으로 만족하고 싶은 열정으로 세상에서 멀어지지만 그 어디를 가도 하나님만 계시면 두려울 것이 그 아무것도 없다.

📖

사람이 세상으로부터 자신을 분리시키는 것이 자신의 힘이 아니라 하나님 은혜의 길이라면 어찌 받아들여야 하는지, 보이지 않는 은밀한 길로 나가고 싶은 마음도 하나님의 선물임을 아는 사람은 자신의 모든 것을 잃어버린다 해도 세상을 잊어야 한다.

그 길은 고독과 맞서야 하는 외로운 순례의 삶이기에 사람을 아프게 하고 고단하게 해도 그렇게 가는 것이 믿음이라면 그 비밀스러운 길로 나가는 것이 믿음으로 사는 것이 된다. 세상을 뒤로하고 내면의 은밀한 길로 나가는 것도 내가 원하는 것이 아니라 하나님이 주시는 길인 것을 알기에 오직 하나님 한 분으로 만족해야 한다.

📖

직장에서 쉬지 않고 일을 한 후 집에 돌아와서는 곧장 기도의 골방으로 들어가는 것도 누가 시켜서 되는 것이 아니라 하나님이 이끄심이라는 것을 안다. 한밤에도, 새벽에도 기도의 골방으로 들어가는 것 역시 하나님이 좋아서라는 것을 안다. 그 기도 시간에 수많은 하나님의 역사를 경험하는 것도 내가 원해서가 아니라 하나님이 주시는 것으로, 그런 자리에 가면 자신이 얼마나 미약하고 부족한지, 얼마나 고집스런 욕심쟁이인지 알게 된다.

때때로 아무리 마음을 다 해도 아무것도 되지 못하는 사람을 볼 때면 그 자리에 그대로 엎드리게 된다. 그리고 하나님을 바라보면서 아름다운 하나님을 앙망하는 가운데 훈훈한 사랑의 하나님을 경험하면 그 기도의 골방이 곧 천국으로 변한다.

사람들은 "왜 나는 하나님을 만나지 못하느냐?"고 말하지만 이는 그 원인을 알지 못해서다. 우리가 하나님을 찾아가는 마음만 있으면 슬며시 공기처럼 빛처럼 호흡처럼 온몸으로 하나님을 느끼게 되고 그제야 하나님이 살아계심을 알게 된다.

하나님은 낮아지고 비워지고 마음이 비천해진 자리에 오시는 분이기에 그런 마음 안으로 들어오시는 하나님은 천하고 약하고 가난하고 슬퍼하는 사람의 하나님이시라는 것만 알아도 신앙은 많이 달라진다. 내가 만일 세상 것으로 만족하다면 하나님은 그 안으로 들어오시지 못한다. 내가 만일 가진 것이 많다고 생각하면 하나님을 만날 수 없다.

내가 만일 부요하고 다 갖추었다고 생각하면 하나님은 나타나지 않으신다. 내가 만일 어디서나 인정받는 존귀한 사람이라는 인식 속에 산다면 이는 하나님이 누구신지 알지 못하는 것이다. 그러나 그 싫은 사람을 무시한다면 아직 믿음으로 사는 것이 무엇인지 알지 못하기 때문이다. 그런 높아진 마음 안으로 하나님은 들어오실 수 없고 자신으로 가득한 사람 안으로 하나님은 들어오시지 않는다.

教회 안에는 계급이 존재하지 않는다. 세상에는 계급이 존재하고 계급으로 나가지만 교회는 사랑으로 나가고 예수님 사랑만이 존재한다. 사람들은 세상 논리에 익숙해져 살아가기에 교회 안으로 들어와서도 그 익숙한 세상 가치로 사람을 판단하고 통제하려고 한다. 하지만 교회의 머리는 그리스도 예수님 한 분뿐이시다.

우리는 어려움이 닥쳤을 때 교회를 생각하고 위로를 받기위해 나오는 수많은 영혼을 안다면 그들의 위로자가 되어야 한다. 일생 동안 교회 문턱을 수 없이 드나들어도 사랑의 사람을 한 번도 경험하지 못한 것이 너무나 한스럽지만 나부터 그런 사람이 되면 안 된다는 것을 안다.

하나님으로 감사로 나가는 삶

"우리를 비천한 가운데에서도 기억해 주신 이에게 감사하라 그 인자하심이 영원함이로다"
– 시 136:23

믿음은 훈련이 되어야지 사람의 능력으로는 나가지 못한다. 성령으로 훈련되고 다듬어져야지 무딘 육신의 능력으로는 잘 되지 못한다. 믿음이란 스스로의 힘으로 쟁취하고 이루어 나가는 것이 아니다. 만약 스스로의 힘으로 나가려한다면 성령께서 반드시 브레이크를 거실 것이다. 이것을 안다면 매사에 기도하면서 성령으로 일하기 위하여 성령의 인도함을 받아야 한다.

신자는 하나님을 알고 경험하는 만큼 신앙도 자라고 일도 할 수 있다. 우리는 모든 일의 동기가 육신에게서 나오는 것이 아니라 하나님이 함께 해주실 때까지 비우며 기다리는 것에서 나온다는 것을 안다면 믿음으로 사는 길은 매우 쉬워진다.

사람들은 일을 잘 하지만 그 일이 하나님이 되게 해주시는 힘으로 한다는 고백이 되어야 한다. 어느 누가 일생동안 일을 하고 비우며 나갈 수 있겠나…. 그것은 오직 하나님을 믿는 것으로만 할 수 있다. 그 섬기는 길에 사방으로부터 시기, 질책, 모략, 오해가 오지만 당당하게 나갈 수 있는 것은 오직 하나님을 믿기 때문이다. 사람이 태어나서 한 번 죽는 것은 정한 이치이지만 매사에 낮아지고 죽어지지 못하면 되는 일이 없다. 그러나 그 가는 길에 하나님이 함께 하신다는 믿음만 있다면 힘들어도, 모멸의 장소에 가서도 기쁜 마음만 있으면 다 된다.

하나님은 믿음의 사람이 의도했든 의도하지 않았든 상관없이 남이 가지 못하는 길을 은밀하게 가게 해주신다. 그 가는 길에서 맛보는 온갖 시기와 천대가 마음을 상하게 해도 하나님이 주신 길이라면 어려워도 묵묵히 가는 것이 믿음으로 사는 길이다. 그것을 경험하면 믿음으로 가는 길은 내 모든 것을 다 주고도 얻을 것이 조금도 없는 길이지만 줄 것이 있다는데 감사할 뿐이다.

우리는 줄 것이 아무것도 없는 사람이지만 오직 예수님의 사랑으로 나음을 입은 그 일을 전해야 한다. 아니 예수님을 전해야 한다. 그러나 이 믿음의 길에서 매사에 인정받지 못하고 대접받지 못하는 것도 하나님의 길이기 때문이라는 것을 이제는 안다. 무시당하고 외면당하면 속상할 때도 있지만 누구에게도 인정받지 못한 삶을 하나님은 아시고 은혜로 보상해 주시는 것을 안다면 그것으로 충분하다.

신자는 작은 희생으로 한 사람을 살리는 밑거름이 된다면 그것으로 만족해야 한다. 가끔 믿음이 안 되어서 마음은 상하지만 그것이 하나님이 주신 길인 것을 안다면 감사히 받게 된다. 늘 비우고 섬긴다고 자위하지만 하나님의 은혜로 살아가기를 원해야 한다.

지난날을 돌아보면 어디서나 섬기기만을 강요받은 속상한 삶이지만 그 일이 바로 믿음으로 가는 길이라면 그 어려움도 무엇 때문인지 이제는 다 이해가 된다. 믿음으로 살아가는 그 길은 매사에 인정받지 못하는 슬픈 길이지만 거기에 하나님만 계시면 다 된다.

사명 중에서 가장 힘든 것이 '숨은 섬김'이라고 하지만 주어도 또 주어도 만족하지 못하는 사람들을 보면서 낙심하게 된다. 그러나 그것 역시 감사한 것은 이마저도 하나님이 주신 짐이라는 것을 알기 때문이다. 사람은 서로의 짐을 나눠진다고 하지만 나의 짐은 나에게 맡기고 다른 이에게 짐이 되면 안 된다. 단지 내 짐은 내가 지고 다른 이의 짐을 보면 같이 지고 가는 것이 믿음으로 사는 것이다.

사람들은 의롭게 산다고 하지만 거기에 하나님의 사랑을 더해야지 의로움만으로는 믿음으로 산다고 할 수 없다. 의로운 사람은 거기에 사랑을 더해서 하나님이 주시는 은혜로 가야 한다. 사람이 무엇을 하든지 육신이 아니라 하나님 은혜로 행하고 하나님 은혜로 열매를 맺어야 한다. 하나님 은혜를 모르고 하는 육신의 행함은 선행이 아니다. 그러나 하나님을 아는 지식 속에 열리는 천상의 선행이 되려면 하나님 은혜로 일해야 한다. 우리가 이 좋은 믿음의 길에서 반드시 버려야 할 세 가지 즉 육신의 정욕, 안목의 정욕, 이생의 자랑을 배설물로 여김은 그리스도를 온전히 얻기 위함이라는 것을 안다.

때로는 질병의 문제로 한없이 힘들 때면 그 영혼은 여름 가뭄의 마름과 같다는 생각이 든다. 이렇게 말라가는 온몸과 영혼의 메마름을 경험할 때 믿음은 육신을 신뢰하면 안 된다는 것을 알려주는 장소가 된다는 것을 경험한다.

사람의 가장 큰 행복은 하나님이 주시는 평안으로 사는 것이다. 사람이 아무리 돈이 없고 가난해도 마음이 행복하면 그것이 바로 천국이다. 때로는 극히 작은 것 까지도 아끼면서 육신의 것들을 비우면 마음도 깨끗해지고 편해져서 가난한 영혼으로 사는 행복이 무엇을 말하는지 알게 된다.

내가 안 먹고 안 쓰면 누군가에게 혜택이 돌아간다고 생각하면 그것이 기쁨이 된다. 그러나 사람들은 물질에 대해서 욕심을 내고 그 욕심이 탐욕으로 가는 우상 숭배라는 것을 알지 못한다. 하물며 남의 것을 조금도 탐낼 줄 모르는 사람이 탈취자들에게 둘러싸여서 괴롭게 살아가는 삶도 하나님이 주시는 것이라고 이해해야 한다.

📖

사람이 아무리 척박한 환경 속에 갇혀 있어도 믿음만 있으면 된다. 믿음의 좋은 점은 하나님이 나를 이끌어 주신다는 것을 알고 모든 것을 하나님이 하신다는 것을 알기에 순간마다 하나님을 의식하면서 하나님과 같이 하는 것이다. 구원받은 우리는 큰일도 해야 하지만 극히 사소한 일까지도 하나님께 맡기고 하나님을 믿고 높여 드려야 한다.

믿음 안에서 하나님을 아는 지식이 열리면 세상도 사람도 사물도 영의 지각으로 그냥 알아져서 매사를 분별하게 된다. 거기에 사랑이 더해지면 지극히 선한 것을 분별하며 살아가게 되는데 이것이 바로 믿음으로 사는 일이다.

📖

우리는 하나님께 감사하는 그 순간에 하나님을 모르는 많은 사람이 온갖 고통 속에서 하루하루 살아간다는 사실을 깨닫는다.

그러면서 "왜 나 혼자만 하나님을 알고, 왜 나 혼자만 감사해야 되는지, 다른 사람은 왜 하나님을 모르는지, 왜 만왕의 왕이신 전능하신 하나님 은혜를 나 혼자만 누려야 하는지"라고 생각하면 마음이 상한다. 그러나 지금까지 힘이 되어준 믿음의 원동력은 바로 감사라는 것을 경험하면서 "감사하라. 감사하면 다 된다"라고 하시는 하나님 말씀을 따라서 매일 감사하다 보니 하나님 은혜로 사는 날이 오지만 그 감사하는 마음도 은혜로 해야지 마음대로 되지 않는다.

세상을 바라볼 때마다 맑은 공기와 햇빛을 거저 주시는 하나님을 아니 감사하게 된다. 지금 이 순간도 마음을 드리면 오는 하나님 은혜 때문에 속절없는 세상을 의지하지 않게 된다. 또 보는 것마다 느끼는 것마다 새록새록 하나님 은혜가 흘러들어와 감사하다 보니 이렇게 감사하는 것이 하나님을 기억하는 것이고 그 마음이 하나님께로 돌아가게 된다.

평상시에도 자주 하나님을 의식하다보니 그것 또한 감사가 되고 어떤 어려움도 이기다 보니 감사가 된다. 그리고 이 어려운 현실을 보면서도 감사하려고 애쓸 때 하나님을 찾는 사람은 어린 애처럼 철이 없고 믿음이 부족해도 하나님이 다 아시니 이것이 마음의 기쁨이 된다.

믿는다고 하면서 받은 복이 얼마나 많은지 조금도 생각하지 못하던 사람이 자꾸 감사하다보니 그 감사가 삶의 동력이 되는 것을 보면서 감사만 하면 힘을 주시니 또한 감사가 귀하다는 것을 깨닫는다.

📖

사람들은 감사하다가도 어려움이 오면 그때는 어떻게 해야 하는지, 그 어려움 때문에 마음에 쉼을 얻지 못하면 어찌해야 하는지, 근심이 된다.

신자는 오래 믿을수록 영혼 몸이 하나님 은혜로 더 풍성하게 물들어야 하는데 그것이 안 되는 원인이 무엇인지 느끼지 못한다. 그러나 그 믿음으로 살아가지 못하는 원인이 바로 나 자신 때문이라는 것을 인정하는 것에서부터 믿음은 출발한다. 나란, 내가 아니라 내 안의 또 다른 내가 산다는 것을 알지 못하면 늘 죄악에 끌려 다닐 수밖에 없다. 사람은 언제나 내 안에서 나 아닌 또 다른 사람에게 조종당하면서도 그 일이 무엇인지 알지 못해서 믿음으로 살아가지 못한다.

📖

하나님은 그동안 어떤 사건을 통해 상한 마음을 많이 처리해 주셨다. 어떤 문제를 통해 견고한 육신의 자아가 뽑히는 고통을 겪으면서도 침묵으로 버티는 쓰라림을 경험하지 않은 사람은 아마도 그 일이 무엇을 말하는지 알지 못할 것이다. 어려운 문제를 통하여 마음이 상하고 다치는 과정을 경험하는 것이 당시에는 죽을 것같이 힘들어도 그 일을 통해 믿음을 붙드는 기회가 된다면 큰 의미가 있다고 생각한다.

사람은 얼마나 어리석은지 어려움 없이는 하나님을 찾아가지 못한다. 매사에 어렵고 힘들어야 기도하는 것을 보시는 하나님은 우리를 그 안전한 항구로 인도해 주신다. 그리고 그 당시의 힘든 어려움이 변하여 오늘의 믿음을 만들어 준 동기가 된 것을 보면서 하나님만 의지하면 다 아시고 해주신다는 것을 알게 된다.

📖

사람이 당하는 모든 시련은 마음을 깨끗이 정화시켜준다. 그 힘든 시련 속에서 하나님을 바라보다가 하나님이 주시는 사랑을 만나면 슬픈 마음도 평정되는 것을 보면서 모든 시련은 믿음으로 해야 하는 영적 전투가 된다. 그리고 삶에서 어려움이 오면 그 어려움을 통하여 믿음이 아니면 아무것도 할 수 없다는 것을 알게 된다. 힘든 시련을 통해서 우리의 몸과 마음을 정결하게 정화시키는 하나님을 만나면 믿음이 좋은 것을 발견한다. 그리고 힘들어도 낙심하지 않는 것은 하나님이 다 아시고 같이 해주신다는 것을 알기 때문이다.

사람이 믿음으로 살아가는 일은 쉬운 일 같으나 믿음 안으로 들어가기까지는 매우 오래 걸린다. 믿음으로 지금까지 경험하지 못한 한없는 사랑의 하나님을 만나면 하나님이 어떤 분인지 알게 된다. 그러나 사람이 하나님의 사랑을 아무리 많이 체험해도 세상이 좋아 밖으로만 돌면 세상에 중독되는 한심한 육체가 된다. 또 살면서 좋아하는 것이 늘 마음을 괴롭히지만 참된 믿음이 되려면 헛된 일에 끌려 다니면 안 된다.

사람을 따라다니면 잠시 동안은 기쁠 수 있지만 그것에 중독되어가는 부패한 육신의 본능을 벗어내기 위하여 덜어내고 걸러내는 작업을 통해 심령이 다시 회복되어질 때만이 마음이 평안해진다는 것을 아는 사람은 돌아다니는 것도 멈추게 된다. 믿음이란 세상을 따라 가느냐, 믿음으로 가느냐의 문제다. 이에 자유로운 사람은 아무도 없지만 믿음 안에서 조금도 요동하지 않는 영혼의 편안함을 맛보면서 그 차분한 심령이 유지되려면 세상과 사람을 따라다니면 안 된다.

우리가 믿음 안에서 마음이 평안하다면 그 어떤 것에도 요동하지 않는다. 그러나 마음이 공허한 것이 문제가 되어 방황하는 인생이 오랫동안 지속되면 하나님을 만나 아름답게 살아가고 싶은 간절함이 생긴다. 그리고 하나님을 생각하는 길고도 긴 세월을 보내지만 하나님은 먼 곳에 계신 분이 아니라는 것을 깨닫는데도 매우 오래 걸린다.

믿음 안으로 들어가려고 애를 쓰면서 많은 시간이 흘러갔다. 하지만 되는 것이 하나도 없는 가운데 이루 말할 수 없이 많은 것을 경험했다. 이 공허함을 해결하려면 하나님 은혜 안으로 들어가야 한다는 것을 알고 애쓰는 세월이 꽤 길게 지나갔다. 이처럼 어떻게 해도 그 무엇도 되지 못하는 사람을 보면서 '내가 은혜를 받으면 이 다음에 힘든 사람을 위하여 받은 은혜를 나누겠다'고 마음을 먹지만 그 조차도 함부로 할 수 없는 일이라는 걸 깨닫는다.

그러나 하나님 말씀 한 마디로 영육 간에 회복되는 경험이 있는 사람은 가만히 있으면 안 된다. 나 역시 틈틈이 글을 쓰는 시간동안 얼마나 많은 은혜와 영적 지식을 깨우쳐 주시는지 하나님 은혜를 많이 체험하면서 하나님은 다른 사람보다도 내가 먼저 은혜받기를 원하신다는 것을 알게 된다.

사람이 때때로 마음이 불편하다면 그것은 마음 안에 나쁜 것이 들어있기 때문이다. 사람의 마음은 매우 민감해서 마음속에 무엇이 들어 있느냐에 따라서 많이 흔들린다. 그런데 마음이 불편하다는 것은 안에 그 만큼 나쁜 것이 들어있다는 뜻이다.

하나님은 청결한 마음 안으로 들어오시는 분이시다. 마음이 복잡하고 더러워지면 하나님과의 관계가 차단되기 때문에 우리는 그 마음을 다시 깨끗하게 회복시키기 위하여 늘 기도해야 한다.

하나님만이 전부라는 것을 아는 사람은 마음을 깨끗하게 유지하기 위해 믿음으로 늘 단속해야 한다.

어느 날 몸과 마음이 너무 피곤해 병원에 입원해 쉬고 싶은 생각이 간절하게 들었다. 그런데 며칠 후 우연히 몸을 다쳐 입원하게 되면서 하나님 앞에서는 어떤 생각도 함부로 할 수 없다는 것을 경험한다. 생각만 해도 그 일을 잊지 않고 응답하시는 하나님을 보면서 하나님 앞에서는 그 어떤 생각도 마음도 함부로 가지면 안 된다는 것을 깨달았다.

무엇을 하고 싶거나 무슨 생각을 하면 반드시 이루어 주시는 하나님을 경험하면 매사에 마음과 생각이 중요하다는 것을 알게 된다. 그 어떤 생각도 믿음이 아닌 것을 함부로 하면 안 된다는 것은 하나님이 받으신다는 것을 알기 때문이다.

하나님 자녀에게 찾아오는 시련

"내 형제들아 너희가 여러 가지 시험을 당하거든 온전히 기쁘게 여기라 이는 너희 믿음의 시련이 인내를 만들어 내는 줄 너희가 앎이라 인내를 온전히 이루라 이는 너희로 온전하고 구비하여 조금도 부족함이 없게 하려 함이라" - 약 1:2-4

어느 날 여행을 떠난다. 마음이 곤고하고 척박한 가운데 새 힘을 주시니 순종이라고 생각하면서 일찍 서둘렀으나 일행과 떨어져 불편한 것을 참고 가야 하는 상황에 처했다. 사방을 둘러보고 도움을 구했으나 해결될 기미가 조금도 보이지 않았다. 그래서 할 수 없이 포기하고 주님께 기도했더니 "곧 준비해 주실 것이다"라는 마음이 왔다. 잠시 후 부탁도 하지 않았는데 서성거리는 나를 보고 앞좌석의 남자가 얼른 자리를 바꾸어주어서 일행과 같이 앉아 편하게 갈 수 있었다.

출국할 때 보니 여행을 떠나기 전부터 신발 밑창이 너덜거린다. 그동안 잘 신지 않아서 신창이 헌 것도 모르고 신고 나왔는데 열흘 동안 여행을 다닐 생각에 걱정이 앞서 "주님 어떻게 하면 좋을까요?"하고 근심하니 "아주 좋은 신을 준비해 줄 것이다"라는 답이 와서 마음이 놓였다. 경험에 의하면 여행 중에 신발 파는 곳을 만나는 것은 매우 힘든 일이다. 그러나 바로 다음 날 여행지 하이델베르크 대학 근처에서 새 신을 사 신고는 무사히 여행을 다니면서 주님께 감사했다.

우리가 믿음 안에 살면서 모든 일을 하나님께 맡기면 평범한 일상 속에서도 기적 같은 일이 생긴다. 그러나 어떤 때는 그 힘든 상황 속에서 전혀 말씀이 전혀 없으실 때가 있다. 이럴 때는 너무 답답해서 나의 인내를 테스트하신다고 생각한다. 믿음으로 산다는 것은 하나님과 동행하는 것으로 하나님과 동행하려면 하나님이 주시는 말씀대로 따라가야 한다.

어느 날 새벽이 되어서야 잠을 청했다. 그런데 곤한 잠결에 울리는 벨소리와 함께 "어서 일어나 교회 가야지"하는 말소리가 들린다. 급히 일어나 교회에 가면서 "하나님은 나의 예배를 매우 기뻐하시며 받으신다"는 것을 알게 되었다.

그 밤은 몹시 아프고 곤고해서 주일 예배를 포기하려 했는데 깨워 주시어 간신히 일어나 교회에 가면서 "하나님이 나에 대해 관심을 갖고 계신 것에 매우 기쁘고 감사하다"고 생각했다. 하나님과 동행만 된다면 먼저 해야 할 일을 아시고 인도해주시니 하나님만 의지하면 다 된다. 그러나 이런 체험은 특별한 사람만 경험하는 일이 아니라 하나님께 마음을 드리기만 하면 누구나 경험할 수 있다. 그리고 정한 시간을 제대로 지키지 못하고 깊은 잠에 빠질 때면 하나님은 정한 시간에 깨워주시고 기도하게 해주시니 믿음으로 사는 것이 무엇을 말하는지 알게 된다.

📖

또 언제부터인지 편안한 날이 흐른다. 혼자 살려니 매사가 정확해야 마음이 편한 사람이 어느 날부터인지 어떤 일이 생겨도 마음이 느긋해진다. 예전의 조급하던 모습이 사라지니 분명히 변했다는 징조다. 그런 것을 보면 참된 복이란 세상 부귀영화와 성공에 있는 것이 아니라 하나님이 주시는 은혜를 받아 누리면서 살아가는데 있다. 그리고 보이는 세상이 아니라 이 좋은 천국 같은 삶으로 데리고 오고 싶어서 그 힘든 훈련을 통과하게 해주신 하나님께 감사하게 된다. 그동안 그 힘든 시련을 통해서 엉겅퀴 같은 마음 밭을 갈아엎어서 무성한 잡초를 뽑아낸 텅 빈 마음을 하나님 은혜로 채워주시는 것을 보면서 사람이 믿음이 되려면 많이 훈련되어야 하지만 만일 그 속에 채워진 것이 없으면 그 삶이 삭막해진다는 것을 깨닫는다.

📖

하나님은 끝없는 고난의 상황 속에서 마음 안으로 들어오신다. 마음이 천야만야 깊은 비탈 속으로 추락하는 것을 경험하며 겸손이 들어오고 은혜의 문이 열린다. 그러다가 말씀을 순종하는 경험 속에 하나님의 전천후한 임재 안으로 들어가서 하나님의 사랑을 맛본다.

하나님의 사랑을 경험하니 마음의 상처들이 치유되는 경험을 하게 되고 하나님이 주시는 사랑의 묘약이 무엇을 말하는지를 알게 된다. 그리고 안팎의 두렵고 무서운 험악한 사단의 역사를 넘어가니 평강의 왕이 들어오시면서 심령에 고이는 만족함으로 모든 질병이 나았다.

믿음이란 하나님이 주시는 은혜로 우리 영혼이 풍성해지면 마음도 여유로워져 영혼을 만족케 하는 것이다. 영혼이 갈해진다는 것은 하나님으로 채워지지 못해서 느끼는 허기로 하나님은 그것을 통해 사람을 부르신다. 이때 부름에 반응하는 믿음이 되어야 제대로 가는 것이다.

📖

믿음 안에서는 아무것도 한 일이 없고 오직 마음을 드렸을 뿐인데 하나님을 경험하는 기이한 은혜를 경험하게 된다. 이런 하나님의 은혜를 안다면 우리는 이 은혜 안으로 들어가려고 힘써야 한다. 이 신비하고 놀라운 은혜로 사는 삶이 있는 것을 모르고 사람들은 자신이 얼마나 봉사를 많이 했는지 설명하지만, 진정으로 하나님 은혜를 알지 못한다면 하나님도 알지 못하고 믿음이 올라가는 길도 사라진다.

그러나 믿음 안에서는 오늘이, 지금이 가장 행복한 날이라는 것을 안다. 누가 보아도 겉으로는 좋아 보이는 것이 하나도 없지만 참된 행복이란 내면에 있고 속에서 흐르는 하나님 은혜가 있기 때문이다. 저녁이 되고 다음날 아침은 오지만 그날이 같은 날이 아니라 하나님으로부터 오는 새로운 은혜 안에서 인생 최고의 기쁨이 된다.

이 은혜가 언제까지 계속 될지 알 수 없지만 마음이 상하고 다쳤을 때 오셔서 위로해 주시는 하나님의 사랑만이 가장 큰 은혜인 줄 알았는데 은혜의 또 다른 축인 하나님이 주시는 평강의 맛을 보게 된다. 이는 얼마나 넓고 대단한지, 부요하고 깊고 넓은지 그 평강 안으로 이끄시는 하나님을 안다면 그 안으로 들어가서 늘 맛보고 누리고 싶은데 이것은 오직 믿음으로만 되는 것이다.

📖

하나님의 은혜를 누리는 동안 다른 편에서는 알 수 없는 질병이 육신을 치고 지나가면서 머릿속이 아득해진다. 좋은 일에는 어둠의 세력이 심술을 부린다는 것을 누구나 경험하지만 이 힘든 병을 어떻게 넘어가야 하는지 힘들고 막막한 현실에 처했다.

믿음 안에서는 육체의 아픔이 있고 또 한편은 영혼의 누림이 겹치는 이중적인 현상을 늘 경험하지만 육체의 질병이 믿음의 사람을 침몰시키지 못한다. 하늘의 풍성한 에너지가 속에서 한없이 흐르기만 하면 우리 영혼은 아무리 어려운 질병이 와도 침몰하지 않는다. 그리고 하나님 은혜 때문에 마음은 늘 기쁘고 벅차오르는데 육체는 질병에 시달리는 기이한 현상을 겪으면서 사람은 영혼과 육체의 틈 사이에서 갈등하는 연약한 육신으로 하나님 없이는 살 수 없는 존재라는 것을 깨닫는다.

그러나 나의 삶을 하나님이 간섭해 주신다는 것을 아니 하나님을 의지하기에 하나님을 만나면 마음이 풀린다. 그 외로운 삶 때문에 하나님을 만나 믿음 안에서 바라보는 아버지의 뜻은 세상과 사람을 의지하면 안 된다는 것을 알게 하신다. 그리고 살아가다가 길이 막힐 때마다 그 길을 인도해 주시는 하나님을 수 없이 경험하면서 어려운 고비를 넘길 때마다 인도해 주시는 분은 하나님 한 분이지 사람이 아니라는 것을 잘 안다.

젊은 시절 버스를 타고 가다가 삼각산을 바라보고 성경 말씀을 음미하는데 하나님의 임재를 느낀다. "내가 산을 향하여 눈을 들리라 나의 도움이 어디서 올까 나의 도움은 천지를 지으신 여호와께로서다"라는 말씀을 음미하는데 갑자기 그 말씀이 크게 온몸을 진동시키면서 들어오는 은혜에 놀라 그대로 주저앉고 싶은 몸을 간신히 지탱했다. 그리고 온몸으로 벅차오르는 하나님을 만나 하나님 말씀이 무엇이고 하나님 은혜가 무엇인지를 깊게 체험하면서 하나님 말씀을 생명으로 맛보니 세상에 그 이상은 아무것도 아니라는 것을 경험한다.

그동안 믿는다고 하면서도 믿음이 어려서 하나님을 잘 믿어드리지 못했지만 말씀으로 오시는 하나님 은혜를 영혼과 온몸으로 경험하고 나서야 천지를 지으신 생생하신 하나님의 살아계심도 알게 되었다. 그리고 귀한 말씀을 주실 때마다 왜 그 말씀을 나에게 주셨는지 이해하게 되고 왜 사람을 의지하면 안 되는지를 알게 해 주신다. 삶 속에서 힘든 사람을 만났을 때 그 사람을 피하면 더 힘든 사람을 만나는 것을 보면서 그 힘든 사람은 믿음으로 이기라고 주신 훈련 파트너라는 것을 깨닫는다.

📖

우리는 살면서 곧잘 어려움을 당하지만 믿음만 있으면 해소가 된다. 하나님 은혜의 깊이는 은혜 받은 사람만 알고 진정한 신앙은 하나님 안으로 들어가서 하나님 말씀을 듣고 따라가는 사람이 되어야 알게 된다.

나의 지난 모든 삶이 힘들었던 이유는 믿음이 되지 못해서라는 것을 이제는 안다. 믿음만 있으면 다 이기는데 믿음이 어려서 당한 수욕들이라는 것을 알게 됐다. 오직 하나님만 믿어야 하는데 세상을 따라가다가 힘들게 산 인생이 너무 한스럽다는 것을 이제는 알지만 믿음으로 사는 이 은혜의 즐거움을 안다면 하나님 아니면 아무것도 할 수 없음을 이제야 깨달았다.

📖

나처럼 어린 시절부터 일생동안 목마르고 허기지고 공허함으로 방황한 사람은 세상에 아마도 얼마 없을 것이다. 그러나 어렵고 힘들었던 과거의 일이 효험이 되어 하나님을 찾아다니다가 하나님 은혜로 채워지는 날이 온 것은 매우 기적 같은 일이다. 사는 동안 너무나 목마르고 허기진 갈증으로 영혼이 매우 슬프고 아팠는데 하나님을 만나니 심령의 모든 것이 해결된다.

하늘보고 물 한 모금 마시는 병아리처럼 나의 영혼이 하나님을 바라보기만 하면 공기처럼 빛처럼 흘러 들어오는 하나님의 은혜 때문에 영혼이 배부르고 만족함이 되니까 이제는 살맛이 난다.

오늘도 하나님이 주시는 하루 안에서 하나님을 생각하고 하나님을 기억하기만 하면 외로운 시간도 오히려 감사하게 된다. 그리고 매 순간마다 하나님을 기억하는 것이 마음으로 하나님께 돌아가는 것이기에 바로 회개하는 삶이 된다.

만약 내 인생에 외롭고 고독한 시간이 없었다면 하나님을 붙들 수도 만날 수도 없었을 것이다. 이제는 마음이 외로울 때마다 하나님을 바라보면서 하나님 은혜로 날마다 살기에 마음도 영혼도 매우 행복하다. 그리고 하나님이 말씀을 주시기만 하면 무슨 일이든지 다 이기는 힘이 생긴다. 부족하기만한 사람이 여기까지 오게 된 것은 단지 하나님 아버지의 사랑이시라는 것을 알기에 감사할 뿐이다.

하나님 은혜는 온몸과 영혼으로 맛보는 기쁨과 평안이기에 이런 것을 아는 사람은 마음속의 허다한 것들을 믿음으로 걸러내야 한다. 걸러내고 비워진 깨끗한 마음 안에 예수 그리스도의 거룩하신 인격이 들어와서 하나님 성품을 닮아 살아가는 것이 신자의 삶이다.

우리가 이미 구원은 받았지만 그것은 신분상의 구원이고, 구원의 완성은 생명이 끝나는 날이다. 그렇다면 가만히 있으면 안 된다. 신자가 구원을 받은 사실은 현재진행형이지만 생활상의 구원인 성화를 향하여 꾸준히 나가야 한다.

잘 믿는다고 하면서 또다시 마음이 세상으로 돌아가는 갈등 속에 살아간다면 믿음이 시험을 받고 있는 것이다. 우리는 말씀이 생명으로 들려서 그 흐름으로 살아가야 한다. 큰 믿음에 이르기까지는 오래 걸리기에 믿음을 통해 하나님 나라까지 가려면 그 길은 장거리라는 것을 깨닫는다.

📖

믿음으로 살아가려면 영적인 훈련과정을 통과해야 한다. 하나님 나라는 사람이 변화되지 않으면 절대 들어갈 수 없기에 성령을 받아야 되지만 성령으로 훈련을 받아 우리의 영혼과 몸이 새롭게 변화되어야 한다. 그러면 우리가 믿음으로 훈련되어 우리의 영혼과 몸이 현재 그 천국을 누릴 수 있다.

그리고 하나님은 살아계시기 때문에 우리의 언행심사를 다 보시고 아시지만 사람들은 기분대로 가고 기분대로 믿으면서 하나님이 다 보시고 아신다는 것을 모른다. 하나님을 날마다 바라보다가 어느새 하나님 은혜를 맛본다면 마음으로 하나님을 얼마나 사모하느냐에 따라서 하나님 은혜와 믿음의 분량이 달라진다.

늘 하나님을 바라보는 것이 하루 일과인 사람을 하나님은 다 아신다. 그리고 하나님을 바라보다가 흐르는 물처럼 잔잔하게 밀려오는 은혜의 맛을 아는 사람은 하나님만이 모든 것이라는 것을 안다. 사람이 하나님을 바라보기만 하면 주시는 하나님 은혜란 하나님이 우리를 사랑해 주신다는 의미지만 하나님을 경험한 사람도 여전히 세상을 잊지 못하고 세상에서 돌고 돈다면 믿음으로 가는 길은 매우 오래 걸린다.

사람은 세상 지혜와 지성적인 지식으로 살아가지만 신자는 하나님 말씀과 하나님 생명으로 살아가야 한다. 우리가 아직까지도 살아있는 이유는 하나님 안으로 들어가는 기회를 주시려는 아버지의 사랑이라는 것이라는 것을 안다면 우리는 하나님만 바라보아야 한다. 그리고 신자는 하늘의 시민권을 가진 하나님 자녀로 세상에서 말하는 그 흔한 이중국적자와 똑같은 신분으로 살아간다. 몸은 이 땅에서 나그네로 살아가지만 우리 영혼의 본향은 하늘나라라는 것을 아는 사람은 하나님이 계신 곳으로 들어가는 믿음이 되어야 한다. 하나님 안에만 있으면 다 되는 이 은혜 안에 우리가 속해 있는 것을 안다면 하나님만 바라보아야 한다.

그러나 하나님 백성에게는 은밀하고 곤고한 시련이 있다. 처음에는 교회에 충성을 다하면 되는 줄 알지만 날이 갈수록 그것이 아니라는 것을 깨닫는다. 처음 교회에 나갈 때 잘 믿으려고 애쓰는 것처럼 믿음이 제자리에서 멈추지 말고 나를 구원해 주신 주님께 감사하며 하나님을 믿어야 한다. 그리고 믿음으로 살아가는 인생에서 하나님 은혜를 사모하던 그 시절이 없었으면 아마 오늘의 나도 없을 것이다.

믿음은 아무런 노력도 대가도 없이 되는 것이 아니라 믿음을 심고 오랜 시간을 믿음으로 들어가는 일에 정성을 다해야 한다. 일생동안 하나님을 앙망하면서 살아온 그 세월이 지금은 마음이 저리고 아프지만 그날이 없었으면 아마 지금도 없을 것이다.

믿음이란 나 자신과 싸우는 것

"이에 예수께서 제자들에게 이르시되 누구든지 나를 따라오려거든 자기를 부인하고 자기 십자가를 지고 나를 따를 것이니라" - 마 16:24

어렵고 힘든 무덤 같은 몇 년이 지나가면서 가난한 영혼의 칠흑 같이 슬픈 시간도 지나간다. 무성하게 올라오는 잡초 같은 상념으로 죽을 것만 같더니 지금은 내 안의 모든 갈등과 속삭임이 잠잠해져 살 것만 같다. 그동안 삶 속에서 나쁜 감정에 침몰당하지 않으려고 버둥거리던 일이 믿음의 좋은 약효가 되는 것을 보면서 어리석은 바보에게 비로소 하나님이 보이기 시작한다. 그 외로운 환경 속에서 사람을 의지하려다가 실족하는 경험들을 하고는 믿을 것은 오직 하나님 한 분뿐이라는 것, 그래서 믿음이 중요하다는 것을 알게 된다.

그 삶을 돌아보니 죄인 중의 괴수가 바로 나인데 다른 사람에게서 죄의 냄새가 난다며 마음을 힘들게 했다. 하지만 이제는 그 사람과 싸우는 것이 아니라 사람 이면에 도사린 검은 세력과 싸우는 것이 믿음의 일이 됐다. 그리고 육신의 못된 자아와 힘든 씨름을 하다가 사람 속에서 꼬인 것이 풀어지니 다른 사람과의 비꼬임도 사라지는 것을 경험하고는 믿음이 무엇인지 알게 됐다.

📖

믿음이란 자신과 싸우는 것이지 다른 사람과 싸우는 것이 아닌데 사방에서 시끄러운 원인은 나 때문이라는 것을 이제는 안다. 내 마음 속의 불의한 것을 치우면 그 어떤 불의함도 사라지는 경험을 하면서 불의한 현상이 올 때마다 믿음으로 이기고 정복해야 한다는 걸 깨닫는다.

📖

믿음은 매우 힘들지만 하나님은 그 깊은 신음도 아시고 반응해 주신다는 것을 안다면 힘든 일도 이겨야 한다. 믿음 안에서 경험한 것들이 마음을 흔들기도 하고 실족시키기도 한다. 비밀한 영적 세계에는 성령의 역사도 마귀의 술수도 혼재되어 있어서 그들의 현란한 움직임 앞에 서면 지성 중심의 사람도 흔들리게 마련이다.
그러나 이들을 이기려면 그때는 오직 하나님만 의지해야 한다. 그러나 문제를 해결할 힘이 조금도 없다는 것을 알고 마음으로 탄식하기만 하면 그때야 마귀의 역사가 무엇인지, 성령의 역사가 무엇인지 분별하게 된다. 그리고 그들은 사람의 지각을 마비시키면서 마음을 지치게 만들지만 그런 속에서 보이는 세상이 전부가 아니라 신비한 영적세계가 있는 것을 알게 된다.

여기서 우리가 해야 할 일은 믿음으로 참과 거짓이 무엇인지를 분별하는 것이다. 어떤 것이 하나님 일이고 어떤 것이 마귀의 역사인지 진실과 거짓을 분별하는 것은 참으로 어렵고 좁은 길이지만 그 어떤 영적 경험도 과정일 뿐이라는 것을 안다면 여기에서 멈추지 말고 더 깊은 하나님 관계 안으로 들어가기를 힘써야 한다.

하나님 관계 안으로 들어가지 못하게 막는 사단을 경험하면서 믿음의 깊이에 이르기 위해서는 이런 비밀한 현상을 잘 통과해야 한다. 믿음이 어릴 때는 죄도 사단도 알 수가 없다. 하지만 믿음이 자라가면서 그들이 나타나서 가는 길을 방해한다면 이것을 이기는 길은 오직 믿음뿐이다.

그리고 우리에게 오는 모든 어려움도 하나님 손 안에 들어있다. 우리가 그 어떤 어려운 현상 앞에 서있어도 하나님은 다 아시고 보신다는 것만 안다면 우리는 그 어떤 어려운 현실도 참아내야 한다. 그리고 그저 스치고 지나가는 환상 안에서는 풍성하신 하나님 은혜를 경험할 수도 느낄 수도 없으며 환상을 아무리 많이 본다고 해도 아직 믿음이 된다고 말하지 못한다.

믿음으로 산다는 것은 성령의 역사와 사단의 역사가 무엇인지 분별하는 것이다. 마귀는 천사처럼 가장하면서 진리의 길로 가지 못하게 방해한다. 하지만 그럼에도 바른길을 찾아가는 것이 바로 믿음으로 가는 사람의 첫 여정이며 영적 경험이다.

📖

우리의 믿음이 하나님을 향해 열리기 시작하면 조용히 잠자고 있던 사단도 같이 깨어나서 믿음의 길로 들어가지 못하게 방해한다. 이때 믿음으로 가지 못하게 방해하는 어려움은 사람의 믿음에 따라서 폭이 다르게 나타난다. 사단은 교묘한 영적 존재지만 누구나 믿음이 오면 하나님이 함께 해주시어 다 이기게 된다. 이 사단의 출몰이 점점 많아지고 복잡해지는 것은 각자 믿음에 따라서 다르게 나타나기 때문이다. 믿음으로 가는 길은 이처럼 다양해서 여러 가지 영적인 경험을 많이 통과해야 바른 믿음으로 세워진다.

📖

성령의 은사는 믿음이 성장하도록 돕는 역할을 한다. 처음에는 방언을 하고 통변으로 하나님을 들으면서 영을 분별하고 그 후에는 능력 행함을 통하여 사단을 물리친다. 그리고 사단이 물러간 자리에 은혜가 고인다. 믿음이 오면 마귀를 내쫓으면서 마음이 담대해지고 하나님을 아는 지식과 지혜가 열려서 말씀이 알아지고 깨달아져서 말씀 그대로 살아가게 된다.

여기서 사람이 때마다 일마다 성령의 은사를 통하여 살아계신 하나님을 경험한다면 본능 중심의 생각이 다 무너지면서 믿음의 사람으로 세워진다. 그리고 본능에 속한 사람이 은사를 통하여 하나님은 살아계시고 하나님이 하신다는 것을 알기에 육신의 사고가 많이 바뀌게 된다.

그러면 모든 것이 하나님이 하셔야 어떤 일도 된다는 것을 깨닫지만 그 믿음이 은사 차원에만 머물지 말고 점점 자라서 하나님이 계시는 그 깊은 관계 안으로 들어가는 사람이 되어야 한다. 사람의 믿음이 그리스도의 장성한 부분까지 자라서 하나님 인격을 표현해내며 살아갈 때만이 더욱 세밀하게 믿음의 세계가 열리는 것이다.

신자는 믿는 사람이지만 신앙은 마음대로 되지 않는다. 이 안 되는 믿음을 보면서 더 깊은 곳으로 들어가려고 애쓰지만 이스라엘 백성이 가나안 땅에 들어가려고 험한 정복 전쟁을 왜 40년 동안이나 했는지 생각해 보아야 한다.

믿음으로 나가려면 성경이 하나님의 말씀인 것은 알지만 하나님 말씀을 깊이 경험하지 못하면 하나님을 깊이 알지 못한다. 그러나 만일 신자가 믿음을 모른다면 성령의 인도하심이 무엇을 말하는지 알지 못해서 믿음으로 살아가지 못한다. 신자는 하나님 말씀 안으로 들어가려고 애써야 하며 말씀을 아는 것이 최고의 은혜라는 것을 아는 사람은 하나님 말씀 속으로 들어가려고 힘써야 한다. 그리고 하나님을 향하여 늘 마음을 드려야 하는데 그 마음을 안으로 내리기까지 매우 오래 걸린다. 신자는 하나님을 생각하지 못하고 시간만을 보내고 있다면 지금 자신의 믿음이 어디에 있는지 살펴보아야 한다.

믿음은 성령의 인도하심을 따라가야 하는데 몸이 먼저 나가다가 하나님을 잊어버리곤 한다. 그러면 세상 노예로 살던 우리를 구원해주신 이가 누구신지, 우리의 구원이 되시고 천지를 창조하신 전지전능하신 하나님이 누구신지 알기위해 참된 믿음 안으로 들어가야 한다. 성경 속의 출애굽이란 우리가 좋아하는 습관에서 떠나 하나님 관계 안으로 들어가는 것으로 믿음을 일종의 취미로 여기면 참된 믿음으로 들어가지 못한다.

믿음이 어릴 때는 믿음의 향기를 사람의 외모나 교양에서 찾기도 한다. 그러나 나중에 보면 과연 그가 진정한 은혜로 세워진 사람인지 분명하지 않다. 믿음의 향기란 성령의 충만함 속에 피어나는 천국의 열매이며 믿는 사람 안에서 일어나는 기막힌 사건으로 하나님 은혜가 가득차서 올라오는 '내적 생기'라고 말할 수 있다. 신자들은 하나님의 생명을 온몸으로 받아들이고 체험하고 풍기며 사는 그리스도인이 되어야 진짜 믿음인데 채움 없이 믿음의 향기를 나타내려고 하면 문제가 된다.

하나님 은혜가 주는 향기가 마음 안으로 들어와서 온몸과 마음을 적시고 흘러나가면 이 향기가 바로 사람의 영혼과 몸을 변화시키는 것이지 믿음은 다른 것으로 되지 않는다. 하나님으로부터 흘러들어오는 은혜의 향기에 젖어 사는 사람은 세상에 동화되어 살아갈 수 없는 것을 알기에 하나님만 믿게 된다.

신자가 만일 믿음으로 하나님 관계 안으로 들어간다면 하늘이 주는 향기에 취해 살아갈 수 있지만 그것은 하나님이 해주셔야 한다. 사람이 하나님과 동행하는 연습을 하다가 하나님이 주시는 향기에 취해서 사는 날이 오면 그것이 바로 내적인 믿음의 열매며 천상의 복이다.

마음이 높아지고 마음이 굳은 사람을 제압할 수 있는 것은 세상에 아무것도 없다. 다만 오직 주 예수 그리스도의 인격만이 강한 사람을 제압하고 다스릴 수 있고 하나님만이 그 영혼을 변화시켜주는 힘은 오직 믿음으로만 된다.

하나님 은혜 안에서 하늘향기에 취해 하나님 은혜가 벅차다는 것을 아는 사람은 믿음을 붙든다. 이렇게 좋은 곳으로 들어가려고 평생 애쓰다가 어둠을 물리치는 믿음이 되면, 은혜가 오면서 하나님 때문에 행복하게 살아가게 된다. 그리고 그동안 헛된 욕망에 속아서 산 인생이 서글프게 느껴지는 사람은 믿을 수없는 본능적인 자아를 단속하는 것이 먼저라는 것을 깨닫는다.

그리고 지금은 믿음으로 여기까지 온 것이 다 하나님 은혜라는 걸 안다. 그 시련은 믿음을 성장시켜주는 원동력으로 다가오는 시련을 통해 믿음이 열려야 그 나라가 보인다. 믿음의 눈이 뜨이면 하나님이 보이고 십자가도 보이고 말씀도 열린다. 냉정한 사람의 모습도 보이고 사람의 영혼이 귀하다는 것을 알고 믿음으로 살아가는 것도 하나님 은혜라는 것을 알게 된다.

아무도 알아주는 이 없는 마음의 아픔과 고통 때문에 하나님만 붙들었지만 사람을 더 잘 아시는 하나님을 만나면 굳은 마음이 풀어지면서 사람 위주의 예리한 지성과 이성적인 관점이 무엇인지도 알게 된다. 사람에게는 내면의 고통도 많지만 하나님이 모든 것을 아신다는 것을 아는 사람은 그것을 통해 하나님과 하나 되는 기회가 되며 진실한 믿음의 사람으로 바뀌게 된다.

사람 속에는 나쁜 것이 깊이 숨어 있으나 하나님은 그 숨은 것과 나쁜 것들을 어떤 사건을 통해 끄집어내시고 부끄러움을 당하게 하신다. 사람이 속에 들어있는 나쁜 것을 끊어 버리는 방법은 오직 믿음이며 이런 불순한 것들을 처리하지 못하면 사람도 불의해지고 이 불의한 것들을 이기려면 믿음이 올라가야 한다. 우리는 오직 나 한사람 때문에 하나님을 만나려고 힘쓰면서 믿음으로 세워져야지 다른 것에 관심을 두면 안 된다.

생각해 보니 계속 회개를 강조하면서 정작 어떻게 회개하게 되었는지를 밝히지 않았다. 그동안 기도도 안 되고 하나님 말씀을 수 없이 읽어도 마음에 남는 것이 하나도 없는 힘든 시절을 보냈다. 은혜가 없다는 것을 깨닫고 생각해 낸 것이 회개를 하지 못했다는 것이다. 그 후 회개를 하려고 마음을 먹고 온몸으로 전력을 다했지만 회개가 매우 어렵다는 것을 경험했다.

회개를 하려고 별의별 방법을 다해도 마음은 점점 더 메마르고 공허해졌다. 사람의 영혼이 공허하고 메마를 때 그것을 해결하는 방법은 믿음밖에 없다는 것을 알고 회개에 전념했지만 회개로 나가는 길은 너무나 멀고 힘든 길이라는 것만 깨달았다.

회개란 마음이 하나님께로 가는 것

"만일 우리가 우리 죄를 자백하면 그는 미쁘시고 의로우사 우리 죄를 사하시며 우리를 모든
불의에서 깨끗하게 하실 것이요" - 요일 1:9

　신앙이 올라가면서 영혼의 깊은 밤을 경험하게 되고 숨도 막혔다. 밖으로 나가 아무리 소리를 질러도 마음이 뚫리지 않고 몸과 마음이 점점 더 어려운 형편에 몰리면서 해결 방법이 보이지 않았다. 밖에 나가 사람들을 보면 모두가 편히 믿고 편안하게 생활하는데 왜 나만 힘들고 괴로워야 할까. 이처럼 회개는 무척 힘든 길이라는 것만 경험했다.

　사람들은 겉으로 보기에는 위풍당당하고 편해 보이는데 왜 나만 마음이 메마르고 약해져서 겉으로 빙빙 도는지 알 수가 없었다. 사람들 앞에서 보이는 모습도 초라한데 하나님은 앞으로 더 가까이 나가고 싶어서 회개하려는 마음을 왜 모르는 척 하시는지 애타기만 하고 회개의 문은 도무지 열리지 않았다.

　몸과 마음이 지치는 날이 지속되고 속이 타들어가면서 온전한

날은 별로 없고 몸과 마음은 점점 쇠약해졌다. 하나님 말씀을 보아도 은혜의 물 한 방울도 맛보지 못하는 곤고한 날만 지나갔다.

믿음이 무늬만 갖춘 허수아비인 걸 알고 회개함으로 변하려고 애쓰는데 회개가 안 되는 것이 문제였다. 마음은 회개를 원하는데 하나님은 받아주시지 않는 것 같고, 모른 척 외면하시는 것 같아 절망 속에서 여러 해가 흐르고 오래 힘써도 안 되기에 회개가 얼마나 어려운 것인지를 경험했다. 마음과 정성을 드리면 금방 되는 줄 알았던 회개는 더 안 되고 더 삭막하고 더 힘든 길에서 어찌 가야할지 점점 지쳐만 갔다.

회개가 안 되어 낙심하던 어느 날 기도원에서 기도를 받는 모습을 보고 나도 기도를 받으니 천근같이 무겁던 몸이 솜털같이 가벼워지는 경험을 했다.
몸과 마음이 한결 가벼워지는 느낌은 몸 안에 있던 더러운 것들이 빠져나가 가벼워진 것이기에 나쁜 것들이 사람 안에 무수하게 많이 들어있다는 사실을 알게 됐다. 사람을 위해서 기도할 때 성령 안에서 보여 주시는 무수한 죄가 나에게도 많이 들어있는 것을 인식하면서 그들과 똑같은 죄의 동질성 안에서 자신을 돌아보게 되었다.

📖

회개를 경험하면서 결국 사람은 아무리 고상하고 잘나 보여도 하나님 앞에서 일개 죄인일 뿐이고 하나님 은혜가 아니면 살 수 없다는 것을 알게 됐다. 그리고 사람 안에 가득 들어 있는 죄를 기도를 통하여 보여주셔서 죄가 무엇을 말하는지를 알게 해주셨다.

곧고 바르게 산다는 것 때문에 도무지 죄를 볼 수 없어서 회개를 하지 못했던 내가 기이한 영적 경험을 통해서 죄의 거짓된 모습과 흉악한 가면들을 세밀하게 보는 기회가 되었다. 그리고 사람의 몸 전체가 그 죄로 상하지 않은 곳이 없이 다치고 할퀸 상처들과 죄에 사로잡힌 허다한 육신의 가련한 모습을 보면서 죄의 더러움을 몸서리치게 보게 해주셨다. 만약 내가 아무 일도 하지 않았다면 마귀는 밖으로 나가지 않았을 것이다. 일찍부터 마귀의 장난을 수 없이 경험하면서 마귀를 이기기 위해서는 믿음이 있어야 한다는 것을 알게 됐다.

믿음이 자라면서 그 수준에 맞게 마귀도 여러가지 모습으로 나타났다. 때로는 현란한 색조를 띠고 어린 미생물처럼 또는 알처럼 검은 점과 방울진 실체 없는 다양한 모습으로 나타났다. 좀 더 믿음이 자라면 기는 것과 꿈틀거리는 것, 배로 기어 다니는 지렁이와 뱀으로 그 후에는 두발로 걷는 것과 네발로 뛰어다니는 짐승의 모습으로 나타나서 위협을 가하기도 했다.

믿음이 점점 자라가면서 마주치는 사단의 각기 다른 모습을 보면서 사단도 결국은 하나님 손 안에 든 것이라고 생각하게 됐다. 그리고 믿음이 자라 점차 강해지는 그들을 이기는 능력이 오면 그들 역시 자라서 사람으로 또는 무리로 강하게 다가왔다. 그러나 믿음이 되어 담대히 물리치면 금세 떠나갔다. 그들은 처음에는 단편적이고 일회성으로 나타나지만 나중에는 그 숫자가 많아지면서 점점 고차원적으로 상승해 영화의 장면처럼 출몰했다. 그들을 물리치는 경험 속에서 "하나님 능력만이 된다"라는 것을 다시 한 번 알게 되었다. 그러면서 최고의 절정인 환상 속에서 성경이 열리고 읽히고 성경 요절을 받으면서 말씀 깊이에 이르는 힘이 되어주었다.

하지만 이런 영적인 경험을 많이 하는 것이 믿음이라고 말할 수 없다. 믿음은 하나님의 은혜가 들어와서 그 은혜로 하나님의 인격을 경험해야 되는 것이다. 때문에 영적인 경험을 많이 했다고 해서 믿음 안으로 온전하게 들어간 것이라고 믿어서는 안 된다. 그리고 죄의 추함을 보고 성령의 능력으로 사람 속에 든 죄로 얼룩진 마귀를 쫓아내면 하나님 은혜로 치료가 된다는 걸 알기에 그 죄가 더러워서 진정으로 회개하게 된다.

죄에 대한 느낌은 '죄란 추하고 무섭다'는 것과 '추한 죄로 오염된 사람은 그 모습이 아무리 아름다워 보여도 죄인이고 하나님이 아니면 구원받을 수 없다'는 것을 깨닫는다. 온몸에 붙어있는 죄로 얼룩진 흉한 모습을 보면서 흉악한 죄와 세균과 질병과 바위같이 강한 고집과 흉측한 죄의 거짓 탈들을 통하여 죄가 매우 무섭고 더럽다는 것을 경험한다. 그리고 사람 안에 들어있는 죄의 추함을 보고 나서야 진정으로 몸서리를 치면서 사람은 대책 없고 스스로 노력으로 구원받을 수 없는 죄인이라는 것을 깨닫고 회개하게 됐다.

사람들은 자신은 잘 돌아보지 못하면서 상대방을 보고 상대의 가치를 스스로 결정한다. 하지만 이것은 자기를 모르는 인생이기 때문이다. 사람이 자기 자신만 볼 수 있다면 회개는 저절로 되는데 자기도 자신을 모르면서 남을 보고 나쁘다고 정죄한다면 회개가 안 되어서 죄인이라는 것을 알지 못한다. 나 중심의 믿음이 하나님 중심으로 변하지 않으면 회개도 되지 않는다.

　　사람이 믿음 안에서 성령의 능력으로 무수한 죄와 그 죄들이 쫓겨 가는 신비한 경험으로 마음이 가벼워지고 낮아지는 체험이 들어오면 은혜가 들어온다. 그리고 마음속의 낮아짐 안에 겸손이 고이기 시작하면 겸손이란 외면에서 풍기는 교양이 아니라 마음이 내려가고 낮아진 곳에 하나님이 주시는 내적 은혜의 열매라는 것을 알게 된다.

　　회개란 자기 연민이나 자기 슬픔에 겨워서 하는 일시적인 마음으로 돌이키는 후회가 아니라 성령님이 하게 해주셔야 진정한 잘못을 뉘우치고 돌이키게 된다. 회개는 매일 매일의 반성이 아니라 진정한 뉘우침으로, 마음이 하나님께로 돌아가는 것이다.

　　신자들은 잘못을 깨달으면 그 즉시 회개해야 한다. 지금 여기서 그 잘못을 깨닫는 순간을 넘기지 말고 세상을 향한 마음을 믿음으로 돌려야 한다. 그러나 그 회개하는 마음도 하나님이 주셔야 하고 성령으로만 되는 회개의 자리까지 가는 믿음도 하나님이 주셔야 한다. 우리가 어찌할지 전혀 알지 못할 때 그 어찌할지 모르는 마음 그대로 주님 앞으로 나가서 자신의 부족함을 솔직하게 인정해야 한다. 믿음이 그 자리에 머물면 회개할 수 없지만 성령으로 하는 회개만 되면 지금까지 매였던 모든 흑암에서 해방되는 기쁨이 들어온다. 그리고 믿음이 내 안에 사는 것을 보면서 믿음은 육신이 행복해지기 위해서 보다는 하나님의 거룩한 백성이 되고 싶기에 믿어야 한다.

우리가 바라보는 세상은 매우 시끄럽고 혼탁해서 믿는 사람인지 아닌지 구별할 수 없다. 하지만 우리는 회개함으로 변화되어서 반드시 세상을 이기며 살아가는 사람이 되어야 한다. 그리고 믿음으로 진정한 회개가 되면 심령의 지속적인 추락 경험이 오고 그 내려가고 낮아진 심령 속에 겸손이 들어오고 하나님 은혜가 고이기 시작한다. 그러면 심령의 허기나 공허함으로 허전해져 어렵던 마음도 사라지고 하나님 은혜가 무엇인지, 영혼의 누림이 무엇인지, 영으로 사는 것이 무엇인지를 알게 된다. 하나님 은혜가 감정으로 느끼는 것인지, 기분에 좌우되는 것인지, 영으로 누리는 것인지도 잘 알지 못하던 그때를 생각하면 하나님이 주시는 은혜로 채워져서 산다는 것은 기막힌 은혜이며 별미가 된다.

이 세상에는 좋은 것이 너무 많다. 그러나 하나님이 택하신 자녀라면 하늘 에너지로 충만해져서 하나님이 주시는 힘으로 나아가는 것이 진정한 믿음으로 사는 것이다. 믿음은 영이 자라서 영이신 하나님을 만나 그 영혼이 하나님의 영과 교통이 되어야 한다. 영적으로 성장해야 영이신 하나님 음성을 들음으로 하나님 말씀을 따라 살게 되고 영이신 하나님이 영으로 말씀해야 우리 영이 그 말씀을 알아들을 수 있다.

신자라도 세상 문제에 부딪치면 세상 방법으로 해결할 수밖에 없지만 진정한 믿음의 사람은 하나님 방법으로 해결하려고 애를 써야 한다. 그래서 사람은 경건의 모양은 있지만 경건의 능력이 없어서 아무것도 하지 못한다. 육신밖에 모르는 사람이 하나님을 생각하고 하나님을 믿고 하나님으로 살아간다는 것은 기이한 하나님의 은혜이고 기적 중의 기적이다. 하지만 하나님 은혜를 경험하면 할수록 이기적이던 사람이 하나님께 기쁨을 드리려고 애쓰게 되는 것을 보면서 그 믿음도 사람의 힘으로 되는 것이 아니라는 것을 알게 됐다.

사람은 그 마음이 하나님 은혜로 새로워지면 매순간마다 그 삶과 언행이 바뀌게 된다. 사람은 정직하게 사는 것이 최고라고 하지만 믿음의 사람은 모든 손해와 오해를 감수해도 괜찮다는 사람이 되어야 하는 것이다. 믿음으로 사는 것이란 돈 몇 푼 쓰는 비움이 아니라 체면이 손상당하고 자존심이 죽어야 하며 세상의 모든 방법을 포기해야 한다. 그리고 사방에서 우겨 싸움을 당할 그때에 속에서 올라오는 것을 본다면 사람 속에 든 죄 성이 무엇인지를 알게 된다.

📖

신앙은 죽어야 한다는 말을 많이 듣지만 죽는 것도 마음대로 되는 것이 아니라 하나님이 해주셔야 한다. 그리고 믿음이 올라가면 신자를 건드리는 것이 사방에 많지만 그 마음에 하나님의 평안이 들어오면 다 이겨지는 것을 보면서 매사에 마음을 낮추면 더 이상 억울하거나 아픈 일도 사라질 뿐 아니라 낮은 자존감, 열등감, 자기연민, 자괴감 등으로 방황하지 않게 된다는 것을 깨닫는다.

우리 영혼이 매순간 영이신 하나님을 만난다면 새 은혜가 들어와서 사람이 바뀌지 않을 수 없고 하나님 자녀는 하나님 은혜로 사는 기쁨으로 마음이 행복해진다.

📖

하나님은 창조의 하나님이시다. 하나님은 우리가 낡아지고 쇠해지는 것들을 통해 새 하늘과 새 땅에서 새 사람으로 바꾸어주신다. 그리고 마음과 육체가 약해지는 것과 상관없이 온 힘을 다해서 하나님께 마음을 드릴 때 물댄 동산같이 풍성하게 채워주시는 하나님을 만나면 마음도 영혼도 행복해진다.

참된 믿음은 그 사람이 예수 그리스도의 생명으로 살아가고 있는지의 여부로 드러난다. 아무것도 가진 것이 없어도 하나님 생명이 속 안에서 흐르기만 하면 오직 하나님 안에 사는 것만이 행복이라는 것을 알게 된다. 그래서 믿음으로 살아가기 위해 모든 생각이 하나님 중심으로 바뀌지 못하면 믿음으로 사는 것은 오래 걸리지만 하나님 생명으로 살아간다는 의미가 들어있다.

📖

하나님 은혜를 받으려고만 할 때는 어떻게 하나님을 기쁘시게 하며 살아야 하는지 근심이 됐다. 그러나 하나님 은혜는 선물이라는 것을 알기에 하나님 은혜를 혼자만 누리고 살아갈 것이 아니라 아직 하나님을 알지 못하는 사람들에게 복음을 전하려 어떤 어려움을 당해도 글을 쓰게 된다.

📖

사람이 바른 믿음으로 살아가려면 성경과 영적 서적을 많이 읽어야 한다. 그러면 머리로 받아들이고 감동도 오지만 영혼으로 하나님을 만나지 못하면 믿음이 열리지 않는다. 육신의 이성, 지성, 감성을 넘어서 영혼의 전 존재로 하나님 은혜를 경험할 때 믿음은 기쁨이고 행복한 것이 된다.

우리는 하나님께서 사랑하는 우리를 시련으로 이끄시며 훈련시키시는 그 의미가 무엇인지 깨달아야 믿음이 무엇인지를 안다. 그리고 아무것도 모르는 부족한 사람을 향하여 시공간을 초월하시고 마음 안으로 들어오신다. 이 같은 하나님을 보면서 얼마나 분명하시고 정확하신지 매사에 때를 맞추어 같이 해주시는 하나님을 경험하면 모든 인식이 다 달라지고 '하나님은 사랑'이시라는 것을 알게 된다.

우리가 하나님 사랑을 경험하면 영혼과 마음이 하나님으로 소생하는 날이 있는 것을 알게 된다. 늘 사랑한다고 하시면서 말씀으로 찾아오시는 하나님 앞에서 "저도 하나님 한 분밖에 없습니다"라고 고백하는 것도 이 귀한 사귐 안으로 들어가게 해주시려고 주신 것을 알기에 하나님 은혜에 감사하게 된다.

하나님께서 "너는 나를 사랑하느냐?"고 물으실 때 믿음이 어리면 그 답이 쉽게 나오지만 지금은 그 말이 왜 어려운 것인지 잘 안다. 사람을 사랑하는 것은 매우 어렵기에 몸을 쳐서 복종시키는 일 없이는 되지 않는다. 이것을 경험하면 사람의 행복이란 재산, 학력, 권력, 외모가 아니라 믿음으로 경험되는 하나님 은혜뿐이라는 것을 알게 된다.

제 12 일

관계회복은 하나님을 붙드는 것뿐

"너희가 그리스도 예수를 주로 받았으니 그 안에서 행하되" - 골 2:6

　우리 영혼에 늘 고이는 하나님 은혜가 있으면 마음은 기쁘고 행복해진다. 믿음으로 산다는 것은 큰일을 해야 되는 것이 아니라 작은 일 하나라도 하기만 하면 하나님은 다 되게 해주신다. 우리가 서로 짐을 같이 지는 신앙이란 그가 힘들면 나도 힘이 드는 것을 아는 것이고, 그가 힘이 들면 나에게 그 마음의 통증이 그대로 입혀져서 온몸과 마음이 아픈 것이다. 그것을 경험하면서 믿음으로 사는 것은 고단하지만 감사한 길이 된다. 그리고 믿음 안으로 들어가지 못한 원인이 회개하지 못한 것이기에 많이 슬프지만, 회개를 통해 믿음 안으로 들어가려고 애쓴다면 이런 것이 바로 믿음으로 들어가는 귀한 비결이 된다.

　사람이 낙심하고 절망하면 도움을 구할 곳이 아무데도 없고 갈 곳은 오직 하나님 품밖에 없다. 그리고 마음과 몸이 아파서 주저앉아 낙심하는 자리에 가서야 그 아픔을 아시고 찾아오시는 하나님을 경험하니 그제야 밥을 챙겨 먹고 살아갈 힘을 얻었다.

세상에서 상처받고 절망에 빠져있는 내게 오셔서 사랑해 주시고 새롭게 살아갈 마음을 주시는 하나님을 보면서 그동안 힘들었던 모든 일들이 믿음 안으로 깊이 들어가지 못한 결과라는 것을 깨닫는다. 그러나 믿음으로 살아가는 것이 나의 길인 줄 모르고 그동안 당한 모든 어려움을 보면서 우리 영혼은 하나님을 알아가고 믿음이 세워지는 것이 매우 중요하다는 것을 알게 됐다.

율법은 완전한 것이지만 사람을 생명으로 데려가 주지 못한다. 율법대로 살아가지 못하는 연약함을 보면서 사람의 부족함을 많이 깨닫는다. 그동안 바르게 살았기에 이것 때문에 죄인이라는 것을 느끼지 못하고 돌이키지 못해 문제가 된다. 사람은 자신의 완전함이나 그 의에 머물다가 하나님을 잊고 산 죄, 하나님 말씀대로 살아가지 못한 죄를 깨닫지 못하기에 복음 역시 중요하게 여기지 못한다. 그리고 바르다는 그 신념으로 버티다가 고난을 당하는 그 장소에서 거짓된 것들이 쫓겨나면 그때가 되어서야 하나님을 만나게 된다. 그리고 은혜 없이 육신의 감정으로 밀다보니 그 죄로 사형선고를 받은 것을 생각하지 못하고 같은 죄수끼리 정죄하는 것이 사람의 모습이다.

바르게 사는 사람은 사람의 겉모습만 보고 나쁘다고 하지만 그

의로움이 자신을 자고하게 만들어서 생명으로 가는 길을 방해하는 것을 알지 못한다. 그리고 자신은 바르고, 다른 사람은 다 불의하다고 말한다면 이미 그는 믿음의 사람이 아닌 것이다. 착한 일을 아무리 많이 해도 육신의 선행으로 나간다면 믿음으로 사는 것은 아직 아니라는 것을 알지 못해 믿음이 올라가지 못한다.

잘 믿는다고 하면서 하나님 관계 안으로 들어가려고 힘쓰지 않으면 생명 문으로 들어가는 기회는 영원히 사라진다. 믿음 안에서 그 영생의 의미가 아직도 막연하다면 문제는 바로 자신에게 있는데 그것을 알지 못하고 돌이키지 못하면 믿음으로 살아가지 못한다.

믿음으로 구원을 이루어 가는 길은 그리 쉬운 길이 아니라는 말씀은 믿음으로 살아가려면 가만히 있으면 안 된다는 의미다. 그리고 믿음이 자랄수록 죄가 보여야 하는데 그 죄의 더러움을 모른다면 아마 아직 회개하지 못했기 때문이기에 믿음으로 사는 기회도 사라진다.

죄로 인해 죽었던 사람에게 전혀 알지 못하는 은혜의 문이 열리는 것은 매우 감격적인 사건으로 그 속에서 믿음으로 살아가는 것이란 사람의 힘이 아니라 신비한 하나님 은혜로만 된다. 그리고 오직 나에게는 하나님 한 분뿐이라는 것을 아는 사람은 하나님을 만나려고 오랫동안 애쓰며 하나님께 마음을 드리다가 하나님이 아시고 반응해주시므로 하나님의 은혜를 경험하게 된다.

언제나 낙심하고 좌절하는 장소에 주저앉아 울 때가 되어야 오
시는 하나님을 경험하면서 믿음은 육신의 방법으로는 통하지 않
는다는 것을 깨달았다. 하나님은 본능적인 육신을 알고 놓아버리
는 때가 되어서야 오신다. 처음부터 힘써 보지도 않고 놔버리는
것이 아니라 죽을 것 같은 고통과 시련 속에서 애쓰다가 사람의
힘으로는 절대로 안 되는 것을 경험한 후 "그냥 죽어야겠다"고 포
기를 하면 그때서야 하나님이 찾아주신다.

사람이 척박한 광야 같은 세상을 돌고 도는 시련을 겪으면 죄로
인해 마음이 아픈 통증은 무엇으로도 설명이 되지 않는다. 또한
이것을 통해 믿음으로 가지 못하게 방해하는 것이 너무 많다는 것
을 알게 된다. 그러나 우리가 구원 받았는지의 여부는 내면에 기
름부음이 근거가 된다. 우리 안에 하나님 은혜로 기름부음이 오고
외적인 부르심과 내적인 소명인 양면적인 은혜 안에서 믿음은 검
증이 되어야 한다. 믿음은 내·외적 양면적인 부르심을 통하여 믿
음의 사람으로 세워져야지 아무리 체험이 많아도 그것이 진실이
아니면 소용이 없다.

어떤 이는 책을 읽고 은혜를 받았다고 말하지만 참된 은혜는 하
나님을 만나는 우주적인 대사건과 신비한 영적 경험으로만 되는
것이지 어떤 감정으로 되는 것이 아니다. 영성이 이루어진다는 것

은 예수 그리스도의 거룩한 성품이 안으로 들어와야 하기 때문이다.

📖

신자가 믿음 안에서 곧은 심령이 무너지는 경험을 한다면 본능 중심의 믿음도 하나님이 해주셔야 고칠 수 있다. 잘 믿는 줄 알던 사람도 하나님 관계 안에만 들어가면 그동안 힘써 온 것이 헛된 것이라는 것을 알게 된다. 그러나 사람 속에서 올라오는 그 추함을 보고 죄를 거절하면서 다시는 그 죄가 속 안에 머물지 않도록 마음을 다스리는 훈련을 하며 채워져야 할 부분이 많은 것을 알게 된다.

📖

우리 앞에 큰 문제가 놓였을 때 낙심하지 않을 사람은 세상에 하나도 없다. 하지만 그 불안이나 근심 등이 모두 죄라는 것을 안다면 그것을 이기는 힘은 오직 믿음뿐이라는 것도 알아야 한다. 만약 우리에게 이런 기회가 온다면 잘 통과하는 것이 믿음으로 사는 것이다. 그리고 그 험한 절망 속에서 하나님을 기억하고 하나님만을 의지하는 것이 우리 영혼이 소생하는 순간이라는 것을 알아야 한다. 또한 마음 안에 믿음이 들어오기까지 매우 오래 걸리지만 괴로운 일을 당할 때마다 하나님만 붙들면 소망이 생긴다. 괴로움을 당해도 끝까지 이해해주는 친구 한 명만 있으면 다시 일어설 수 있듯이 우리 마음을 알아주시는 하나님만 있으면 다 된다.

📖

하나님은 우리의 보호자가 되어 주신다. 아무리 대다수의 사람이 주위에 둘러쳐 있어도 하나님만이 우리의 보호와 방패가 되어 주신다. 때문에 사방이 막힌 힘든 형편에 놓인 사람은 하나님을 찾아가야 한다. 사람이 어떤 시련 속에서도, 악한 파도가 엄습해 와도 마음이 평안할 수 있는 이유는 심령 안에 계시는 하나님을 믿기 때문이다. 이 삭막한 생존 세계에서 살아 역사하시는 하나님을 믿는 사람은 죽고 싶을 정도로 괴롭다 해도 소망을 가지게 된다. 믿음이 안 되어서 늘 실패하는 사람의 마음은 슬프지만 하나님 뜻이 무엇인지 깨닫는 것만이 확실한 믿음의 비결이 된다.

그런데 그 크신 하나님이 어떻게 나 같은 것을 아시고 찾아 주시는지 그것만 생각하면 하나님은 힘들고 고독한 사람의 하나님이라는 것을 알게 된다. 그래서 하나님 안으로 들어가려면 약해지고 작아지고 마음이 쇠해져야 한다는 것도 안다. 마음이 약해지고 쇠해지려면 믿음의 한 고비만 넘으면 되는데 까다로운 사람은 음식도 아무 것이나 먹지 못하듯이 믿음도 잘 먹지 못해 아무것도 되지 못한다.

신자는 하나님 은혜를 먹어야 하는데 까다로운 사람은 하나님 은혜를 이해하지 못한다. 믿음은 무엇이든지 잘 받아들여야 되는

135

것이지 까다로우면 신비하신 그 길을 열어주실 리가 없다. 믿음 안에서 빈들이나 산천이나 초막이나 추하나 더러우나, 어디든지 가라고 하면 가야 하는데 힘들다고 더럽다고 가지 못한다면 되는 일이 없다. 믿음 안으로 들어가려면 달거나 쓰거나 먹어야 하는데 맛이 없다고 잘 먹지 못한다면 믿음도 열리지 않는다.

📖

아무리 기도를 해도 하나님을 만나지 못한 시절이 있었다. 아무리 애를 써도 만나지 못하던 하나님을 쉽게 만나면 믿음은 쉬운 것이다. 하나님을 만나는 일은 매우 쉬운 일인데 몰라서 힘들게 신앙생활을 하는 것은 우리의 문제다. 하나님께 마음만 드리면 되는데 은혜의 한 순간도 맛 볼 수 없던 삭막한 그날을 돌아보지만 이제는 하나님을 쉽게 만난다.

예전에 은혜가 안으로 들어오려면 하나님을 크게 힘을 다해 부르면 된다고 해서 그렇게 하나님을 불렀다가 크게 낙심한 적이 있다. 하나님을 큰소리로 부르라고 하지만 기도의 핵심은 내면에서 우러나오는 간절함이 중요한데 그걸 알지 못했다. 건성으로 하나님을 부르다가 옆구리만 결리고 나무뿌리를 하루 종일 뽑다가 지쳐 돌아오는 것 같은 서글픈 무기력함만 경험했다. 그러나 하나님을 알아가기까지 매우 오래 걸리는 것을 보면서 믿음은 그 마음이 하나님 보시기에 합당해야지 그냥 되는 것이 아니라는 것을 깨달았다. 기도도 하나님과 마음이 통하는, 진심으로 하기까지 오래 걸린다는 것, 그리고 하나님은 우리 마음을 다 아시고 들으신다는 것을 안다면 일방적으로 기도한다고 되는 것이 아니라는 것도 깨달았다.

기도는 하나님 앞에서 우리 마음을 표현하는 방법으로 하나님과의 끊어진 관계를 다시 회복시키는 것은 기도뿐이다. 나는 기도 가운데 육신의 무기력을 경험했다. 그때 하나님을 찾아갔고 그곳에서 믿음이 무엇인지 알게 됐다. 또한 어려운 사건을 만나면 어떤 위기에서도 일어나는 힘은 믿음뿐이라는 것도 깨달았다.

사람은 믿음이 올라가면 다 되는 줄 알지만 믿음이 성숙해도 다시 큰 사건이 온다면 믿음을 깊이 생각해보아야 한다. 그래서 믿음의 훈련은 끝이 없고 육체의 허다함을 벗기 위한 연단 기회가 계속 되는 것을 아니 믿음으로 모든 일을 다 넘었다고 할 수 없다. 믿음의 단계마다 그 믿음의 차원마다 거기에 합당하게 밀물이 밀려오듯이 많은 사건이 들어오고 나가지만 하나님이 계시니 감당치 못할 일은 하나도 없고 그 위급한 때에 피할 길은 하나님 한 분뿐이라는 것을 안다면 오직 믿음만 붙들어야 한다.

믿음이란 마음의 문제로 그 마음이 하나님 안에만 있으면 된다. 그러나 사람을 사랑해야 하는데 사랑이 안 되면 이것을 넘어가는 데 시간이 오래 걸린다. 성령을 무시하고 사람의 힘으로 얼마든지 갈 수 있지만 믿음으로 산다는 것은 사람 속에 거스르는 그 부분을 넘어가기 위해서 인내하고 기다리고, 가다가 안 되면 멈추었다가 되면 가야하니 오래 걸린다.

　　신앙은 무엇을 바라보고 가느냐에 따라서 그 상황이 많이 달라지지만 하나님을 아는 사람은 하나님만 따라가야 한다. 그리고 하나님을 만날 그 어떤 자격도 없다는 걸 알지만 힘든 어려움을 통과하고 보니 사람의 생각과 반대 방향에서 생각지도 못한 것을 준비하고 계시는 하나님을 경험하면 믿음이 무엇인지 알게 된다. 이 생각지도 못한 방향에서 오시는 하나님을 만날 때 우리의 모든 관심이 하나님 한 분으로만 된다면 그의 생명의 해는 번성하고 빛이 날 것이다.

　　믿음 안에서 나약한 사람을 발견하면 실망하지 않을 수 없다. 사람을 만나서 먹고 마시는 삶 속에서 감정을 따라가며 시간을 보낸다. 그러나 신자란 비밀한 하나님 은혜 안에서 영혼이 누리며 사는 행복을 아는 사람인데 하나님 안에서 살아가는 기쁨이 무엇인지 잘 모르고 신령한 것을 주고 싶어 하시는 하나님을 모르니 하나님과 같이 하는 것이 무엇인지도 잘 알지 못해 문제가 된다. 하나님 안에 사는 것이 바로 천국인데 천국을 알지 못해서 믿음이 자라는데도 오래 걸린다.

늘 함께하시는 하나님이 감사해서 하나님과 같이 사는 즐거움이 무엇인지 안다면 다른 것은 따라가지 말아야 한다. 하나님 안에서 사는 것이 하나님 일인데 성령으로 인도함을 받지 못하면 아무것도 되지 못한다.

📖

사람은 믿음이 없는 육신으로 나가다가 하나님을 알지 못해 하나님이 하시는 일과 하나님이 주시는 은혜를 받아들이지 못하면 그 무엇도 은혜 되지 못한다. 그러나 그 영혼에 하나님 은혜만 임하면 하나님이 어떤 분인지 아는데 은혜를 모르니 그 어떤 것도 깨달을 수 없다. 우리가 이 은혜를 받기 위하여 해야 할 일은 먼저 하나님이 주시는 하나님 관계 안으로 들어가기를 힘써야 한다.

하나님은 약한 자의 하나님이시라

"나에게 이르시기를 내 은혜가 네게 족하도다 이는 내 능력이 약한 데서 온전하여짐이라 하신지라 그러므로 도리어 크게 기뻐함으로 나의 여러 약한 것들에 대하여 자랑하리니 이는 그리스도의 능력이 내게 머물게 하려 함이라 그러므로 내가 그리스도를 위하여 약한 것들과 능욕과 궁핍과 박해와 곤고를 기뻐하노니 이는 내가 약한 그 때에 강함이라"
- 고후 12:9-10

　　믿음으로 산다는 것은 복을 받아서 편하게 사는 것이 아니라 험한 사람도 만나고 험한 시련도 거치면서 험한 마음의 굴곡을 넘어가는 것이다. 그런 곳에 가서야 하나님을 바라보면 숨이 쉬어지고 마음 안에 작은 안식이 들어오면 감사가 되고 기쁨이 된다. 사람이 살다가 험한 골짜기 거친 바다 같은 세상에서 의지할 것이 조금도 없다면 문제지만 하나님을 의지하면서 그 어려운 삶의 고비를 넘어가다보니 하나님 은혜로 사는 날이 온다.

　　믿음은 어렵고 힘들 때 우리의 방패가 되어준다. 믿음이란 편하고 안전할 때 드러나는 것이 아니라 힘들고 어려울 때 빛을 발하는 것이다. 평상시에는 믿음이 없어보여도 시련 속으로 들어가 믿음을 붙들면 그것이 은혜가 된다. 그 어떤 힘든 곳에서도 하나님만 의지하면 되는 그 관계는 사람의 힘이 아니라는 것을 안다. 그래서 내가 사는 것도 주님을 위해서 사는 것이 되고, 내가 죽는 것도 주님을 위해서 죽는 것이라면 사나죽으나 주님을 위하는 신앙이 되어야 믿음도 열린다.

어렵고 힘든 시련 속에서도 주님을 붙드는 믿음이 된다면 천국이 마음 안으로 들어오는 날이 올 것이다. 믿음의 한 면은 고난이지만 또 한 면은 감사로, 고난을 이기는 사람에게 주어지는 행복한 기쁨이 된다. 믿음 안에서 시련은 쉴 새 없이 들어오고 지나가도 그 가운데 은혜로 오시는 하나님을 만나면 큰 기쁨이 된다. 시련은 세상 사람도 받는 것이지만 그 시련을 무엇으로 넘어가느냐에 따라서 소망이 되기도 하고 사망이 되기도 한다. 그래서 이 좋은 믿음을 아니 늘 그 믿음이 좋아서 따라가지만 믿음이 주는 행복한 기쁨을 얻기 위해서는 마음을 드려야지 거저 되지 않는다.

믿는다는 건 편하게 되지 않는다. 우리 속담에 사촌이 땅을 사면 배가 아프다는 말이 있다. 신앙이 올라가면 사단은 시시때때로 위협을 가하고 하나님과의 관계를 파괴하려고 하지만 그것을 이기는 힘은 믿음뿐이다. 사단은 때때로 숨은 전략을 드러내고 호시탐탐 기회를 엿본다. 이로 인해 세상에는 몸과 마음이 상하고 부서지는 모든 관계의 파열음이 난무한다. 그러나 그곳에서도 하나님이 주시는 힘이 오면 다 된다.

대인 관계도 냉정한 사람을 골고루 골라서 만나고 그를 통해 또다시 부서지고 깨뜨림을 당하면서 다루어 가시는 하나님을 보면 마음이 두렵다. 그러나 이 길에서 붙들 것이 없으면 죽을 수밖에 없다. 사사건건 마음을 건드리는 곳에서 믿음을 지키는 것은 매우 어려운 일이다.

험하고 기가 막히는 일에 부딪칠 때마다 안에서 올라오는 불의한 것들을 바라보면서 이것을 이기는 것이 바로 믿음이 세워지는 길이라는 것을 깨닫는다. 이때 마음이 아파도 참는 것은 나의 나 됨이 하나님 은혜로 되기 위해서 모든 어려움을 인내해야 하기 때문이다. 때마다 일마다 매사에 낮아지고 비우지 않으면 갈 수 없는 믿음의 길에는 사방에서 아프게 하는 것들뿐이지만 하나님이 아시니 참게 된다.

하늘의 태양과 맑은 공기가 온 세상 만물에게 생명을 주는 힘이 되어 잘 자라게 하듯이 만일 우리가 풍성하신 하나님 은혜를 경험한다면 우리 영혼에 미치는 영향은 말할 수 없이 깊고 넓을 것이다. 사람도 믿음 안에 들어만 가면 새록새록 새 은혜가 마음 안으로 들어오는데 그동안 믿음이 안 되어서 사방으로 떠돌아다니다가 아무것도 되지 못하던 그날을 돌아보면서 그동안 믿음이 되지 못한 나의 잘못이 매우 크다는 것을 깨닫는다.

그러나 하나님은 나 같이 어리석은 사람을 그대로 놔두지 아니

하시고 때로는 광풍이 부는 거친 들로 데리고 가서서 인생의 좌절을 맛보게 하신다. 삭막하고 거친 들은 숨을 쉬고 살아 있는 것이란 아무것도 없는 매우 척박한 땅이지만 사람은 그런 곳에 가서야 비로소 의지할 곳이 없어서 하나님을 바라보게 된다. 그리고 그곳만이 오직 믿음으로 세워지기에 합당한 장소라는 것을 알게 된다. 광야와 같은 황량한 세상에서 사람들은 어려움을 경험해야 하나님을 붙들게 된다.

📖

사람은 육신의 성공이 다 라고 생각하지만 믿음 안에서는 하나님이 아니면 아니라는 것을 아는 것으로 만일 사람이 한없는 하나님 사랑을 경험한다면 믿음으로 사는 것이 무엇인지 알게 된다. 또한 하나님 말씀이 무엇을 말하는지를 조금은 아니까 너무 기뻐서 조금만 더 조금만 더 하며 하나님을 찾아가면 믿음만이 귀하다는 것을 알게 된다. 사람이 하나님 안에서 주시는 은혜를 경험하면 이 세상도 하나님이 아니면 아무 것도 아니라는 것을 알게 된다.

📖

인생의 그 마지막이 언제일지 조금도 알지 못해서 마음이 너무 힘들어 죽고만 싶던 어느 날 "나하고 같이 천국에 가자"라고 하시는 말씀을 마음으로 들었다. 그래서 "아버지 여기도 천국인대요"

라고 하자 "얘야, 그 천국 속에도 더 좋은 천국을 너를 위해 준비해 두었다. 나하고 같이 천국으로 가자"라고 하시는 마음이 왔다.

그때는 너무나 힘들고 속상해서 깊이 생각할 틈도 없이 얼른 "네"하고 대답했다. 그리고 하나님은 얼마가 지난 후 성탄절에 "얘야, 세상이 너무 더러워 너를 여기에 더 두고 싶지 않지만 네가 그동안 누리지 못하고 살았으니 좀 더 누리다 오너라"라고 말씀하셨다. 그 말씀을 마음에 두고도 '지금 사는 것도 고단하고 힘든데 오래 살면 무엇 하나?'라고 생각하니 앞으로 살아갈 일이 아득해서 "주님 사는 것이 이렇게 힘든데 어떻게 혼자서 살아가요?"라고 물으니 "그 일은 나중에 알려 준다"고 하셨다.

지금 와서 생각하니 하나님은 사람을 붙여 주시는 것이 아니라 넉넉히 혼자서 살아갈 힘을 주신다. 늘 혼자지만 믿음 안에서는 하나님과 동행만 되면 하나님이 우리 삶에 구체적으로 개입해 주시고 인도해주신다.

📖

하나님 은혜가 무엇인지 아는 사람은 하나님 은혜가 너무 좋아서 은혜 위에 더 큰 은혜를 사모하면서 오직 믿음으로 살아가는 것만이 나의 할 일이라는 것을 깨닫는다. 또한 믿음으로 살아가려면 자신에게 주어진 짐도 스스로 지고 가야지 주위 사람을 힘들게 하면 안 된다. 우리는 어려우면 도움을 구하지만 믿음으로 나가려면 그 형편이 어떠하든지 그 자리에서 그대로 죽어지는 것이 믿음으로 사는 것이다. 그리고 그 살아가는 삶은 매우 척박하지만 하

나님만 바라보면서 모든 어려움을 참고 이겨내는 것이 바로 믿음
이다.

📖

　주변 문제가 해결된 것은 하나도 없지만 하나님 은혜 안에서 살
아갈 힘을 주시니 그것만이 큰 기쁨이 된다. 그리고 우리가 가는
그 길에 어떤 일이 일어날지 아무것도 예상할 수 없지만 단지 기
쁘나 슬프나 늘 하나님을 바라보면서 감사하다보니 평생 나를 괴
롭히던 외로움, 낮은 감정들도 흔적 없이 사라지는 것을 경험하고
새삼 하나님의 은혜가 크다는 것을 깨닫는다.
　믿음이 부족해서 어리석게 살아가던 그날들을 돌아본다면 믿
음이 없이 모르고 사는 그 일이 무엇을 말하는지 이제는 안다. 그
리고 삶이 너무 외로워 힘들었는데 이 외로움도 믿음 안으로 들어
가는데 없어서는 안 될 기막힌 재료라는 것을 아니 그 무엇도 힘
들다고 불평하지 않게 된다. 해바라기가 해를 향해 끊임없이 자라
가듯이 우리 영혼이 하나님을 바라보면서 하나님만 바라고 나가
다가 마음의 상처도 한도 깨끗이 사라지는 것을 경험하면 하나님
은혜가 매우 귀하게 느껴진다.

📖

　사람이 살다가 시련을 당하면 그 실패와 좌절을 넘어갈 수 있는
힘은 오직 믿음뿐이다. 사람에게 시련은 불시에 닥쳐오지만 그 힘

든 시련을 통해서 속에서 드러나는 본성적인 육신의 불순함이 무엇인지 안다면 그 시련의 의미에 대해서 다시 생각하게 된다.

칠흑같이 아무것도 보이지 않는 꽉 막힌 시련 속에서 사는 사람을 다시 보게 해주시고 그 안에서 드러나는 마음 속 불순함을 보면서 그것 때문에 믿음이 안 된다는 것을 아니까 오직 하나님만 믿어야 한다. 그리고 폭풍이 지나간 후에 맑은 날이 돌아오듯이 시련을 통해 정화된 마음 안으로 하나님 은혜가 들어올 때면 믿음이 얼마나 소중한지를 깨닫는다.

세상에서 좋아 보이는 사람만 따라다니다가 믿음이 올라가면서 주위의 약한 사람을 눈여겨보게 됐다. 하나님은 약한 자의 하나님이시라는 것을 알기에 가난하고 초라해 보이는 사람 속에 귀한 하나님의 생명이 들어있다고 생각하니 그들이 소중하게 느껴진다. 그리고 삶의 어려움으로 힘겹게 살아가는 사람과 낙심하는 사람을 보면서 마음이 서글펐다. 그 낮은 곳을 향한 애달픈 연민의 정을 갖고 있기에 마음은 항상 두렵고 떨렸지만 그것이 믿음으로 사는 것이니 감사하게 받게 됐다.

어느 날 성경 모임에서 구제에 대한 공부를 한 후에 마무리를 하는데 한 자매가 내게 "구제 이야기만 잘 한다"고 여러 사람 앞에서 핀잔을 주었다. 그 말을 듣고는 말없이 그 자매를 쳐다보았다. 그리고 지난 금요일 성가대 휴식시간에 그 자매의 책갈피에 몰래 봉투 하나를 끼워준 일을 떠올렸다. 그 자매는 집이 없이 여기저기를 떠돌기에 불쌍한 마음이 들어 은밀하게 도움을 주었다. 그런데 그 자매가 나를 향해 비난하는 것을 보면서 마음은 아프지만 아무 말도 하지 않고 입을 다물었다.

믿음이란 보이는 곳에서만 잘한다고 되는 것이 아니라 낮은 곳으로 마음과 시선이 돌아가야 한다. 사람이 돕고 싶은 마음이 와서 그 일을 하지만 그것이 비난으로 되돌아오는 현실을 보니 믿음으로 사는 것이란 매우 어려운 일이라는 것을 안다.

그리고 잘 믿으려고 마음만 먹으면 여러 가지 어려운 경험을 하지만 이제는 지난 일주일 동안 아무 일 없이 지나간 것을 그리 좋아하지 않는다. 왜냐하면 시련이 믿음을 키우는 귀한 재료라는 것을 아는 사람은 어려운 시련도 감사하다는 것을 알기 때문이다.

📖

사람이 몸과 마음이 한가해지면 나쁜 생각이 들어와서 불의한 곳으로 마음을 몰아갈 때가 있다. 그러나 하나님만 바라보면 금방 새 은혜가 들어와 마음이 편해진다. 또한 사람이 고단하고 외로운 곳으로 몸과 마음을 의도적으로 몰아가는 이유는 하나님으로 살아가고 싶은 마음 때문이다. 믿음으로 살아가려면 하나님이 주시면 주시는 대로, 안 주시면 안 주시는 대로, 있으면 있는 대로, 없으면 없는 대로 궁핍해도 어려워도 하나님 곁에만 붙어 있어야 한다.

📖

사람이 어려움을 만나면 누구나 힘들어 하지만 그 어려움 속에서 믿음으로 훈련하시는 하나님의 손길을 안다면 오직 침묵해야한다. 너무나 어렵고 꽉 막힌 장소에서 숨도 쉬지 못하는 극한적인 어려움을 겪을 때가 있다. 도움을 구할 데가 하나도 없는 그 처절한 장소에 가서야 그 일이 하나님을 붙드는 귀한 장소라는 것을안다면 믿음도 많이 달라진다. 그래서 모든 시련이 하나님을 만나는 기회가 된다는 것을 아는 사람은 앞에 오는 시련을 감사하면서어쩌다가 시련을 당해 기도의 골방으로 들어가는 것을 보면서 시련의 의미를 다시 생각해보게 된다.

📖

사람도 시련이 오면 얼른 돌이켜야 하는데 속히 돌이키지 못하는 이유는 믿음이 부족하기 때문이다. 그 시련 속에서 우리의 거친 마음을 다듬어 가시는 하나님을 안다면 세상 방법으로 가는 것을 얼른 포기해야 한다.

📖

이 세상이 중요한 것은 이 세상 삶이 바로 믿음 안으로 들어가는 중요한 훈련 기회이기 때문이다. 우리는 믿음을 굳건하게 하고 싶어서 온갖 프로그램에 참여하지만 사실은 삶에서 부딪치는 어려운 문제들을 믿음으로 이기고 넘어가는 것이 참된 영성훈련이 된다.

📖

우리는 살아가다가 닥치는 어려움을 믿음으로 넘어가는 믿음의 훈련 없이는 하나님 안으로 들어가지 못한다. 때마다 순간마다 어려운 사건이 오고 시련이 오면 우리 힘으로 어떻게 할 수 없는 그때가 되어야 하나님을 찾게 되는 것이 우리의 현실이다. 그리고 시련은 믿음을 성장시키는 원동력이 된다. 우리는 앞에 오는 시련 없이 믿음 안으로 들어가지 못하고 시련 없이 믿음이 올라가지 못하는 육신의 연약함을 알아야 믿음을 붙들게 된다.

📖

신자가 믿음 안으로 들어가려면 하나님 말씀 안으로 들어가야 하는데 그 이유는 하나님 말씀만이 사람 영혼을 살려주는 생명의 말씀이기 때문이다. 신자는 믿음 안에서 하나님 말씀을 경험하면 시련도 사단도 죄도 그 무엇도 이기는 힘, 이것만이 사람을 살려주는 생명이 된다.

믿음이 되려면 하나님 말씀이 믿어져야 하고 참되신 하나님을 찾아가려면 조용한 시간을 하나님께 드리며 하나님 말씀 안으로 들어가려고 힘써야 한다. 그리고 그 보이지 않는 이면적인 길을 힘들게 찾아가는 것이 바로 믿음이다. 우리가 하나님 말씀 안으로 들어가려고 하나님 앞에서 씨름하는 기회를 가져보지 못했다면 아마도 하나님도 알지 못하고 하나님 은혜 안에 들어가는 방법도 무엇인지 알지 못할 것이다. 만일 신자가 말씀을 사모하면서 하나님을 찾아가는 믿음이 된다면 그는 하나님을 찾아가는 시간이 가장 행복한 시간이라는 것을 알게 되고 마음을 드릴 때 하나님은 그 마음을 보시고 가까이 해주신다는 것을 경험해야 하나님을 만나는 즐거움이 무엇인지를 알게 된다.

하나님은 우리의 방패가 되신다

"내 영혼아 네가 어찌하여 낙심하며 어찌하여 내 속에서 불안해 하는가 너는 하나님께 소망
을 두라 나는 그가 나타나 도우심으로 말미암아 내 하나님을 여전히 찬송하리로다"
－시 42:11

　믿음이 어릴 때는 부자는 외롭지도 않고 행복한 줄 알았다. 그
러나 외로운 것은 부자나 가난하나 다 마찬가지고 오히려 부자는
"저 사람은 다 가졌지"하면서 돌보는 이가 없으니 더 고독하다는
것을 깨달았다. 세상살이는 그 무엇으로 채워도 참 만족이 되지
못해서 어렵게 살아가게 된다. 그리고 아무리 가진 것이 많아도
그런 것이 영혼에 참된 도움이 되지 못하기에 믿음만 붙들어야 한
다. 믿음 안에서는 가난하거나 부자이거나 상관없이 차별하지 않
으시는 하나님 안에서 사는 것만이 행복하다는 것을 경험하며 살
아간다. 사람은 무슨 일을 하든지 하나님 안에서 해결해야 하는데
사람만 믿으면 그 어떤 것으로도 해결하지 못한다는 것 역시 살며
배우게 된다.

사람이 지금 현재 살아있는 그 자체만으로도 감사해야 하는 이유는 우리가 살아가는 동안이 믿음으로 들어갈 수 있는 단 한 번뿐인 기회이기 때문이다. 다른 종교에서는 믿음을 행위나 극기로 신을 찾아가지만 우리는 그 어디에 가있어도 우리 영혼의 전 존재로 하나님께 마음만 드리면 다 된다. 그것도 모르는 어리석은 그날을 돌아보면 그 어리석음 때문에 마음은 아프고 저려오나 믿음이란 마음을 드리면 된다는 이 간단한 과정을 잊으면 안 된다. 그리고 아무리 오래 믿고 세상에서 아무리 성공했다고 해도 그 인생에 남는 것이 하나도 없는 것을 아는 사람은 하나님만 붙들어야 한다. 영혼의 갈하고 공허한 것을 사람들은 무엇으로 채우며 살아가는지 알 수 없지만 믿음으로 가다보면 사람들에게 멸시도 받고 외면도 받으나 하나님만 믿으면 모든 것이 다 해소가 되는 것이 은혜다.

지난 날 열심히 말씀을 붙들던 시간이 지금 은혜로 돌아오는 것을 보면서 하나님 말씀만이 생명이시라는 것을 깨닫는다. 인생은 지난 시간이 다 헛되다고 생각하지만 하나님 말씀 안으로 들어가려고 애쓴 일이 동기가 되어 나중에라도 하나님 말씀이 생명이 되어 들어온다면 그 말씀이 주는 은혜의 절정이 무엇을 말하는지 알게 된다.

외롭게 하나님 말씀에 목을 매어 살아도 은혜의 물 한 방울도 맛볼 수 없는 헛된 시간만 지나가지만 나중에라도 하나님 은혜 안에서 말씀이 생명의 말씀이 되어 들어온다면 큰 기쁨과 감격이 된다. 그러나 사람이 말씀 안으로 들어가기가 얼마나 어려운지…. 말씀을 외운다고 되나 읽는다고 되나 듣는다고 되나…. 힘든 것이 하나님 말씀이라는 것을 안다. 하나님을 삶에 그대로 적용하는 방법이 바로 말씀대로 사는 것이라면 하나님 말씀이 믿어져야 한다. 우리는 하나님이 믿어지지 않으니까 말씀도 믿지 못한다. 그러나 말씀을 믿고 그대로 살아간다면 하나님이 다 되게 해 주신다.

사람들은 많은 두려움 속에서 살아간다. 예측할 수 없는 미래와 건강과 생업에 대한 두려움, 죽음에 대한 두려움 등 이처럼 많은 두려움이 사람을 괴롭힌다. 그러나 이 두려움이 사단이 주는 장난이라는 것을 아는 사람은 별로 많지 않고 신자가 경험하는 최강의 두려움은 영안에서 경험하는 영적 두려움이다.

신자가 믿음으로 나가다가 이 알 수 없는 큰 영적인 두려움에 봉착하는 날이 온다면 그때는 어떻게 해야 그 어려움을 넘어 갈 수 있는지 깊이 생각해야 한다. 신자가 믿음이 자라가면서 오는 영적인 두려움 속에 많은 믿음의 고비를 넘어가야 하지만 이를 이기려면 참된 믿음 안으로 들어가는 길 밖에 다른 길은 없다. 그래서 신자는 먼저 하나님 안으로 들어가서 하나님 은혜로 영혼이 회복되어야 한다.

신자는 잘 믿어야 하는데 어디에서나 믿음이 아닌 육신의 감정으로 나간다면 그 마음을 자꾸 다른 데로 몰아가는 마음 속 그 정체가 무엇인지 살펴보아야 한다. 제어할 수 없는 하나님 은혜로 전도하고 싶은 열정이 불같이 타오르던 시절도 있었지만 준비되지 않은 믿음이라면 더 큰 은혜 안으로 들어가기 위해 이런 고비도 묵묵히 참아야 한다. 사람은 준비되지 못하면 아무것도 알 수도 할 수도 없지만 참된 믿음은 말씀 속으로 들어가는 것이다. 잠시잠깐 맛보는 것이 다 인줄 알고 육신이 나대면 믿음이 성장하는 기회는 사라진다.

사람은 살면서 느닷없는 두려움을 느낀다. 처음에는 왜 두려운지 무서운지 그 원인을 조금도 알 수 없지만 두려움이 오랫동안 지속 되면 매사에 마음을 패배로 이끌어가는 원인이 된다. 그러나 믿음으로 살아가려면 많은 시련과 문제가 따른다는 것을 아는 사람은 이런 두려움도 하나의 영적 훈련과정이라는 것에 주목해야 한다.

아무 이유도 원인도 없는데 왜 마음이 무섭고 떨리는지, 두려운지 그 이유를 조금도 알 수 없고 다만 어떤 영적인 긴박한 상황 속에 들어 있다는 것을 알지만 어떤 질병도 원인만 알면 치료를 할 수 있듯이 이 두려움을 밀어내는 힘은 오직 믿음뿐이다. 그리고 말씀 중에 "두려워하지 말라"는 말씀이 왜 있는지 그 말씀과 마음에 오는 두려움을 생각하면서 그 말씀이 심령에 새겨지기 위해서 받는 특별한 훈련이라는 것을 안다면 믿음으로 가는 길은 그리 쉬운 것이 아니라는 것을 알게 된다.

사람에게 이유도 없이 무서움이 오고 떨리고 불안과 공포가 한꺼번에 밀물처럼 밀려들 때면 의지할 분은 오직 주님뿐이다. 그러나 그 일이 다 지나간 후에 보니 당시에 왜 외로워했는지 두려워했는지 왜 미래를 근심했는지 그 외로움과 고독과 불안과 초조 등이 나의 진정한 본심이 아니라는 것을 깨달았다. 이 긴박한 영적 상황 속에서 사단이 드러나서 영혼과 몸을 위협해온다면 그때는 믿음으로 이겨내야 한다.

죄는 드러나야 되고 사단도 드러나야 물리칠 수 있듯이 사단이 깊숙이 숨어 있으면 그 실체를 알 수 없어 밀어낼 수 없지만 그들이 여러 가지 방법으로 신자를 위협한다면 그것을 물리쳐야 한다. 나중에 보니 사단이 쫓겨 나갈 때가 되니까 쫓겨 가지 않으려고 두려움으로 드러나서 위협했다는 사실을 알게 된다.

어떤 어려움 속에서도 하나님을 붙들기만 하면 하나님이 아시고 도와주신다. 하나님 은혜가 좋아서 이 은혜 안으로 들어가려고 마음을 먹으니 사단이 미리 알고 방해한다. 그것이 무엇인지 안다면 믿음으로 이겨내야 한다. 그리고 그때에는 왜 두려워했는지 왜 무서워했는지 왜 마음이 떨렸는지를 생각할 때 그때의 나는 믿음이 부족했다는 것을 깨달았다.

하나님은 두려움이 무엇인지 전혀 모르고 살아온 사람에게 "두려워하지 말라"는 말씀을 실제로 체험시켜 주고 마음에 새겨주기 위해서 그 두려움을 경험하게 해주신다. 믿음 안으로 들어가는 고비에서 만나는 두려움은 사단과의 대치 상황으로 그 속에서 "두려워하지 말라"는 말씀이 마음에 새겨지면서 이들이 쫓겨 가는 체험이 들어와야 하나님 말씀으로 사는 것이 무엇인지 알게 된다.

신자는 누구든지 보이지 않는 사단과 싸우는 날이 반드시 돌아온다. 이런 것이 바로 믿음으로 마음 밭을 갈아엎어 옥토로 만드는 과정이기 때문이다. 사단이 두려움으로 위협하고 다가올 때는 전쟁에 능하고 강하신 하나님 말씀을 붙들기만 하면 아무리 그들이 위협을 해도 흔들리지 않기에 그들도 할 수 없이 포기하고 떠난다.

사단이 거처를 모르고 떠나가는 것이 눈에는 보이지 않지만 마음의 편안함을 느끼면서 그들이 하나님 능력으로 떠나간 것을 알게 된다. 사람 안에 산같이 쌓여 있는 죄와 사단을 치우는 방법도 믿음뿐인데 사람을 힘들게 하는 고독이나 극한 상황도 사단의 장난이고 유혹이다. 그들을 이긴 후에는 마음이 편해지고 넉넉히 살아갈 수 있는 힘이 오면서 혼자라는 것이 전혀 두렵지 않고 오히려 하나님이 주신 삶으로 인해 마음에 기쁨이 온다. 그래서 믿음이 무엇인지 안다면 세상을 따라가면서 헛되게 살지 말고 하나님이 이끌어 주실 날이 반드시 있을 것을 바라보면서 믿음으로 나가야 한다.

📖

믿음이 올라가지 못하게 방해하는 나쁜 것들이 드러나서 사람을 힘들게 하고 그 어떤 위협을 가하기도 하지만 믿음만 있으면 다 이기게 된다. 그리고 믿음이 자라면서 하나님 말씀을 맛보고 말씀으로 오시는 하나님을 경험하면서 말씀의 소중함을 알게 되면 그제야 믿음이 무엇인지 알게 된다.

믿음이란 살아계시는 예수님을 표현하면서 살아가는 것인데 마음 하나도 제대로 다스리지 못하는 연약한 사람을 보면서 그 질긴 육신의 영향에서 벗어나려고 애쓰는 것이 바로 믿음으로 사는 것이다. 매사에 하나님을 부르고 하나님 안으로 들어가는 이 훈련이 되지 못하면 믿음이 안 된다는 것을 아니 더 열심히 깨어 있어야 한다.

📖

사단은 몹시 두려운 존재로 그 모습은 매우 변화무쌍해서 그 현란한 모습을 본다면 놀라움을 금치 못한다. 사단을 보면서 악이 무엇인지 죄가 무엇인지 하나님을 거역하는 것이 무엇을 말하는지를 경험하면서 믿음이 중요하다는 것을 알게 된다.

사단은 무섭고 두려운 존재로 경험하면 할수록 험상궂은 영적

괴물이다. 그 세력들은 시도 때도 없이 나타나서 사람의 지각을 마비시키고 정신을 후패한 곳으로 몰아가지만 이런 것도 믿음으로 들어가는 것을 시기하는 그들의 수단이라는 것을 아니 믿음만 붙들어야 한다.

하나님은 우리가 사단과 마주선 상황을 다 보시고 아시면서 간과 하시는 이유는 그들을 믿음으로 이기라는 신호다. 이런 사단과의 대치상황을 잘 넘어가지 못하면 천국문도 영영 열리지 않는다는 것을 안다.

사단의 치졸하고 더럽고 부패한 모습을 보면서 사람의 부패함도 거기서 비롯된다는 것을 깨달았다. 사단은 사람을 넘어지고 실패하게 만들지만 이런 허다한 사단의 숨은 전략을 알아차리고 이기고 넘어가는 것이 바로 믿음으로 사는 것이다. 또한 악한 것은 반드시 나쁜 모습으로만 나타나는 것이 아니라 선한 모습으로 나타나는 기막힌 위장기술을 가지고 있지만 우리가 믿음만 된다면 잘 살피는 안목이 생긴다.

우리가 살아가는 주변 곳곳에 숨겨진 사단을 살피고 경계하는 것이 믿음으로 사는 것으로 그 어둠속에 하나님이 주시는 은혜의 빛이 조금이라도 비치면 막힌 마음도 뚫리고 모든 것이 오직 하나님 은혜로만 된다는 것을 경험하게 된다.

신자에게 고난이 오면 그때는 기도해야 하고 고난의 참된 의미는 기도하라는 뜻이 들어있다. 신자가 하나님 말씀을 붙들고 기도했는데 오랜 세월이 지난 후에야 이루어지는 것을 볼 때 기도한다고 다 응답되는 것이 아니라 하나님이 도와주셔야 한다는 걸 깨달았다. 오랜 세월이 지난 지금에야 말씀으로 기도하던 것이 실재가 되어 돌아오는 그 속에서 하나님 말씀 한 구절 한 구절 속에 새겨진 하나님 은혜가 실증으로 다가올 때면 마음이 기쁨으로 벅차오른다.

　믿음이 어릴 때는 하나님 은혜가 무엇인지 아무것도 모르지만 너무나 목이 마르고 공허해서 하나님 말씀을 붙들고 기도한 것이 오랜 세월이 지나 은혜가 되어 돌아오니 감사 할뿐이다.

　영혼이 메마르고 목이 말라서 숨이 막히는 것 같은 시련 속에서 드린 간절한 기도가 오랜 세월이 지난 지금에야 응답이 되지만 한때는 하나님도 모르고 믿음도 되지 못하면서 말씀이 좋아서 말씀으로 기도하고 묵상하던 시절이 있었다. 그러나 영혼이 갈하고 허기진 그 목마름 속에서 건져주시기를 간구하며 음미하던 말씀이 훗날 그대로 이루어지는 것을 보면서 믿음은 준비가 되지 못하면 오래 걸린다는 것을 알게 됐다.

　그 당시에 말씀을 읽다가 귀한 말씀이 마음 안으로 들어오면 그 말씀이 너무 좋아서 그 말씀대로 되기를 간절히 원하면서 기도했는데 오랜 시간이 지난 지금 그 말씀이 실증이 되어 돌아온다면 이런 것은 거저 되는 것이 아니라 영혼을 핍박하는 어둠을 물리치면서 일구어 낸 영적 전리품이라는 것을 깨닫는다.

하나님 말씀을 읽으면서 향기에 젖어 들어 마음에 감격이 오고 감동이 되면 그 다음으로 조금도 넘어가지 못한다. 하나님을 말씀 속에서 알고 느끼는 감동과 은혜와 그 절절하신 사랑 앞에서 믿음 대로 살아가지 못한 것 때문에 많은 눈물을 흘린 것은 결코 잊을 수 없다. 하지만 말씀을 읽다가 감동이 되면 그 말씀의 맛이 다하고 그 말씀에 감동으로 영혼과 몸이 출렁거릴 때면 말씀의 하나님 만이 생명이 되고 힘이 되는 것이지 다른 것은 아무것도 아니다.

하나님 말씀만이 최고지 다른 것은 아니라는 것을 아는 사람이 신자인데 아무리 영적 경험을 많이 한 사람도 그 안에서 하나님과 의 인격적인 만남이 없다면 헛된 시간만 지나간다. 오히려 어둠이 서로 얽히고 가로막아서 믿음이 불투명해지고 하나님 은혜로 들어가는 길을 방해하는 그들을 보면서 믿음으로 살아가는 것은 매우 어렵다는 것을 알았다.

그러나 이런 방해를 이기고 하나님 말씀이 생명으로 들려지기까지 줄기차게 나간다면 하나님 말씀이 주는 영광 안으로 들어갈 수 있고 이 경험이야말로 우리 영혼이 누리는 참된 형통이고 복이 된다. 만일 우리가 하나님 말씀이 생명의 말씀으로 들리기까지 나간 경험이 있다면 나머지는 하나님이 다 해주신다. 믿음이 연약해서 하나님 말씀을 읽는 일이 당시에는 조금도 감동이 없고 힘만 들지만 그 열심과 사모하는 마음은 오늘에 비하면 감당할 수 없다는 것을 이제는 안다.

또한 그때는 하나님 말씀을 읽어도 마음에 깊이 남는 것이 조금도 없었지만 하나님을 바라보는 정성은 그 어느 때보다도 비교가 안 된다. 오랜 세월이 지나간 후에야 그 말씀이 실재가 되어 돌아오는 이유는 그 말씀이 기도가 되고 은혜가 되어서 생명으로 다가오기 때문이다. 그리고 무엇 하나 되는 것이 없어도 늘 말씀을 읽고 싶어서 한적한 곳을 찾아가고 기도하고 싶어서 은밀한 곳을 찾아가던 시절이 있었지만 그때 읊조리던 말씀과 기도가 지금에야 실증으로 다가오는 경험을 하면서 말씀은 오래 걸리지만 가장 어려운 시기에 힘이 되어서 매우 감사하게 느껴진다.

하나님 말씀을 읽고 늘 기도하지만 하나님 은혜가 무엇인지도 모르던 그때에 비하면 지금은 하나님 말씀 안에서 하나님 사랑과 위로를 맛보고 누린다면 그 즐거움으로 사는 것이 바로 믿음으로 사는 것이 된다.

그리고 하나님의 생명이 큰 에너지가 되어서 우리 영혼을 만지고 감싸주시는 것을 경험한다면 그 동안 얼마나 무심하게 믿음을 모르고 살아왔는지를 알게 된다. 우리가 믿음이 되지 못하는 한 가지 이유는 그 마음이 죄로 굳어져 있기 때문이다. 우리는 믿음이 어리면 어릴수록 아무것도 되는 것이 없는 것만 경험하지만 믿음이 자라가면서 말씀이 주는 그 생명의 묘미를 안다면 하나님 말씀이 매우 귀하다는 것을 안다.

제15일

시행착오 속에 세워지는 믿음

"여호와의 산에 오를 자가 누구며 그의 거룩한 곳에 설 자가 누구인가 곧 손이 깨끗하며 마음
이 청결하며 뜻을 허탄한 데에 두지 아니하며 거짓 맹세하지 아니하는 자로다"
– 시 24:3-4

　믿음으로 살아가려면 육신으로는 되는 것이 하나도 없다는 것
을 경험한다. 세상과 믿음이 서로 반대인 그 틈에서 사는 우리 육
신은 되는 것이 조금도 없는 것만 경험하지만 어디서나 죽어지거
나 낮추지 못하면 믿음은 도무지 되지 않는다.

　높은 사람 앞에서는 내려놓고 죽어지는 것은 아주 잘하지만 미
미해 보이는 사람 앞에서 낮출 줄 모르는 것은 그가 믿음이 어리
기 때문이다. 어디서나 자기만 아는 사람은 자신만 잘한다고 생각
하지만 내가 낮아지는 것도 다른 사람을 인정해주고 싶은 마음 때
문이라는 것만 알아도 믿음의 의미가 많이 달라진다. 그리고 그동
안 믿음 안에서 체험한 것을 말로 다 표현할 수 없을 만큼 많지만
세상과 사람을 좋아하다 보니 그것은 믿음으로 가는 길에서는 옳
은 길이 아니라는 생각이 든다.

믿음 안으로 들어가려면 낮은 자존감이나 본능 중심의 자아에서도 떠나야 하지만 사람이 믿음으로 떠나는 데에도 시기가 있다. 하나님의 부름을 받았지만 그 부름을 외면하면 그가 받을 복을 놓치는 것과 다름이 없다. 우리의 믿음은 환경과 마음의 굴곡에서도 떠나야 하지만 하나님이 가는 곳을 보여 주시고 떠나라고 하시면 즉시 떠나야 한다.

그런데 사는 환경과 자리가 중요해서 떠나지 못하면 하나님은 그에게 주실 복을 걷어 가신다. 믿음으로 산다는 것은 자아의 유익으로 나가면 믿음이 되지 못하고 아무리 잘 믿어도 순종하지 않으면 하나님과 관계가 없는 것을 알기까지 매우 오래 걸린다.

그리고 믿음 안에서 맛보는 영혼의 만족감도 하나님이 주시는 것이고 믿음이 올라갈수록 침묵하는 것도 하나님이 누구신지 알기 때문이다. 채움이 없는 빈 마음의 사람은 빈 말만 하지만 마음 안에 하나님으로 가득차면 단 한마디도 성령님의 깨우침이 아니면 입을 열지 못한다.

믿음은 사람 안에 하나님으로 가득 차오르면 그 은혜 때문에 감사하게 되고 은혜가 아닌 것이 없게 된다. 그리고 부족해서 늘 은혜가 되지 못하지만 말씀을 붙들면서 읽다가 듣다가 깊어지는 은혜로 시간을 보낼 때면 말씀만이 참된 생명이라는 것을 알게 된다.

📖

　신자는 이미 구원을 받은 것에 멈추지 말고 더 성숙한 믿음으로 나가야 한다. 우리의 구원은 주님 이름만 부르면 되지만 우리가 하나님 안으로 들어가는 길은 매우 협착해서 몸과 마음이 낮아지고 다듬어져야 한다. 그렇지 않은 부패한 본능 중심의 사람으로는 결코 그리로 들어가지 못하지만 말씀을 읽거나 들을 때 들어오는 풍성하신 하나님 은혜만 있으면 다 이루어진다.

　그러나 사람이 만일 지금 은혜가 충만하다고 해도 나중까지 계속 된다고 보장할 수 없다. 다만 믿음 안에서는 주신 은혜가 지속되어야 하고 하나님과 같이 있는 것이 좋아서 늘 하나님 곁에 붙어있는 즐거움으로 살아가야 믿음이 좋은 것을 알게 된다.

📖

　사람들은 세상 즐거움으로 살아가지만 거기에 너무 유혹당하면 안 된다. 사람은 세상에서 즐거움을 따라다니지만 하나님을 아는 사람은 헛된 것에 매이면 안 된다. 이 세상은 보기에는 찬란하고 크고 좋아 보이지만 말씀이신 하나님을 만나면 세상도 소용이 없는 것을 알게 된다. 그러나 세상을 외면하면 안 되는 이유는 이 세상이 바로 믿음을 세우는 귀중한 믿음의 훈련 기회가 되기 때문이고 우리가 맛볼 수 없는 말씀을 세상 살아가면서 맛본다는 것은 믿음이 아니고는 상상조차 되지 못하기 때문이다.

사람의 허전하고 빈 마음을 하나님께 드릴 때 하나님이 함께해 주시는 것만으로도 행복하다는 것을 아는 사람은 그 어떤 것에도 미련을 가지지 않게 된다. 믿음은 사방으로 찾아다니는 것이 아니라 기도의 골방 안으로 들어가는 것이고 마음속에 계신 하나님을 찾아가는 것이다. 사람들은 자신이 많이 안다고 말하지만 그 말대로 살아가지 못한다면 무엇이 유익이 되는 것인지 알지 못한다. 세상은 헛되고 마음도 시간도 흘러가 버리고 기력도 쇠해 가는 그곳에서 그 무엇도 영혼의 참 만족이 되지 못한다는 것을 안다면 그 빈말에 요동하면 안 된다.

하나님 말씀을 하나님 생명으로 맛본다는 것은 믿음이 올라가야 가능한 일이다. 사람은 하나님의 완전하신 말씀이 주는 생명 안으로 들어가기만 하면 그 말씀으로 하나님을 뵙는 영광을 누릴 수 있다. 우리 육신이 기도의 골방 속으로 들어가야 한다는 마음도 하나님으로 살아가고 싶은 마음 때문이고 하나님 앞에 사는 것이 무엇을 말하는지 알기에 오히려 고독해도 세상과 거리를 두게 된다.

이스라엘 백성이 애굽과 광야를 거쳐서 안식의 땅인 가나안으로 들어간 믿음의 여정을 우리가 안다면 신자도 믿음으로 젖과 꿀이 흐르는 가나안 땅으로 반드시 들어가는 장성한 믿음이 되어야 한다. 우리는 이 땅에서 태어나 하나님을 모르는 사람으로 살아가지만 하나님 은혜로 믿는 사람이 되었다는 것을 안다면 반드시 잘 믿어서 젖과 꿀이 흐르는 가나안 땅인 믿음 안으로 들어가 하나님을 기쁘게 해드리며 살아야 한다.

　우리는 처음에는 중생 이전의 육적 상태로 그 죄로 하나님 앞에서 죽은 사람이지만 하나님 은혜로 거듭나게 해주시어 홍해를 건너 믿음으로 나가게 해주신다. 믿음이 안 되어서 반복적인 불순종과 원망과 불평으로 살아가다가 죽는 곳이 바로 광야 같은 이 세상 삶이고 물이 없고 척박한 저주받은 곳이지만 하나님을 찾고 구하는 사람이 되어야 한다. 그리고 그곳에서 하나님을 바라보며 하나님 말씀을 들으면서 하나님의 은혜를 경험해도 믿음으로 한 발자국도 더 나가지 못하고 돌고 도는 곳이 또한 이 광야 같은 세상이기도 하다.

우리는 살아가면서 수없는 하나님을 경험해도 믿음으로 세워지지 못한 채 세월만 가는 영적 미숙함을 보이는 것이 바로 이 세상 사람의 특성이다. 사람이 귀신을 내쫓고 병을 고치고 영을 분별하면 믿음이 좋은 것 같이 보이지만 영적 성장은 요원해서 여러 가지 은사와 이적을 경험해도 그것은 믿음의 한 과정이지 믿음이 성장했다는 표시는 아직 아니다. 때문에 가나안은 신자가 반드시 들어가야 하는 믿음의 궁극적인 목표인 동시에 하나님의 다스림과 지배가 있는 곳으로, 우리가 신자라면 믿음으로 하나님의 통치와 다스림이 있는 그 복된 땅으로 들어가야 한다.

그러나 성경을 보면 가나안에 들어간 사람도 기근이 들면 애굽으로 다시 내려간다. 하나님을 잘 믿는 사람도 환경과 분위기에 따라 믿음과 상관없이 사람의 즐거움을 따라서 흘러 떠내려간다. 그리고 신앙도 기근이 오면서 다시 세상으로 내려간다면 믿음은 또다시 내려간다. 그러나 사람이 하나님을 믿는다면 이기적인 마음과 세상 그 높아진 것들에서 내려와야 한다. 그리고 하나님을 믿는다면 그 어떤 것도 하나님 보다 앞세우면 안 된다. 들어가라고 지시하시는 가나안 땅은 다른 것이 아니라 우리가 반드시 들어가야 할 하나님과 사람사이의 관계성이다.

우리가 신자라고 해도 믿음은 마음대로 되지 않는다. 육신이 편안하면 느닷없이 문제가 생기고 3박4일 기도원에 갔다 와도 마음은 다시 세상으로 내려가고 어려움이 오면 또다시 감정으로 내려가면서 하나님을 잊어버린다. 그러나 광야에서 살아남은 민족은 오직 이스라엘뿐이라는 걸 기억해야 한다. 반드시 믿음으로 들어가야 하는 그 땅 가나안은 애굽과는 비교도 안 되는 하늘에서 내리는 비를 흡수하는 땅이다.

반대로 비가 내리지 않으면 척박해서 살아가기 어려운 땅으로 사람들은 "하나님 은혜가 없으면 왜 나만 힘이 드냐"고 불평하지만 예배를 드리고 하나님 말씀을 들으면 소망이 된다는 것은 하나님을 믿는 믿음의 사람이기 때문이다.

우리가 마음이 아프고 우울할 때 하나님을 믿는다는 것은 큰 위로가 된다. 매우 완악한 사람이지만 하나님께 마음을 드리면서 하나님 말씀이 깊이 안으로 들어오면 어떤 상황에서도 넉넉히 이겨지는 것이 바로 믿음이 주는 은혜가 된다. 하나님은 신령한 복을 우리를 위해 준비해 두셨지만 우리는 여기에 관심을 가지지 못해 그 복을 찾아가지 못한다.

하나님 앞에서 우리는 천둥벌거숭이 같이 헐벗은 자신의 모습이 보여야 하는데 그 수치를 보지 못해서 믿음을 생각하지 못한다. 그리고 믿음은 견디고 침묵하면서 모든 어려움을 이겨내야 하는데 어떤 일도 인내하지 못하면 되는 것이 없다.

사람의 영혼은 하나님을 인식하는 기관으로 우리 영혼이 하나님과의 깊은 관계성 안으로 들어가야만 하나님과의 관계가 바르게 되지 믿음은 그냥 되지 않는다. 믿음의 사람이 되려면 우리 영혼이 깨어나야 되는 것이지 믿음은 편히 되는 것이 아니다.

믿음으로 산다는 것은 하나님 생명이 우리 안으로 들어오는 경험이 없으면 하늘나라를 유업으로 받을 수 없지만 하나님 생명이 마음 안으로 들어온 사람은 하나님이 주신 생명 때문에 그 영혼은 영원히 죽지 않는다. 그때가 되면 사람은 하나님 생명이 안으로 들어와서 하나님 생명으로 얼마나 채워져서 살아가느냐의 문제로 근심해야 한다.

그리고 믿는다고 하면서 그 믿음이 윤리 차원이라면 믿음으로 사는 것은 아직 아니다. 사람이 윤리나 도덕적으로 괜찮은 것은 매우 고상하고 아름다운 미덕이지만 참된 믿음은 성령의 도움을 받아서 성령에 의해 성령의 인도함을 따라가야 한다. 신자가 믿음이 자라지 못하면 하나님 세계를 조금도 알 수 없지만 성령을 받음으로 성령에 의하는 믿음이 되어야 믿음이 자란다. 우리는 믿음이 아니면 할 수 있는 것이 아무것도 없지만 믿음으로 살아가려면 성령을 받아서 매사에 성령으로 일하고 성령으로 심고 거두어야 한다.

우리가 성령으로 살아가면서 하나님 은혜로 마음이 열리면 성경도 열리고 믿음도 열리고 하나님 말씀과 예배도 열린다. 하나님 말씀이 주는 은혜 때문에 깨어진 심령으로 하나님과 자신을 보면서 마음으로 탄식할 때가 되어야 진정한 믿음이 무엇인지 알게된다.

이 세상을 채우고 있는 거대한 문화와 문명의 탁월함을 보면 마음은 요동하고 흔들리지만 믿음으로 살아가려면 우리는 그것에 물들지 말아야 한다. 그리고 그곳에서 사단은 사람의 생각과 감정을 끌고 다니면서 믿음으로 나가지 못하게 방해한다면 하나님을 믿는 일이 바로 믿음의 영적 전투라는 것을 알게 된다. 물질과 세상을 바라보면서 육신의 것을 이루지 못한 마음에 생각이 복잡해지고 감정이 흔들린다면 믿음 안에서는 이 안되는 것과 싸우는 것이 바로 믿음으로 사는 것이다. 그곳에서 사단은 좋아하는 것을 보여주면서 믿음으로 들어가지 못하게 방해하지만 믿음의 사람은 하나님을 믿고 하나님을 바라보다가 하나님이 만나 주시면 다 되는 것이다.

믿음이란 모든 삶을 하나님께 맡기면서 견디기만 하면 되는데 그곳에서도 사단은 신자를 가만히 놔두지 않는다. 매 순간마다 사단에게 끌려 다니는 것이 사람의 감정이라는 것을 안다면 그 때마다 그 감정을 믿음으로 단속해야 된다. 믿음이 어릴수록 마음은 불안하고 허전하지만 믿음이 올라가면 그 어떤 잡념이 들어와도 금방 깨닫고 요동하지 않는다.

그러나 하나님을 찾아가는 시간만이 최고의 기쁨이고 하나님을 만나는 순간만이 인생 절정의 시간이라는 것을 경험해야 사람은 믿음이 좋은 것을 안다. 또한 하나님이 주시면 주시는 대로, 안 주시면 안 주시는 대로, 있으면 있는 대로, 없으면 없는 대로 하나님과 함께 하기만 하면 믿음은 즐거운 길이라는 것을 알게 된다.

하나님은 우리가 바라보기만 해도 용기를 주시고 힘든 문제로 어려울 때면 생각만 해도 힘을 주신다. 하나님은 언제나 함께 해주시는데 그것을 알지 못하는 것은 나의 문제지만 늘 하나님과 함께만 되면 다 되게 해주신다. 그리고 믿음으로 나가려면 해야 할 일, 하면 안 되는 일, 가야 할 곳, 가면 안 되는 곳을 구별하는 것이 믿음으로 사는 것이다. 믿음으로 살아가려면 고독해도 어려워도 협착하고 좁은 길로 나가야 한다.

우리 육신은 상하고 다치기 쉬운 질그릇 같지만 그 육신 속에 하나님이 들어오시면 그 육체도 영혼도 빛이 난다. 또 그 질그릇 같은 사람 속에는 하나님의 영광도 십자가도 함께 들어있다는 것을 안다면 믿음이 귀하다는 것을 알게 된다.

어느 날 하나님 말씀을 보다가 쉴 새 없는 통증으로 가슴이 저리면서 내가 큰 죄인이라는 것을 깨달았다. 큰 죄를 지어서 아픈 것이 아니라 하나님의 뜻을 알지 못하고 그대로 살아드리지 못해서 오는 이 마음의 통증은 자의로 되는 것이 아니다. 하나님 말씀을 읽으면 하나님 뜻대로 살아가지 못한 부족함 때문에 영혼의 통증을 느끼면서 회개를 하게 해주시는 것을 조금이라도 안다면 다시는 그날의 사람으로 돌아가지 말아야 한다.

하나님은 진정한 믿음으로 나가기를 원하시지만 우리는 그대로 따라가지 못한다. 믿음이란 본능 중심인 자아를 넘어서 성령으로 새롭게 변화되어야 하는데 그 과정이 길고 힘드니 문제가 된다. 그러나 우리 안에 사시는 분은 오직 하나님이시니 믿음이 되어야 생명이 된다는 것을 아는 사람은 믿음으로 살아가야 한다.

다윗이 전쟁을 앞두고 하나님께 묻고 행할 때마다 항상 승리가 있었던 것처럼 우리도 어떤 일 앞에서 하나님을 의지하면 절대 실패하지 않는다. 그러나 하나님께 응답을 받으려 해도 말씀이 들리지 않는 것이 문제다. 믿음이 약하면 약한 대로 수준에 맞게 마음에 와닿게 해 주시는 하나님을 경험하기만 하면 하나님 은혜의 폭이 점점 더 깊어지고 넓어진다.

바른 믿음으로 세워지려면?

"은을 구하는 것 같이 그것을 구하며 감추어진 보배를 찾는 것 같이 그것을 찾으면 여호와 경외하기를 깨달으며 하나님을 알게 되리니" - 잠 2:4-5

사람이 살아가다가 고난을 받으면 믿음도 무엇을 말하는지 알지 못해서 힘든 시간만 지나간다. 고난이 바로 믿음 안으로 들어가는 통로이고 고난이 바로 주님을 경험하는 기회인데 그 고난 속에서 하나님과 같이 하지 못한 잃어버린 시간을 기억하면서 시간이 많이 지나간다. 그동안 믿음이 되지 못한 잃어버린 시간을 돌아보면서 믿음이 부족해 하나님을 누리지 못하고 산 세월에 대한 후회로 슬픈 자아가 부서지고 깨어지는 것을 통해 하나님을 붙드는 믿음을 모른다면 믿음도 전혀 모르는 것이다.

그러나 신자는 그 어려운 고난을 통과할 때 하나님을 경험함으로 그 고난의 때가 일생 중 가장 행복한 시간이라는 것이 고백된다면 믿음이 된다. 사람은 고난 속에서 그 어려움 때문에 속이 상해서 울어야 하지만 믿음으로 가려면 본능적인 육신에 대한 애착심도 끊어내야 한다. 그 이유는 더 이상 죄가 육신을 조절하면 안 되기 때문이다.

사람도 본능적인 육신 중심으로 살아간다면 참된 믿음으로 살아가지 못한다. 그래서 우리가 바른 믿음으로 바르게 세워지려면 무엇이 문제가 되어서 하나님을 만나지 못하는지 하나님 앞에서 아직도 처리되지 못하고 하나님 앞에 내려놓지 못한 것이 무엇인지 돌아보아야 한다.

믿음으로 살아가고 싶어서 그동안 비우고 버리는 연습을 많이 했지만 아직도 믿음으로 포기하지 못한 부분이 무엇인지 믿음의 한 걸음 안에서 날마다 보게 해주신다. 그리고 하나님께 수긍되지 못하는 곧고 강한 부분을 날이면 날마다 마음으로 새겨 보다가 죄가 아닌 것이 없는 것을 알게 된다.

📖

하나님은 때로는 믿음으로 나가야할 그 길을 보여주신다. 처음에는 한가지만 보여주시고 한 길만 가도록 인도해주시지만 하나님을 따라서 조금씩 가다보면 믿음의 참된 의미를 또 한 가지 알려 주신다. 앞으로 무엇을 어떻게 해야 하는지 아무것도 보이지 않고 아는 것도 없지만 믿음 안에서 단지 한 가지만 보여주시고 한 가지만 가도록 인도해주신다.

그러나 믿음으로 산다고 하면서도 돌아보니 한 가지도 제대로 이루어진 것이 없는 인생이 지나간다. 믿음으로 산다고 하면서도 믿음이 부족해서 다듬어지지 않은 육신 때문에 믿음으로 나가지 못해 문제가 된다. 문제가 생기면 자신의 아집 속으로 빠지는 연약한 육신을 발견하면서 이런 것을 넘어가지 못하면 되는 것이 없다는 것을 안다.

어떤 생각이 들어오면 자기 생각에 매어 자신을 믿고 자신의 힘으로 사는 자신 안에 갇힌 사람을 발견하면 믿음이 되지 못하는 것 때문에 마음이 저려온다. 믿음으로 살아가려면 매순간 자기를 부인하고 자기를 깨뜨리면서 가야 하는데 자신을 믿고 나가면서 잘 가는 줄 오해하니 문제가 된다.

매 순간 믿음이 아닌 본능 중심의 육신을 포기하는 것이 믿음으로 사는 것인데 육신이 중요해서 사람의 유익으로 가는 것을 내려놓지 못한다. 또한 자신을 존귀하게 여기는 부분 때문에 매사에 꺾이지 못해서 사람 관계를 파괴시키지만 그런 것들이 믿음이 세워지는 데는 방해 요소라는 것을 알지 못한다.

매 순간마다 속 안에서 부정적인 생각들이 들어오면 말씀으로 이겨야 한다. 그러나 그렇게 되지 못하는 부분 때문에 자신도 힘들고 다른 사람도 힘들게 하면서 살아간다. 믿음 안에서 하나님 말씀에 순종하는 믿음이 되는데 가로막는 것이 다름 아니라 나 자신이라는 것을 날이면 날마다 믿음 안에서 늘 보아야 한다.

내 안에 굳어진 자아의 처리되지 못한 오만한 속성들 때문에 속상하고 아파하는 믿음도 하나님이 주셔야 한다. 매 순간마다 하나님으로 살아가지 못하는 이 교만한 굳은 속성을 믿음으로 나갈 때마다 본다는 것은 매우 아픈 일이나 이 거친 육성을 사로잡지 못하면 믿음으로 살아가지 못한다. 언제나 내가 아니라 하나님으로 살아가고 싶어 하는 마음도 하나님이 주셔야 하고 하나님으로 살아가지 못해서 아픈 마음도 하나님이 주셔야 한다.

그러나 내 안에서 하나님께 수긍되지 못한 부분이 헤아릴 수 없이 많지만 믿음이 어리면 이런 부분을 조금도 찾아내지 못한다. 믿음으로 한 길을 조금씩 걸어갈 때마다 하나님께 마음을 더 드리거나 더 기도하지 못하고 더 사랑해 드리지 못하는 부분 때문에 되는 일이 없는 것을 깨달으면서 내 안에서 포기하고 수긍되어야 할 것이 너무나 많은 것을 알게 된다.

📖

어디서나 자기만 생각하다가 다른 이를 배려하지 못하고 더 돌보지 못한 것을 아파하면서 오만한 사람의 속성이 사람 사이를 가로막는다는 사실을 날마다 보게 해주신다. 내 안에 오만한 속성이 자신만을 존귀하게 여기는 독단적인 사람으로 만들어간다는 사실을 믿음으로 날마다 보게 해주신다.

📖

믿음으로 사는 것이란 내 자아 안에서 아직도 믿음으로 수긍되지 못한 부분을 찾아내는 것이다. 내 자신을 믿음으로 쳐서 하나님 앞에 자신을 굴복시켜야 하기에 사도 바울은 "오호라 나는 곤고한 사람이라"고 탄식했다. 내 안에서 하나님께 수긍되지 못하는 굳어진 육신의 속성 때문에 우리가 탄식해야 하는 이유는 바른 믿음으로 살아가고 싶은 마음 때문이다. 믿음으로 나가지 못하게 방해하는 이 육신의 오만한 흔적인 지, 정, 의가 하나님께 수긍되지 못하면 믿음으로 살아가지 못한다.

주님이 십자가에서 죽으신 것 같이 우리도 매순간마다 믿음으로 죽어져야 다시 사는 것인데 어떤 결정을 앞에 놓고 포기하는 것이 무엇을 말하는지 알지 못하면 믿음이 자라지 못한다. 우리가 일마다 때마다 내 안의 의견이 죽어야 하는 이유는 주님이 먼저 우리를 위해 죽어주셔서 우리에게 주님을 믿음으로 죽음을 이기는 능력을 주셨기 때문이다.

주님이 죽으심으로 내가 다시 살아난 것처럼 나의 죽어짐으로 그의 세워짐이 바로 믿음으로 사는 것이라면 믿음은 매사에 수긍이 되고 낮아져야 한다. "나는 날마다 죽노라"는 바울사도의 말씀을 기억하면서 우리도 날이면 날마다 내 자신을 하나님 앞에 굴복시키는 믿음이 되어야 한다.

매 순간마다 속 안에서 올라오는 것을 보면서 그것이 바로 내가 아니라 내 속에서 역사하는 어둠이라는 것을 안다면 많이 달라져야 한다. 거짓으로 포장된 사람 안에는 무수한 것들이 깊이 감추어져 있는데 이런 것이 드러나고 조금씩 물러갈 때마다 마음이 밝아져서 내 안에 믿음으로 굴복 되어야 할 것이 너무나 많은 것을 알게 된다.

그러면 믿음이 깊어갈수록 내 안에서 하나님께 수긍되지 못하는 부분이 많지만 믿음이 어리면 단 한 가지도 찾아내지 못한다. 그러나 믿음으로 나갈 때마다 하나님을 더 사랑해 드리지 못하고 더 마음을 드리지 못한 것을 믿음 안에서 늘 보게 해주신다. 그뿐인가. 더 겸손하지 못하고 더 낮아지지 못해서 되는 일이 없는 것을 보면서 믿음 안에서는 더 포기하고 굴복해야 할 것이 많은 것을 알게 된다.

📖

어디서나 육신이 나서고 사람의 본능으로 나가면서 포기하고 낮아지는 의미를 모른다면 믿음으로 사는 것을 아직 알지 못하는 것이다. 믿음의 사람은 그 의견의 포기를 통해서 누군가를 세워준다면 그것으로 우리의 즐거움이 되는 것이지 아무것도 하는 일 없이 믿음은 그냥 되지 않는다. 믿음 안에는 내가 죽어짐으로 다른 사람을 살리고 그가 믿음으로 살아가는 기막힌 은혜로 영혼에 밝은 해가 비친다면 더 말할 것이 무엇이 있는지 돌아보게 된다.

📖

믿음으로 나가기 위해서 본능 중심의 육신의 의견과 자아가 죽어지고 그 자아의 죽음이 믿음의 목적이 된다면 자기중심의 본능적인 사람이 믿음의 사람으로 바뀌는 것은 매우 쉽다. 육신을 따르는 자는 육신의 일을, 영을 따르는 자는 영의 일을 생각하는 말씀이란 바로 우리가 본능적인 육신 중심에서 믿음 중심의 사람으로 바뀌어야 한다는 의미다.

육신 중심의 사람이 믿음 중심으로 바뀌려면 믿음이 자라야 한다. 그리고 하나님을 따르면서 하나님과 동행하다가 돌아보는 그 일들은 믿음으로 변화 받은 훈련기회였다는 고백을 한다면 그것이 바로 믿음으로 사는 것이다.

📖

우리가 하나님 은혜 안에 살면서도 근심하는 이유는 이 은혜 안에서 살아갈 능력이 없는 것을 알기 때문이다. 그런 미약한 사람의 힘으로 절대 안 되는 세계가 바로 하나님 나라라는 것을 안다. 하지만 반드시 애써서 얻어내고 들어가야 하는 곳 또한 하나님 나라라는 것을 안다면 우리는 가만히 있으면 안 된다. 그러나 믿음이 되고 싶어서 하나님께 마음을 드리다가 그 은혜로 감동이 되어 벅차오른다면 믿음이 무엇인지를 알게 된다. 그러면 세상 모든 가치와 지식과 판단을 뛰어넘는 것이 하나님 은혜로 그 무엇과 비교할 수 없다는 것을 알게 된다.

📖

하나님을 만나면 주시는 은혜를 더 받고 싶어서 더 간절하게 하나님께 마음을 드리게 된다. 은혜 위에 은혜란 말은 하나님을 구하는 사람에게 주시는 하나님의 선물로 하나님 은혜를 맛 본 사람은 그 사랑 때문에 하나님 사랑 안에 거하려고 더 애쓰게 된다. 그리고 하나님 은혜의 첫 경험은 말씀으로 찾아오시는 하나님으로 심중에 울리는 그 말씀이 온몸을 덮을 때 하나님의 충만하심이 무엇인지 하나님 생명이 무엇인지 생생하신 임재의 순간을 경험한다면 그 인생의 가치와 사고도 다 바뀌게 된다.

📖

하나님 은혜란 우리 영혼이 하나님의 전인격적이고 전 존재로 하나님의 무한한 생명을 맛보는 것으로 생명의 하나님을 만나면 믿음도 바뀌면서 하나님 안에 거하고 싶은 갈망으로 하루해가 지나가면 다 된다. 그러나 하나님의 은혜를 구하기를 소원한다면 지금 우리 안에서 무슨 생각을 하고 있는지, 무엇에 끌려 다니는지 먼저 돌아보아야 한다. 그리고 잡념이 들어오면 안 된다는 것을 아는 사람은 마음관리를 잘 해야 한다.

📖

신자라면 하나님께 마음을 맡기며 전적으로 하나님 은혜 속에 살고자하는 간절함으로 그 생애를 드리다가 하나님이 주시는 은혜를 맛보면서 날이 가고 해가 지나가면 영혼의 허기가 채워져서 감사하다는 고백이 되어야 한다. 그리고 시간이 가면 갈수록 하나님의 사랑을 경험하면서 더 깊은 은혜 속에서 걱정과 근심이 사라지고 육신도 건강해진다.

📖

믿음이란 하나님 은혜로 먼저 영혼이 치유되고 다음으로 육체를 치료해 주시는 하나님을 경험하면서 하나님 은혜 안에서 마음이 회복된 사람은 육체의 질병도 다 이기게 된다. 그리고 하나님 은혜 안에서 하나님의 성품이 우리 안에 채워지면 일생동안 힘들게 방해하던 사단이 얼마나 심술궂었는지 알게 된다. 사촌이 잘되면 배가 아프다는 말처럼 믿음으로 들어가지 못하게 방해한 그들이 무엇을 말하는지 믿음 안에서 다시 보아야 한다.

📖

사람들은 세상이 좋아서 세상을 따라가며 주님을 믿지 못하고 주님을 쳐다볼 줄을 몰라서 영혼과 몸이 죽어가도 그 일을 알지 못한다. 하나님을 부르면 되는데, 어디서나 하나님 아버지 곁에 붙어만 있으면 되는데 그러면 아버지가 기뻐서 공급해주시는 은혜의 생수만 마시면 사는데 그 생수가 무엇을 말하는지 몰라 힘써 찾지 못한다. 믿음이란 남이 알지 못하는 이면적인 길을 가는 것인데 세상을 바라보다가 그 좋으신 하나님을 바라보지 못하면 믿음이 자라는 길은 사라진다.

가끔은 이유도 모르고 어려움을 당하니 섣불리 사람 곁으로 다가가지 못한다. 어둠의 권세는 사람을 모함하며 사람 관계를 파괴시키는 것이 사단의 방해라는 것을 인식하기까지 갈등하던 세월이 있었기에 믿음으로 사는 것이 힘들다는 것을 안다. 또한 사단은 안에서 이기지 못하면 밖으로 나가 다른 사람에게 들어가 외각에서 공격을 해댄다. 이런 것을 안다면 넉넉히 이길 수 있는데 모른다는 것은 아직 믿음이 어리기 때문이다.

곁에서 어떤 사람이 늘 힘들게 한다면 그것은 나를 훈련시키기 위한 파트너라는 것을 안다. 늘 불안한 생각이 마음을 힘들게 한다면 그것은 자신의 진정한 생각이 아니라는 것을 깨닫고 돌이켜야 한다. 그것이 무엇인지 알지 못해 마음에서 오는 생각을 다스리지 않으면 힘들어진다.

그리고 사람을 사랑하는 것이 바로 마음이 낮아지고 죽어지는 것인데 그 일이 되지 못해서 믿음이 자라지 못한다. 내가 먼저 인정받고 사랑을 받아야 하는 것이 아니라 그를 사랑하는 것이 믿음으로 사는 것인데 그대로 살아가지 못하니 매사에 어려워진다. 다른 사람을 보면서도 자신의 모습을 보지 못해서 믿음으로 살아가지 못하고 자신의 연약함을 보지 못해서 믿음으로 살아가지 못하니 문제가 된다.

돌아보니 얼마나 많은 시간을 다른 사람만 잘못되었다고 말하면서 다른 사람은 다 틀린 것으로 몰았지만 나쁜 생각이 들 때마다 그 생각을 단속하면서 같은 죄인끼리 정죄하고 고소하는 것이 죄라는 것을 안다면 늘 조심해야 한다.

사람은 항상 자기중심적이고 일방적이어서 마음을 바꾸기가 매우 힘들지만 자기 생각이 너무 소중하다면 믿음으로 살아가는 것은 잘 되지 못한다. 사람 안의 무수한 감정과 생각은 대부분 다른 사람을 향하여 늘 반감을 품고 있다. 그러나 그 비판하는 생각이나 감정을 다스려야 마음도 깨끗해지고 담담해진다.

마음에 평화와 안식을 이루려면 믿음으로 마음을 다스려야 하는데 마음을 다스리지 못하면 왜 믿음으로 살아가야 하는지 알지 못한다. 그리고 우리는 믿기 위해서 살아가는 존재라는 것을 안다면 사람을 사랑하는 것도 하나님께 맡겨야 한다. 믿음으로 산다는 것은 사람을 사랑하면서 허비해야 하지만 손해 본 것이 아니라 하나님을 사랑하는 길이어서 마음에 기쁨이 오면 다 되는 것이다. 믿음으로 살아가려면 늘 섬기고 물러나야 하지만 마음에 기쁨이 없다면 하나님이 기뻐하시는 것이 아니니 바로 멈추어야 한다.

제**17**일

마음을 드릴 때 은혜가 온다

"젊은 사자는 궁핍하여 주릴지라도
여호와를 찾는 자는 모든 좋은 것에 부족함이 없으리로다" - 시 34:10

사람도 사랑하면 서로 쳐다보고 싶듯이 하나님을 바라보는 일이 하루의 일과가 된다면 하나님이 좋아서 하나님만 바라보게 된다. 그리고 하나님 은혜에 감사하면서 하나님을 하루 종일 기억하는 것이 바로 죄를 이기는 능력이 된다. 순간마다 하나님을 기억하면 늘 채워주시는 아버지 은혜로 마음에 평안이 들어온다.

믿음으로 살아가는 것이란 예수 그리스도의 마음을 받아서 살아가는 것인데 모든 것을 사람의 힘으로 한다면 어려워진다. 매사에 내 것을 내 힘으로 지켜내려고 하니까 더 안 되고 힘이 든다. 그때에는 내 힘이 아니라 속히 주님을 부르고 주님 안으로 들어가서 주님만 의지해야 한다.

우리는 주님께 집중하고 모든 일을 하나님께 맞추지 않으면 아무엇도 되지 않는다. 사람들은 늘 자신만 생각하고 자신만 귀해서 자신의 신념만 믿는다. 그러면서 잘 믿는다고 오해하지만 자기를 믿으면서 돌고 돈 헛된 시간들을 돌아보면 나의 원수가 바로 나 자신이라는 것을 깨닫는다. 그렇게 나 자신과 싸우는 것이 믿음인데 자신이 누구인지 몰라서 더 이상 믿음으로 나가지 못했다는 사실을 알지 못한다.

하나님이 누구신지 아는 사람은 믿음으로 다 맡기기만 하면 된다. 그 어떤 열악한 환경 속에서도 하나님께 맡기면 듣고 행할 때 새롭게 역사하시는 하나님을 경험하고 어떤 일 앞에서도 하나님이 어떤 분인지 알면 그 실패한 자리에서도 다시 일어나게 해주신다. 우리는 하나님의 말씀이 그대로 이루어지는 것을 경험하면서 믿는다는 것이 쉬워지기도 한다. 믿음이란 사람 눈에 보이는 것 하나 없어도 주님이 말씀하시면 그대로 따라가기만 하면 되는 것으로 믿음은 행하는 것이 먼저가 아니라 주님을 듣는 것이 먼저 되어야 한다.

우리는 주님을 듣는 것도 없이 믿음이 되지 못하고 주님을 듣는 귀가 열리지 못하면 내 생각만 커져서 믿음으로 살아가지 못한다. 그러나 주님을 듣고자하는 믿음이 된다면 우리는 주님께 마음을 모아야 한다. 주님을 듣고자 하는 사람은 주님께 집중하는 마음 없이는 되지 못하지만 하나님을 의지하는 것만이 진정한 믿음이 된다. 그리고 믿음의 사람이 진리의 빛 가운데로 가까이 나아갈수록 그 빛 때문에 사람도 담대해지고 겸손해진다. 이때 오는 은혜는 다른 것이 아니라 하나님 사랑이 크다는 것을 아는 것이다. 신자는 육신의 자아로 사는 것이 무엇인지를 알고 그 부패한 자신의 자아와 싸우는 것이 믿음인데 그것이 잘 안 된다면 더 힘써야 한다.

📖

하나님의 임재를 방해하는 것은 하나님을 거역하는 육신의 본능이다. 마음속에서 작은 것이라도 올라오면 그것 때문에 마음은 고단하지만 돌아보면 우리를 대적해 오는 것은 다른 것이 아니라 바로 내 속 안의 감정과 생각이다.

믿음은 육에서 영으로 넘어가는 과정 속에서 숨겨진 본성이 더 악하게 드러나면 신자라는 사람도 이전보다 더 완악해지고 믿음으로 살아가지 못하게 마귀의 방해가 심해진다. 그래서 신자가 속에서 올라오는 것을 따라가면 안 되는 이유는 그들은 진정한 내 생각이나 감정이 아니기 때문이다.

📖

사람이 하나님을 잘 믿지 못하는 이유는 아직 하나님을 만나지 못해서라고 말할 수밖에 없다. 그러나 하나님을 잘 믿으려는 마음만 먹어도 어느새 힘든 문제들이 생기는 경험을 하면서 믿음으로 사는 것은 어려운 일이라는 걸 다시 한 번 깨닫는다. 그러나 하나님 자녀로서 참된 믿음이 되려면 하나님이 들어오셔서 함께 사는 믿음이 되어야 하고 마음 안에 하나님이 거하시기에 합당한 심령 성전이 지어져야 한다. 그러기 위해서는 우리 마음 안에 하나님의 거룩한 심령 성전이 세워져야 한다.

신자들이 아무리 하나님을 잘 믿는다 해도 믿음이 올라가지 못하는 한 가지 중요한 이유는 마음 안에 하나님이 들어오실 공간이 부족하기 때문이다. 인자가 머리 둘 곳이 없다는 말씀은 사람 안에 주님이 들어오실 공간이나 틈이 없다는 뜻이다. 신자 안에 하나님이 거하시기에 합당한 심령 성전이 세워지지 못한다면 하나님이 안으로 들어오실 수 없어서 참된 믿음으로 살아가지 못한다.

신자들은 이미 하나님 은혜로 구원을 받은 것은 확실하지만 성령을 모르고 영으로 사는 법을 모른다면 하나님을 만나는 경험이 없어서 신앙이 올라가지 못한다. 그리고 먼저 열심히 기도하다가 하나님 은혜를 경험하면 그때가 되어서야 하나님이 귀하다는 것을 인정하는 믿음이 된다.

📖

　사람들은 외모나 보이는 것을 중요하게 여기면서 살아가지만 참된 믿음이 되려면 마음을 깨끗이 해야 한다. 신자는 무엇을 하든지 믿음으로 살아가야 하는데 내 안에 또 다른 사람이 자기 마음대로 행하는 것을 알지 못하고 보이지 않는 어둠에 감정을 조절당해도 그것이 무엇을 말하는지 알지 못해서 참된 믿음으로 살아가지 못한다. 그리고 어디서나 자기 생각에 집중하다가 그 바르지 못한 생각이 사람을 마구 끌고 다녀도 그것이 무엇을 말하는지 생각하지 못해서 믿음으로 살지 못한다.

📖

　사람이 잘 믿으려면 그 바르지 못한 생각이나 감정을 단속해야 한다. 하나님의 은혜가 무엇인지 아는 사람은 사람으로 살아가는 것이 믿음이 아니라는 것을 알고 매사에 믿음을 따라가야 한다. 믿음 없는 자아 중심의 사람은 늘 육신을 중요하게 여기지만 그것은 사망으로 내려가는 결정적인 걸림이 된다. 믿음이 되기만 하면 되는데 아무리 믿고 싶어도 도무지 안 되어서 무감각하게 살아오던 사람이 하나님이 누구신지 조금은 알아지고 느껴진다면 그것이 믿음으로 살아가는 첫 여정이 되는 것이지 믿음은 다른 것으로 되지 않는다.

명망이 있고 학식이 많은 바리새인들은 말씀을 잘 안다는 완전함 때문에 주님이 보이지 않았다. 믿음 안에서는 어디서나 부족한 사람이라는 것이 인정되어야 하는데 그의 완전함과 그의 가진 것으로 가득한 사람은 자기만 보이고 하나님이 보이지 않아서 믿음을 따라가지 못한다.

믿음으로 가려면 그 좋은 것이 다 좋은 것만이 아니라는 것을 깨달아야 한다. 그것을 알지 못하면 믿음을 붙들지 못한다. 사람들은 누구나 가진 것에 매어서 하나님이 보이지 않고 가진 것에 대한 우월감 때문에 평생 자고하게 살아간다면 믿음 안으로 들어가지 못한다. 사람이 믿음 안에서 늘 낮추어야 하는 이유는 믿음 안에서는 그가 가진 육신의 것이 다가 아니라는 것을 알기 때문이다.

그 어떤 높은 사람도 마음대로 만날 수 없는 것이 이 세상이지만 믿음 안에서는 사람이 하나님께 마음을 드릴 때 은혜가 들어온다. 이것은 진실한 믿음으로만 가능하다. 본성적인 자아로는 하나도 되는 것이 없는 것을 경험하지만 그가 바로 믿음의 사람이라면 상상이 안 될 만큼 멀기만 한 그 믿음도 하나님만 바라보면 다 되게 해 주신다. 그리고 지금은 은혜의 비가 한없이 내리는 성령의 시대인데 아무리 하나님을 만나고 싶어도 그 영혼이 깊은 잠에서 깨어나야 된다. 다듬어지지 않은 본능 중심의 사람으로는 하나님을 만날 수 없다는 것을 알지 못하기에 문제라는 것 역시 알지 못한다.

믿음으로 홍해를 건너가는 히브리인들처럼 우리도 영적인 히브리인이라면 순간마다 삶 속에서 그 믿음의 강을 건너가서 하나님을 만나는 것이 신앙의 목적이 되어야 한다. 바른 신자라면 매 순간을 믿음의 강을 건너서 하나님이 예비해 놓으신 아름다운 곳으로 들어가고 싶어 해야 한다. 그리고 그 강을 건너서 들어가야 하는 곳은 현재 이 땅을 살아가면서 믿음으로 반드시 들어가야 하는 현세 천국을 말한다.

사람들은 믿으면서도 천국에 대한 말을 많이 듣기는 하지만 실제로 천국 같은 하나님 은혜를 체험하지 못하니 믿음으로 맛보는 천국이 무엇을 말하는지 알지 못해서 들어가려고 힘쓰지 않는다. 하나님은 이 천국 같은 행복한 믿음을 주시고 싶어 애쓰시는데 무덤덤한 예배로 나가면서 하나님이 계시는 곳으로 들어가려고 힘쓰지 않는 것이 문제라는 것을 알지 못한다.

우리가 사는 이 세상은 매우 어려워서 그 인생을 바라보면 마음은 매우 두렵고 떨린다. 그러나 한없이 능력이 많으신 하나님을 믿는다면 높이 솟아오른 찬란한 세상이나 사람을 바라보지 말아야 한다. 높아 보이는 세상이나 사람을 바라볼 때마다 마음은 아프고 위축되지만 하나님만 계시면 다 되는데 왜 세상과 사람을 보면서 마음이 고통스럽고 힘들어야 하는지 다시 생각해 보게 된다. 힘든 세상을 살아가면서 그 잘 안 되는 믿음을 보면 마음으로 깊이 탄식해야 하는데 오히려 찬란한 세상을 바라보면서 탄식하는 사람이 된다면 아직 하나님을 모르기 때문이다.

사람들은 하나님을 믿지만 하나님을 추상적이고 관념적으로 안다는 것은 하나님을 바르게 아는 것이 아니다. 그러나 하나님 말씀이 좋아서 순간마다 하나님 말씀을 기다리면서 하루가 가고 하나님이 주시는 말씀이 그리워서 날마다 하나님을 기다리는 사람이 된다면 그는 반드시 생명으로 오시는 하나님을 만나서 천국 같은 삶을 살게 되는 그날이 돌아올 것을 기대한다.

우리는 진리와 생명이 되시는 하나님 관계 안으로 들어가서 하나님을 만나는 사람이 되지 못하면 하나님이 누구신지 알지 못한다. 하나님은 사랑이시고 은혜라는 말을 많이 듣지만 이 사랑과 은혜는 받아보고 맛보아야 무엇인지 알게 된다. 그러나 사람들은 좋아 보이는 것만 따라다니다가 누가 건드려도 그것이 무엇을 말하는지 알지 못해서 믿음으로 살아가지 못한다.

📖

힘없는 부모를 무시하는 불효자식처럼 하나님을 거역하는 패역한 자식의 모습이 바로 나라는 사실을 알지 못한다면 이런 모습으로는 하나님 나라에 절대 들어갈 수 없다는 것을 알지 못한다. 그리고 믿음 안에서 그 천국이 마음으로 영으로 경험되어야 하는데 영으로 누리는 하나님을 알지 못해서 천국같이 행복한 믿음을 추구하지 못한다.

그 천국 같은 행복한 믿음 안으로 들어가려면 자아 중심의 강한 습성을 버려야 하는데 본능적인 자아 인식으로 나가니까 마음으로 그 천국을 받아들이지 못한다. 하나님 은혜가 마음 안으로 들어와야 하는데 하나님을 만나는 경험이 없으면 빈 믿음이라는 것을 알지 못해서 그 천국을 누리는 방법도 추상적인 환상으로 끝나 버리고 만다.

📖

하나님 은혜의 분량은 하나님 은혜를 받은 사람만 알고 하나님 은혜를 받은 사람만이 하나님의 충만하심의 깊이와 높이가 어떠한지 안다. 그래서 하나님 관계 안으로 들어가면 갈수록 믿음이 무엇인지를 알기에 믿음이 된다면 하늘세계도 조금은 열리니 이것이 은혜가 된다.

신자는 하나님 말씀을 듣고 하나님 말씀 안으로 들어가 하나님을 의식하면서 살아가야 하는데 하나님을 의식하지 못하니 참된 믿음이 되지 못한다. 그러나 우리 인생에서 무엇이 가장 귀한 것인지를 아는 사람은 이 세상 무엇보다도 믿음으로 하나님을 얻으려고 해야 하고 그것이 천국행 티켓을 얻게 한다.

사람이 믿음 안으로 들어가려면 그 부패한 육신의 성향을 처리받아야지 믿음은 그냥 되지 않는다. 사람의 본성은 어떤 시련을 통해서 올라오는 불순한 것을 보면서 하나님이 아니면 살 수 없는 죄인이라는 것을 깨닫는다. 다가오는 고난 속에서 사람이 많이 힘들 때 그 가려진 추한 육신의 불결한 것이 불같이 솟구쳐 오른다면 그것을 보고 속상해서 매사에 벗어버리려고 애쓰는 길은 믿음밖에 없다. 그리고 믿는 사람도 곁에서 충동적인 언행으로 힘들게 한다면 그는 현재 믿음으로 공사 중이라는 것을 인지해야 한다. 사람이 잘 믿어도 옳지 못한 행동으로 사람을 괴롭힌다면 어둠에 예속된 그를 보면서 그렇게 가면 안 된다는 것을 알게 된다.

믿음이 성숙해지면 마음이 고요하고 담담해진다. 심령이 담담

하다는 것은 감정이나 기분이 아무것에도 좌우되지 않는 영혼의 편안한 상태를 의미한다. 잔잔한 마음 안에 어떤 감정의 요동도 마음의 불안도 사라진다면 이것은 하나님 임재 안에 들어가 있는 편안한 상태다. 이런 잔잔하고 호수 같은 평안한 흐름 속으로 우리의 영혼이 들어갈 때만이 바른 믿음으로 살아가게 된다. 사람은 아무리 많은 체험을 한다 해도 하나님이 주시는 은혜로 연결되어야지 체험에서 체험으로 끝나면 소용이 없다. 신자는 신앙 체험도 중요하지만 하나님 말씀에 기반을 둔 전인격적인 신앙 체험이 되어야지 믿음 없이 체험으로 끝난다면 아무 소용이 없다.

📖

사람의 영혼은 하나님 은혜를 갈망하지만 또 다른 본능 중심의 사람이 마음대로 돌아다니는 이 걷잡을 수 없는 육신을 사로잡아야 믿음으로 살아갈 수 있다. 신자는 이 처리되지 못한 본능 중심의 자아를 따라다니다가 즐거워하기도 하고 실패하기도 한다. 하지만 그 속에서도 낮추시고 겸손케 하시는 하나님을 경험한다면 그것이 바로 믿음의 시작이 된다. 믿음으로 사는 것이란 겉으로 돌아다니는 육신의 생각을 단속하고 속에서 올라오는 것들에 물들지 않으려고 애쓰는 것으로 그 드러나는 여러 현상을 보면서 자신은 어떠한지 그 삶은 어떤지 보는 눈이 열려야 한다.

믿음은 하나님 은혜로만 되는 것

"너희는 그 은혜에 의하여 믿음으로 말미암아 구원을 받았으니 이것은 너희에게서 난 것이
아니요 하나님의 선물이라" - 엡 2:8
"살리는 것은 영이니 육은 무익하니라 내가 너희에게 이른 말은 영이요 생명이라"
- 요 6:63

사람이 세상에서 사랑을 받으면 그 사랑 때문에 힘을 얻어서 세상을 이기며 살아갈 수 있듯이 우리도 하나님을 사랑의 관계로 만난다면 담대히 살아 갈 수 있는 힘을 얻는다. 사람은 어떤 일을 당해도 하나님과 밀접한 관계만 된다면 그 어떤 것도 다 이기는 힘을 얻는다. 그러나 모든 관계가 바르게 유지되려면 반드시 그 값을 지불해야 한다. 하지만 하나님의 사랑은 값없이 거저 주시는 사랑으로 그곳에서 만일 하나님 사랑을 경험한다면 이외에는 아무것도 우리의 영혼을 만족시킬 것이 없다는 것을 알게 된다.

신자가 믿음으로 살아가려면 하나님께 사랑을 받음으로 사람

을 사랑하는 사람이 되어야 한다. 또한 하나님 사랑이 안으로 들어와 사람을 사랑하는 것이 된다면 이것이 바로 믿음으로 사는 것이다. 그리고 사람은 착하게 살면 다 된다고 말하지만 그 착함이 우리를 구원으로 데려가지 못하고 그 온유하고 착한 사람일수록 그 속에 더 깊고 강한 속성이 감추어져 있는 것을 알지 못해서 믿음으로 살아가지 못한다.

그러나 만일 그가 어떤 어려움 속으로 들어간다면 그때가 바로 하나님이 그를 만나고 싶어 한다는 신호다. 때로는 불안해도 이런 현상은 믿음으로 이기기위해 주어진 것이라는 것을 안다면 잘 이기고 넘어가야 한다.

사람들은 어려움을 당해도 그것이 마귀의 속임수라는 것을 조금도 깨닫지 못하지만 잘 믿으려고 하니까 보이지 않는 어둠이 더욱 번성하게 드러나서 어려움을 경험하게 된다. 그때는 믿음으로 마귀를 이기고 물리치는 사람이 되어야 한다. 그러나 우리 안에 강한 것이 있는 한 마귀도 강하게 나타나면서 사람의 강함을 놀라운 방법으로 훈련시키시는 하나님을 안다면 오직 믿음만을 붙들어야 한다.

신자는 사단을 이기려고 수 없이 성경을 읽고 기도를 해도 사단을 이기는 믿음은 하나님이 주셔야지 머리나 이론으로는 되지 않는다. 이런 여러 가지 어려운 영적 현상 속에서 하나님의 세계와 사단의 세계를 분별하면서 믿음으로 물리치고 들어간 곳은 어디인지, 믿음으로 경험한 것은 무엇인지를 경험하려면 믿음이 자라야 한다. 그리고 사단이 물러가는 것은 곧 믿음으로 이겨진다는 표시가 되고 진리가 되고 생명이 되시는 주님으로 살아진다는 것은 믿음으로 살아짐을 의미한다.

우리의 삶에서 믿음으로 산다는 것은 하나님 은혜로만 되는 것으로 그 하루 삶 안에서 순간마다 하나님께 마음을 드리면 행복을 알게 된다. 그러나 세상에 젖어드는 황량한 냄새에 물들다보니 마음이 저려온다. 세상이 차갑다는 것은 사람들의 마음이 냉정하다는 의미로 사람들은 유익하면 다가오고 손해 볼 것 같으면 돌아선다. 이런 경험에 마음은 서럽고 아프지만 믿음 안에서는 그런 헛된 것에 물들지 말아야 한다.

📖

하나님이 나의 모든 사정을 아시고 보시고 계시다는 것을 아니 마음이 풀어진다. 그동안 많은 어려움 속에서 힘겨운 삶이 지나가지만 하나님이 아시고 모든 것이 해결되는 것을 보면서 하나님만이 소중하다는 것을 아는 사람은 믿음만을 붙들게 된다. 그리고 지난 날 그 힘든 삶을 떠나도록 인도해주신 하나님의 마음이 무엇인지 이제는 다 안다.

평생 진실하게 산 결과는 복을 받을 줄 알았는데 하나님이 인도하시는 방법은 그것이 아니라 실패를 경험하게 해주시지만 그 어디서나 넘어지고 돌부리에 채여도 가는 길에 믿음만 있으면 다 이기게 된다.

사람들은 자신이 가진 것으로 자신을 나타내려고 하지만 믿음은 주님이 십자가에 못 박힌 것 외에는 아무것도 아는 것이 없다는 것을 아는 것이다. 세상은 얻어내고 쌓아 놓아야 하지만 하나님은 속에 든 것을 오히려 끄집어내시기에 그 추함을 보고 버려야 한다.

　믿음은 사람 속에 든 허다한 것들을 성령으로 처리 받고 버려야 하는데 이런 것을 모른다면 믿음도 올라가지 못한다. 믿음은 비울 줄 알아야 올라가는 것이지 비우지 못하면 믿음이 자랄 수 있는 방법도 없을 것이다. 우리는 육신의 힘으로 되는 것이 조금도 없는 것만 경험하지만 하나님은 신자가 어떻게 믿음으로 사는지 늘 보신다는 것을 기억해야 한다. 그렇기에 믿음 안으로 들어가려면 모두 비워야 한다.

　어느 날 매우 어렵고 힘든 때, 너무 힘들어서 숨도 쉬지 못할 만큼 막막한 순간이 오면 마음의 평화가 너무나 소중하고 귀하다는 것을 경험한다. 그래서 그 힘든 상황을 조금이라도 벗어나고 싶어 신선한 솔바람과 꽃향기가 만발한 아름다운 동산에서 주님과 함께 어깨동무를 하면서 춤추는 꿈을 수없이 꾸던 시절이 있었다.

믿음이란 반드시 기도해야 되는 것이 아니다. 간절한 마음으로 영으로 하나님만을 바라보고 나가면 그 마음의 소원을 이루어 주신다. 언제 어디서나 진실한 마음을 드린다면 믿음이 열린다. 그리고 그 낯선 곳에서 서성대는 방황하는 영혼의 시간이 없었다면 어떻게 하나님을 붙들게 되었을지, 하나님 은혜를 어떻게 받을 수 있을지 감사할 뿐이다. 그래서 고난이 은혜가 되고 모든 삶에서 오는 그 힘든 쑥과 담즙이 약효가 되어서 하나님 안으로 들어가는 기회가 된다면 믿음은 스스로 이루어 가는 것이 아니라 하나님 은혜로만 되는 것이다.

인기척이 하나도 없는 그 적막함이 매우 두려웠는데 그 적막한 고요함이 하나님을 만나는 첩경이 된다. 아무도 없는 텅 빈 공간 속에 갇혀서 숨 쉬는 것도 힘든 그 순간에 바람처럼 생기처럼 흐르는 물처럼 부어주시는 은혜를 받아 그 영혼이 살아나는 이것이 바로 하나님이 주시는 은혜다. 어떻게도 할 수 없는 꽉 막힌 모퉁이로 내몰리는 소망 없는 자리가 결국은 하나님을 만나는 장소가 되고 적막강산 같은 마음과 환경이 믿음으로 들어가는 동기가 되어준다.

그 인기척이 없는 적막함 속으로 흐르는 물같이 소리 없이 하나님이 마음 안으로 들어오시니 여기가 바로 하늘 문이요 하나님 은혜로 들어가는 길이 된다. 그래서 신자는 하나님과 같이 있어야지 혼자 있으면서 혼자 생각하고 혼자서 결정하면서 살아가면 안된다. 사람은 독립적이고 독단적인 존재가 아니라 언제 어디서나 하나님과 함께하면서 어떤 결정도 하나님 없이 마음대로 하면 안된다.

사람은 그동안 얼마나 마음이 두려운지 외로운지 불안하고 답답한지 슬픈지 그 현상을 무엇으로도 설명이 되지 않고 말씀도 기도도 되지 않는 날들이 열리고 저물어간다. 자신이 할 수 있는 일이란 아무것도 없고 속히 벗어나는 길은 믿음밖에 없다는 것을 알면서도 서성대는 하루는 매우 길게 느껴진다.

깊은 밤중에도 번민하는 잠 못 드는 사람을 보면서 믿음이 부족한 것을 아니 죽는 것이 오히려 사는 것보다 낫다고 생각한다. 그리고 그런 고독한 환경과 모든 힘든 일을 넘어가지 못하는 나약한 육신을 보면 슬프고 답답하지만 단지 그 어려움 속에서 할 수 있는 일이란 하나님을 영으로 찾아가고 하나님께 마음을 드리는 것밖에 없다.

사람들은 이런 영적인 곤궁한 현상을 경험하지 않고는 그것이 무엇인지 잘 이해하지 못한다. 영적 상태에서 오는 빈곤한 마음이 꽉 막힌 모서리로 몰려가고 있는 현실을 경험하지 않은 사람은 그 의미가 무엇인지 알지 못한다. 그리고 그 곳에서는 믿음이 약해서

어떻게 여기서 벗어 날 수 있는지 그 답을 찾을 길이 없어 문제가
된다.

밖에서도 어둠의 세력이 사방에 넘쳐나면서 지속적으로 불화
살을 날리는 세상을 보니 이 세상은 신자가 더 이상 살 곳이 못 된
다는 것만 알게 된다. 그러나 그 모든 시련이 사람의 마음을 다른
곳으로 이끄는 유혹이라는 사실을 깨달으면서 사방에서 위협하
는 어둠을 본다면 믿음으로 가는 길이 매우 어렵다는 것을 안다.
사람은 자신이 누구인지 알지 못하면서 사람을 멸시하고 미워하
지만 그런 곳에 가서야 바르게 살아가다가 고난을 받는 것이 무엇
을 의미하는지 깨닫고 그곳에서 모든 것을 다 아시는 하나님을 경
험하면서 시련 없이는 믿음으로 올라가지 못한다는 진리를 몸소
체험케 하심에 감사한다.

📖

사람들은 원인도 이유도 모르면서 사람을 판단하고 시기하고
정죄하는 모습을 보면 아무리 바르게 살아도 알아주는 이는 하나
님 밖에 없음을 깨닫는다. 무슨 죄를 지어서가 아니라 믿음으로
살아가려니 이유 없이 당하는 시련을 겪으면서 믿음으로 가는 길
은 힘들기만 하다. 그러나 이런 어둠을 이기는 방법은 믿음뿐으로
이유 없이 당하는 사람의 조소가 얼마나 마음을 힘들게 하는지….
그것 때문에 척박한 땅에 무성한 들풀만 가득 채운다면 속수무책
이라는 말이 무엇을 말하는지 이해가 된다. 이렇게 힘들 때 무덤
을 보면 죽은 사람이 편해 보이고 너무 부러워서 죽는 것이 사는

것보다 낫다는 생각을 하게 된다.

갈 곳도 없고 말을 나눌 친구도 없이 외롭게 방치된 채 살아가는 삶이 몸과 마음을 힘들게 하면서 의논할 곳도 하소연할 곳도 없으니 더 믿음만 붙들게 된다. 사람에게 다쳐서 멍든 마음을 혼자서 삭이고 풀어보려니 자신이 너무 연약해져서 풀이 죽는 삶, 그리고 믿음 안에서 깨지고 부서뜨림을 당한다는 것이 무엇을 말하는지 알게 된다.

지속적인 그런 체험 속에 사방으로 우겨 쌈을 당하는 현실을 경험하고 나니 한 줄기 소나기와 같은 평안이 얼마나 그리운지 하나님 평안을 단 일초만이라도 맛보면 소원이 없을 것 같다. 그러나 울적하고 척박한 현실 속에서도 고난을 겪어보지 못한 사람들의 말 한마디 때문에 마음에 멍이 들어서 그 누구에게도 기대할 것이 없는 것을 경험해야 하나님만이 소중하다는 것을 알게 된다.

사람이 이런 참담한 장소에 가서야 하나님을 찾는 계기가 되고 그런 척박한 환경이 하나님을 붙드는 기회가 된다. 그 캄캄한 곳에서 바라볼 곳은 위로 뚫린 하늘 밖에 없는 것을 아니 하나님만을 바라보면서 왜 신자는 위로자로 살아가야 한다고 말씀하시는지 이해가 된다. 다른 사람의 아픔을 헤아릴 줄 모르고 자기만 알아 달라는 사람들을 보면서 위로라는 말 한마디가 얼마나 중요한지를 경험하게 된다. 그리고 섬기다 보면 또다시 상처로 되돌아오는 현실을 보면서 믿음으로 산다는 것은 매우 힘든 일이 된다. 힘든 문제 앞에서 침묵하시는 하나님을 보면서 주님의 십자가의 고통이 나의 고통으로 느껴지기만 하면 거기에서는 그 일도 감사로 받으면서 내려놓고 죽어지는 길 밖에 없다는 것을 안다.

마음에 오는 깊은 상실감 속으로 마귀도 사람도 마구 조롱을 하는 것도 믿음을 붙들어야 한다는 신호음으로 받게 된다. 그곳에서 오직 바라볼 것은 하나님 한 분뿐이라는 걸 체험하면서 그동안의 순진무구한 사람의 어리석음이 사단의 먹이가 된 동기라는 것을 깨닫는다. 그리고 그 시련을 통해서 의롭게 살아가다가 당하는 고난이 무엇인지 주님의 고난과 그 생생하신 십자가의 고통이 무엇인지 깨닫게 된 것에 큰 의미를 두고 싶다. 희생하다가 손해를 보는 고통의 의미를 뒤늦게 체험하면서 배신당하신 주님의 마음을 이해하게 된 것이 큰 영적 소득이 되었다.

📖

하나님은 의롭게 살다가 멸시받는 사람에게 그 누구도 알지 못하는 비밀한 하늘의 상급을 맛보여 주신다. 그 쓰디쓴 멸시 속에 오는 천상의 맛이란 힘겹게 믿음으로 나가다가 멸시를 당하는 아픔을 가지고 믿음의 강을 건넌 후에야 맛보게 해주신다. 그리고 하나님 사랑을 가득 받은 후에야 깨달은 것은 섬기다가 받은 아픔은 징계가 아니라 그것을 통하여 하나님이 은혜 안으로 이끄시기 위한 계획이라는 것을 알게 된다. 그리고 그 모든 핍박도 어둠의 시기라는 것을 깨달으면 어떤 도움도 세상에서 구하지 말고 모든 것을 하나님 앞으로 가지고 나가서 해결 받아야 한다.

그동안 그 삶을 보시고 그곳에서 건져주신 하나님을 보면서 일생동안 사모해도 안 되던 하나님의 완전하신 임재는 시련이라는 아픔을 통하여 그 선물로 보답해주신다. 지금은 나의 영혼이 하나님 안에 들어갈 것을 미리 알고 여기에 들어가지 못하게 위협하던 어둠이 흔적도 없이 사라지는 것을 경험하면서 그 어둠이 물러간 자리에 하나님은 평강을 선물로 주신다. 한줄기 한 순간만이라도 맛보고 숨 쉬면서 살아가고 싶어 일생동안 소원하던 하나님의 평강이 안으로 들어와서 마음을 가득히 채워준다면 심령의 모든 것이 해결된다.

사람은 마음에 근심이 없고 편안하다고 하지만 하늘에서 내려오는 평강이 무엇인지 경험하지 못해서 하나님이 주시는 평강 안으로 들어가려고 힘쓰지 않는다. 삶 속의 편안함은 알아도 하나님이 주시는 평강이 무엇을 말하는지 알지 못해서 믿음을 추구하려고 하지 않는다. 그러나 그 어떤 권력이나 금으로도 얻을 수 없는 하나님의 평강이 우리 안으로 들어온다면 모든 허기나 상처가 다 사라진다. 일생동안 누리고 싶어 갈망하던 하나님이 주시는 평강이 시련을 통한 그 힘든 자리에 가서야 맛보게 해주시고 그 평강 때문에 마음의 상처와 질병까지 다 녹여 버리고 치유되는 것을 보면서 믿음이란 하나님 안에 들어가야 산다는 것을 알게 된다.

신자가 하나님을 만나 하나님 은혜 안에서 하나님을 느끼면서 살아가는 것이 곧 임재 신앙이다. 우리 영으로 그 영혼을 하나님께 채널을 맞추면 하나님의 은혜가 흘러 들어와서 하나님 은혜 안에서 생명이고 참된 평안이 된다. 그리고 우리 영혼이 하나님 은혜로 충만하다면 세상에서 필요한 것이나 구할 것이 더 이상 없으니 마음이 편안해진다.

하나님 은혜는 그 무엇으로도 설명이 되지 않는 신비 그 자체로 마음만 먹고 생각만 해도 하나님 은혜가 들어와서 하나님 마음이 알아져 그대로 살아가게 된다면 기쁘고 감사한 것이다. 만일 사람이 하나님의 임재 속으로 들어만 간다면 영혼은 평안해지고 안정이 되어 그 어떤 폭풍도 어떤 고난도 없어지고 다 이기게 된다.

세상은 요란하고 요동치지만 주님이 계시는 곳에는 요동이 없고 편안한 것이 특징이다. 하나님의 임재란 하나님과 함께 있는 그 자체로 하나님과 같이 거하고 하나님과 같이 동행하는 삶이 바로 믿음으로 사는 것인데 자기중심으로 살아가면서 하나님을 잊으면 평강이 안으로 들어오는 기회는 사라진다.

하나님은 우리가 하나님 안으로 들어오기를 원하시는데 믿음이 안 된다면 아무것도 되지 못한다. 신자는 하나님 안에 있어야 행복한 사람인데 하나님을 인식하지 못하고 느끼지도 못하니 하나님을 알 수가 없으나 마음 안에 계시는 하나님을 의식하고 하나님께 마음을 드리다가 어느새 하나님 임재가 안으로 들어오면 하나님이 어떤 분인지 알게 되니 이것이 큰 은혜인 것을 안다.

하나님 안에서는 하나님을 생각 만해도 하나님 은혜가 들어와서 그 은혜로 살아진다면 큰 기쁨이 된다. 연약하고 보잘 것 없는 사람이지만 심령 안에서 하나님을 만나는 것은 놀라운 대 우주적인 사건으로 우리가 하나님을 만난다면 영혼 몸에 커다란 지각 변동이 생겨서 천지가 개벽하듯이 하나님 은혜로 모든 사고가 바뀌게 된다. 그 무한하신 하나님의 인격을 경험함으로 마음과 영혼에 힘이 되어서 능히 살아갈 힘이 생긴다면 이것이 바로 믿음으로 사는 복이 된다. 그리고 온몸으로 영으로 경험하는 하나님의 임재 속에서 그 전천후한 하나님 은혜를 경험하면 두려움이 많던 사람도 담대해지고 힘이 나면서 마음도 편해져 믿음만이 중요하다는 것을 알게 된다.

영혼을 살리는 효험은 십자가뿐

"내가 그리스도와 함께 십자가에 못 박혔나니 그런즉 이제는 내가 사는 것이 아니요 오직 내 안에 그리스도께서 사시는 것이라 이제 내가 육체 가운데 사는 것은 나를 사랑하사 나를 위하여 자기 자신을 버리신 하나님의 아들을 믿는 믿음 안에서 사는 것이라"
- 갈 2:20

하나님과 동행하는 것이란 하나님이 마음으로 느껴지고 알아져서 그대로 살아가는 것인데 이런 일을 모른다면 모든 것이 헛수고가 된다. 믿으면서 하나님 임재의 중요성을 모른다면 하나님 안에서 사는 은혜도 모르는 것으로 아무리 잘 믿는 사람도 하나님을 떠나면 마음이 무뎌져 굳어버린다면 믿음으로 살아가지 못한다.

믿음이란 주님 안으로 들어가는 것이고 하나님 말씀으로 살아가는 것이 바로 믿음으로 들어가는 첩경이다. 사람이 믿음 안에서 살아가는 것이란 하나님 말씀으로 살아가기가 쉽지 않다는 의미다.

📖

믿음으로 사는 것이란 본능 중심의 자아로는 할 수 있는 일이 아무것도 없는 것을 알지만 우리 자아를 부인하는 것도 주님 때문이고 자신의 생각과 자신의 의가 하나님이 아니면 아무것도 아니라고 말할 수 있는 것도 믿음으로 살고 싶은 마음 때문이다.

📖

믿음은 주님처럼 낮아짐으로 다른 사람을 존귀하게 여기고 그 사람이 그 힘으로 살아남으로 나 또한 살아나는 경험이 되어야 믿음으로 사는 것이지 나 혼자만 좋아하고 나 혼자만 잘 되는 것이 아니다. 내 중심인 본능적 자아로 살아가던 사람이 자기를 부인하고 옛 자아가 올라올 때마다 이를 부인하면서 주님 이름을 부르며 주님 안으로 들어가는 것이 믿음이라는 것을 안다면 믿음으로 들어가는 길은 아주 쉬워진다. 그리고 어디서나 그 일이 내 생각인지 주님 마음인지 은혜인지 분별만 된다면 믿음의 게임은 끝난다.

📖

그동안 여기저기로 떠돌아다니던 발걸음도 멈추어진다. 조용히 사는 것이 내 할 일이라면 그렇게 해야 한다. 돌아다니다가 다시 돌아온 자리는 여전히 비어있다. 그 막막한 마음 안에 하나님의 빛이 비치고 영혼이 천지개벽하는 것 같은 그곳에 하나님 말씀만 있으면 다 된다. 사람이 서로 사랑하면 같이 있고 싶어 하듯이 하나님도 사랑한다면 같이 살아가야 한다. 그래서 마음이 우울하고 외로울 때도 하나님을 바라보면 마음이 풀리고 내가 아플 때 하나님이 아파하시고 내가 외로워하면 하나님도 속상해 하신다는 것을 아니 마음을 정리하게 된다.

나라는 사람은 얼마나 어리석은지 자기 슬픔에 겨워서 울어대는 철없는 아이와 같아서 어떨 때는 마음 놓고 울다가 하나님을 생각하면서 눈물을 많이 참게 된다. 그 이유는 하나님 아버지 마음을 살필 줄 모르는 불효막심한 사람이라는 것을 알기 때문이다.

📖

하나님 은혜가 없으면 마음이 허전하고, 근심하면 하나님이 알아주시니 감사하다. 하지만 하나님 앞에서는 근심도 하면 안 된다. 사람들은 하나님 은혜가 무엇인지 궁금해 하면서도 하나님 은혜 안으로 들어가려고 애쓰지 않는다.

사람은 하나님께 반응해야 하는데 환경과 물질에 반응한다면 아직 믿음으로 사는 것이 아니다. 사람이 하나님을 따라야 되는데 세상에 마음을 빼앗기면 은혜를 받는 길은 사라진다. 그리고 믿음으로 바라보는 그 십자가는 험하고 슬프지만 그 십자가가 무엇인지 경험해야 신앙이 무엇인지를 알게 된다. 십자가를 지는 경험 없이는 은혜 경험도 하지 못한다.

우리가 만일 믿음으로 힘든 사랑의 짐을 진다면 주님이 함께 해 주시고 힘을 주신다. 그리고 그 짐을 짊으로 험한 고난의 길을 통과한 후에 오는 복이 얼마나 크고 비밀한지 말로는 설명할 수 없다. 그러나 그 길은 전적으로 하나님이 해주셔야지 사람의 힘으로 되지 않는다. 하나님이 주시는 은혜란 순종하면서 무거운 짐을 지는 사람에게 주어지는 하늘의 상급이다. 믿음으로 짐을 지는 낮은 자리를 통과할 수 있다면 이것이 바로 하나님이 주시는 은혜로 사는 삶이 되는 것이다.

우리가 신자라면 지금 이 순간만 생각해야 한다. 어려워도 힘들어도 지금 할 수 있는 일이란 지금 내가 여기에 있는 것과 지금 이 순간 나에게 있는 것만 생각해야 한다. 우리가 믿음에 대한 중요한 한 가지는 매 순간을 하나님으로 살아가는 것이다.

우리는 삶의 매 순간을 믿음의 한 가지만 생각하고 단지 한 가지만 일해야 한다. 한꺼번에 가려고 하지 말고 주님과 같이 믿음으로 천천히 조금씩 걸어가는 것이 바로 믿음으로 사는 것이다. 그 길을 가려면 아무 생각도 하지 말고 오직 주님만 생각하면서 가기만 하면 마음도 영혼도 편안해진다.

오늘도 내일도 무슨 일을 하고 무엇을 해야 할지 생각하지 않으니 편안해지는 마음을 보면서 믿음 안에 사는 그 편안함이 무엇인지 알려면 주님과 함께 사는 법을 배워야 한다. 매 순간마다 믿음으로 단지 한 가지만 생각하는데 기적 같은 하나님 은혜가 안으로 들어온다면 그 믿음만이 은혜로 가는 길인 것을 알게 된다. 그리고 믿음으로 사는 것만이 소중하다는 것을 알기에 한꺼번에 하려고 하지 않고 또한 주님과 같이 일할 때 하나님이 함께 해주시면 믿음이 무엇인지 알게 된다. 사람들은 모두가 착하게 살면 된다고 생각하지만 그 착함도 하나님과 같이 한 가지씩 같이 하는 방법을 모른다면 소용이 없다. 우리는 선한 일도 주님과 같이 한 가지씩 하는 방법을 배워야 진실한 믿음으로 살아가게 된다.

죄를 지은 경험이 별로 없다보니 그 죄가 무엇을 말하는지 알지 못해서 회개도 잘 하지 못하지만 믿음이 깊어질수록 많은 죄의 모습을 순간마다 보게 해주신다. 이만하면 되었다고 생각하던 사람에게 실수함으로 부족함을 보여 주시면 그 부족함이 무엇인지를 깨닫고 죄인이라는 것을 알게 된다.

믿음이 어리면 나쁜 일을 해야 죄인 줄 알지만 믿음으로 가다보니 하나님을 기쁘게 해드리지 못한 것도, 하나님을 잊고 마음대로 결정하면서 살아가는 것도 모두 죄라는 것을 알게 된다. 마음대로 생각하고 돌아다닌 것도, 하나님을 의탁하지 못하고 마음대로 말하는 것도 죄가 된다.

하나님 없이 마음대로 생각하고 결정하면서 마음대로 행하는 모습을 보면서 이것이 바로 죄라는 것을 안다. 그리고 물질도 마음대로 사용했다는 자책에 시달려야 하고 하나님께 모두 맡기지 못하고 넘치게 사용했다는 마음이 오면 죄인이라는 것을 깨닫는다. 그래서 물질도 아껴 쓰는 이유는 아낌없이 줄 수 있는 여유를 가지기 위해서이고 물질의 주인인 하나님을 의식하기 때문이다.

📖

사람의 믿음이 자라지 못하는 것은 본능 중심의 육신에 머물러 있기 때문이다. 믿음의 분량에 맞게 천천히 한 가지씩 하면 되는데 많이 하려다가 실패를 경험한다. 실수를 자주 경험한 사람은 무엇이든지 믿음으로 하지 않으면 되는 것이 없는 것을 알게 된다. 하나님이 원하시는 일을 순종하면 순종의 값이 반드시 있는 것을 아는 사람은 남을 돕는 일이라면 극히 사소해도 하나님 마음을 알고 해야 한다.

📖

다른 사람을 측은하게 여기고 불쌍히 여기면 하나님이 기뻐하시는 것을 알기에 불쌍히 여기게 된다. 하나님은 사람을 불쌍히 여기는 마음을 주시는데 그의 측은함을 보는 이런 마음도 하나님이 주시는 것이다. 다른 사람을 불쌍히 여기는 마음을 주시어 불쌍히 여기면서 한 가지씩 돕게 하시는 하나님을 보면서 하나님은 사람에게 주실 복을 미리 준비해 놓으시고 조금씩 믿음으로 살아가는지 아닌지 늘 보신다는 것을 알게 된다.

하나님으로부터 불쌍히 여김을 받은 사람은 다른 사람도 불쌍히 여겨야 한다. 그러나 사람을 배려해 주거나 불쌍히 여기지 못하는 사람은 바로 그가 하나님께 불쌍히 여김을 입은 경험이 없기 때문이다. 우리는 사람들을 이기적이라고 말하지만 그가 이기적인 이유는 하나님의 사랑을 체험하지 못했기 때문이다. 사람들은 하나님을 모르고 육신의 관점으로 살아가지만 우리는 사람을 사랑하지 못하고 베풀지 못하는 것을 아파하면서 하나님 사랑으로 살아가기 위해 마음을 다해야 한다.

📖

믿음으로 사람을 불쌍하게 생각하면 마음에 기쁨이 오는 것을 경험하며 보이는 물질은 남이 빼어갈 수 있지만 마음속에 하나님이 주시는 기쁨은 빼앗을 사람이 아무도 없는 것을 안다. 하지만 어둠의 세력인 마귀는 하나님 은혜를 받지 못하게 방해하면서 하나님이 주신 기쁨을 모두 빼앗아간다. 신자가 믿음 안에서 깨어있어야 하는 이유는 지금까지 하나님이 주신 그 믿음과 은혜를 지켜야 하기 때문이다.

믿음 안에서 하나님 은혜가 마음 안으로 들어온다면 믿음이 되지 못한 그날을 돌아보면서 많이 후회하게 된다. 우리는 잘 믿는다고 해도 주님의 마음을 아프게 할 때가 많지만 자신의 모든 것들을 더 내려놓는 믿음이 된다면 깊은 은혜 안으로 들어가게 해주신다. 그리고 믿음이 자라면 그제야 주님이 보이고 십자가도 눈에 들어오는 것을 보면서 믿음이 철이 들어 십자가를 바라보니 너무나 형편없이 살아온 사람이라는 것을 이제는 안다. 말로만 듣던 십자가의 의미를 고난 속에서 경험하니 주님 사랑을 흉내라도 내고 싶어 섬기다가 많이 다치지만 하나님 사랑이 아니고는 할 일이 없는 것을 아는 사람은 묵묵히 가는 것이 믿음으로 사는 것이다.

　　神자가 믿음으로 살아가려면 성령의 인도함을 따라가야 한다. 성령으로 인도를 받는 삶이란 신호등과 같아서 성령의 녹색등과 적색등 노란등이 켜지는 데로 따라가야 한다. 그 사방으로 열린 길 중에서 하나님의 원하시는 길이면 가야하고 아니면 가지 말아야 한다. 이때 마음의 준비가 되지 않으면 갈 수 없는 것이 바로 믿음으로 가는 길이다. 그런데 믿음으로 가는 길이 어찌 그리 어려운지 길은 매우 좁고 협착하지만 믿음의 한 고비만 넘으면 성령님이 함께 해주시는 것을 아니 매우 쉽다는 것을 깨닫는다.

　　사람이 사는 동안 마음으로 갈등하고 실패도 하지만 주님과 함께 한 가지씩 힘든 길을 통과하면 하나님이 기뻐하신다는 것을 알기에 힘들어도 참게 된다. 믿음은 그 가는 길에서 험한 골짜기, 산천, 굽이진 깊은 강 등을 넘어 부활 생명이 마음 안으로 들어오기까지 나가는 것이 다. 그리고 하나님 말씀으로 사는 것이 바로 믿음이라는 것을 안다면 말씀 앞에 모든 것을 내려놓고 주님을 따르는 사람이 되어야 한다.

모두들 영혼을 살리는 효험은 십자가뿐이라고 하지만 말로만 듣던 십자가 앞에 서면 마음은 두렵고 떨리지만 하고 그곳에서 주님의 시선이 감지된다면 굳은 마음도 녹아버린다. 십자가 위에서 내려다보시는 주님의 고통스러운 눈빛과 마주친다면 그 애처로운 눈빛에 녹지 않을 사람은 하나도 없을 것이다. 그러면 믿음 안에서 무엇을 어찌해야 하는지 감이 잡히지 않고 마음은 막연하지만 성령님만 따라가면 다 된다.

세상을 살아가면서 진실한 사람 하나 만나기가 매우 어렵다는 것을 경험한다. 세상 사람들은 유익할 것 같으면 다가오고 해로울 것 같으면 떠나버리는 현실을 보면서 세상에 믿을 이가 없다는 것을 경험해야 믿음이 중요하다는 것을 안다. 그리고 돕는 것을 조금도 하지 못하는 사람을 보면 실망이 되지만 하나님을 바라본다면 소망이 되니 영혼의 안식처 은신처는 오직 주님 한 분만이 되신다.

믿음은 비워야 하는데 비우기를 싫어하니 믿음이 올라가지 못한다. 믿음으로 비운다는 것은 손해를 감수하는 것으로 그곳에서 마음을 비우기만 하면 하나님과 마음이 통한다. 그런 내적인 비밀한 관계를 모르고 겉으로만 가면서 믿음이 안 된다고 말하니 문제가 된다.

진실한 신자라면 보이는 세상에 대해서 외면해야 한다. 특히 성령의 사람은 다듬어지지 않은 육신의 사람에 대해서 외면해야 한다. 믿는다고 하면서 그 죄로 얼룩진 육신을 따라다닌다면 믿음으로 살아가지 못한다. 우리가 믿음 안에서는 날마다 자신을 살피면서 냉정하게 성찰해야 한다. 그 이유는 주님으로 살아가고 싶은 마음 때문이다. 믿음 안에서 가장 큰 적은 다른 사람이 아니라 바로 나 자신이다. 문제투성이인 사람이 하나님 은혜를 받기 전에는 아무것도 모르나 돌같이 차가운 육신을 거절할 때만 하나님 은혜가 들어온다. 믿음이란 오직 믿음으로 새롭게 변화를 받아서 예수 그리스도의 고상한 지식에 집중할 때 상급으로 오는 은혜로만 되어야 한다.

사람이 내가 좋아하고 내 욕심에 따라서 그것을 채우려는 본능 중심적인 자아를 버릴 수 있는 원동력은 하나님 은혜로만 되고 하나님의 충만하신 은혜만이 본능적인 육신의 자아를 거절할 수 있다. 믿음이란 본능 중심인 육신의 자아로 살아가는 힘을 거절하고 믿음 안에서 그리스도를 온전히 얻는 것으로 하나님의 충만하심 앞에서 자아의 의견이 쇠하거나 죽어지는 경험 없이는 참된 믿음으로 살아가지 못한다.

참 만족은 주님 안에서만 해결

"나에게 이르시기를 내 은혜가 네게 족하도다 이는 내 능력이 약한 데서 온전하여짐이라 하신지라 그러므로 도리어 크게 기뻐함으로 나의 여러 약한 것들에 대하여 자랑하리니 이는 그리스도의 능력이 내게 머물게 하려 함이라 그러므로 내가 그리스도를 위하여 약한 것들과 능욕과 궁핍과 박해와 곤고를 기뻐하노니 이는 내가 약한 그 때에 강함이라"

- 고후 12:9-10

　하나님은 사람의 벌거벗은 모습을 보여 주신다. 그러면 처음에는 왜 그런 모습을 보여 주시는지 알 수 없지만 지내다 보면 벌거벗은 모습이 무엇을 말하는지 알게 된다. 사람의 황무하고 척박한 사랑 없는 마음은 벌거벗은 사람과 똑같다. 돈이 없고 가진 것이 없어서가 아니라 그 마음 안에 조금도 다른 것이 들어갈 틈이 없는 돌 같이 굳은 이기적인 마음을 말해 준다.

　자기만 아는 사람은 늘 유익한 것을 따라다니면서 그 마음 안에 극히 작은 것 하나도 돌아 볼 수 있는 여유가 없으니 그 어떤 미생물도 살아갈 수 없는 척박한 마음이라는 것을 안다. 그러나 사람을 챙겨주거나 돕지 못하는 냉정하고 돌 같은 이런 마음도 하나님 사랑을 경험하면 다 해소가 된다.

사람은 무엇을 하든지 믿음으로 해야 하는데 돌아보면 믿음 없이 한 일은 되는 것이 하나도 없다는 것을 안다. 무엇이든지 하나님과 함께해야 하고 어떤 일을 해도 하나님 없이 일하면 은혜도 없어지고 일도 잘 되지 않는다. 그리고 육신의 자아가 지나침 때문에 사라지는 하나님 은혜를 보면서 믿음의 세계는 마음대로 되는 것이 아니나 사람이 믿음으로 살아가려면 현재 우리가 사는 환경이 가장 좋은 곳이라는 것을 안다.

현재 살아가는 집이 지옥같이 느껴지는 때도 있지만 이집이 하나님이 주신 최적의 영성훈련장소라고 생각하면 마음이 편해진다. 하나님과 같이 살아가기에 가장 적합한 장소는 현재 우리가 살아가는 집으로 우리가 사는 이곳이 최적의 믿음의 훈련장소요, 환경이라는 것만 알아도 믿음의 인식은 많이 달라진다.

신자는 어디든지 함께 해주시는 하나님을 안다면 진실하게 믿어야 하고 하나님의 임재를 방해하는 것들을 거절하고 하나님만 생각해야 한다. 그러나 그 무슨 일도 사람의 힘으로 나간다면 성령의 역사도 사라지는 것을 보면서 믿음은 혼자가 아니라 하나님과 함께 해야 열매를 거둘 수 있음을 알게 된다.

하나님 말씀 안으로 들어가려고 늘 성경을 읽고 말씀 공부를 해도 머리 지식은 늘어가지만 여전히 말씀을 깨닫지 못했다. 사람의 힘과 능력으로 들어가려고 힘써도 하나님 말씀이 주는 은혜는 결코 자아중심적인 육신의 힘으로는 해결되지 않는다. 그러나 성령의 은사를 받고 은사의 단계마다 하나님을 경험하면서 하나님 말씀이 깨달아지고 말씀이 하나님 은혜로 다가오면서 말씀이 열리면 그 뜻이 무엇인지를 깨닫는다.

성령의 은사를 경험하는 단계마다 하나님 은혜가 들어오고 하나님이 하신다는 것을 아니 말씀이 주는 능력을 알게 된다. 그리고 은사로 하나님을 경험하면서 세상만사가 다 하나님이 하신다는 것을 아니 사람의 힘으로 하던 일을 다 포기하게 된다. 사람에게 영성이 입혀지려면 성령으로 은사를 받아 하나님이 살아계심을 경험하면 육신의 체질이 영적 체질로 바뀐다.

우리가 하나님을 안다는 것은 하나님을 영으로 체험하고 깨닫는 것이다. 그리고 하나님 안으로 들어가려고 죽기 살기로 은사에 전념하지만 믿음은 은사를 통과해야 더 깊은 하나님 은혜 안으로 들어가게 된다. 사람이 만일 은사 체험을 한다면 하나님이 주시는 영적인 지혜와 지식과 말씀을 하나님 생명으로 경험하면서 영으로 사는 것이 무엇인지, 육으로 사는 것이 무엇을 말하는지 분별이 된다.

만일 사람이 믿음으로 새로워지면 말씀도 달고 은혜가 되어서 하나님이 기뻐하시는 사람으로 세워진다. 하지만 성령의 인도함을 받는 방법을 모른다면 하나님의 역사하심도 느끼지 못하고 실패할 수밖에 없다. 또한 극히 작은 문제까지도 성령의 은사를 따라간다면 전혀 새로운 하나님을 경험하므로 하나님이 하신다는 것을 알기에 다 맡기게 된다. 그래서 성령의 은사가 없는 신앙은 속히 성장하지 못하고, 은사를 모르고 자아의 의견으로 나간다면 매사에 쓴맛만보지만 은사를 따라가다가 하나님을 만나서 하나님을 순종하는 믿음이 되면 다 된다.

사람은 극히 작은 일까지도 성령님이 하게 해주심으로 된다는 것을 알기까지 시간이 오래 걸린다. 믿음이 아무리 좋아보여도 성령을 따라갈 때만 마음이 편하다면 믿음으로 나아감에 있어 마음대로 하면 안 된다. 성령의 인도를 받는 방법은 은사를 통하거나 또는 하나님 말씀을 따라가는 것으로 어떤 분은 은사를 부인하지만, 믿음 안에서는 은사를 무시하면 안 된다. 그 이유는 믿음은 여러 가지 경험과 시행착오 속에서 자라는 것이지 처음부터 잘 되지 않기 때문이다. 믿음의 비밀을 가졌다는 의미는 하나님과 같이 많이 살았다는 의미로 아무리 믿음이 좋아도 하나님과 같이 사는 동행 경험이 없으면 깊은 믿음 안으로 들어가지 못한다.

하나님은 어디에나 계시기에 하나님과 같이만 하면 다 되는데 어디에나 계신 하나님을 믿지 못하니 믿음도 마음대로 되지 않는다. 그리고 시련 속에 피는 꽃 에델바이스처럼 믿는 사람은 고난 속에서 더욱 믿음을 붙들어야 한다. 그러나 이제까지 고난의 경험이 없는 사람은 잘 믿어서 잘 된 것이 아니라, 아직 믿음으로 들어가는 기회가 오지 않은 것이다. 우리에게 아무리 큰 폭풍우가 몰아쳐도 그 속에서 예수님을 만나는 경험을 해야 믿음으로 사는 것이 무엇을 말하는지 알게 된다.

지금 여기서 고난을 미화시키려는 마음은 조금도 없다. 다만 고난 없이 부활 생명이 우리 안으로 들어올 수 없고 주님처럼 죽는 일이 없이 우리 영혼 안으로 부활 생명이 들어오지 못한다는 것을 말하고 싶다. 그 누구도 믿음 안으로 들어가기 위하여 고난을 통과하지 않은 사람이 없는 사실 앞에서 우리도 단단히 허리를 동여매어야 한다. 그리고 덧붙여 말하고 싶은 것은 그 고난도 믿음이 오기 전과 후의 차이가 다르다는 사실이다.

믿음이 없는 사람은 고난 속에서도 하나님을 의지하지 못하지만 믿음이 온 이후에 오는 고난은 전적으로 하나님을 의지하면서 통과하게 된다. 그 결과는 얼마나 차이가 큰지 상상이 되지 않을 정도다. 신자는 고난당하는 일상 속에서 척박하고 빈핍한 마음을 솔직히 시인하고 하나님께 도움을 구하면서 가는 믿음의 즐거움을 모른다면 믿음도 모르는 것이다. 사람은 마음속 텅 빈 곳이 얼마나 사람을 힘들게 하는지 일생 동안 사람의 힘으로 해결하려고 애쓰지만 이런 사람은 끝까지 멈추지 말고 믿음으로 영혼의 만족함이 되기까지 나가야 한다.

세상은 사람에게 다가가려면 잘해야 하지만 믿음은 하나님께 마음만 드리면 행복해지니 이것이 바로 큰 기쁨이 된다. 인생은 고독하고 그 고독한 삶은 여전히 계속되나 하나님 아버지와 같이 사는 신비한 은혜가 안으로 들어오니 일생 동안 힘들게 산 그 외로움이 다 상쇄되고도 남는다. 힘든 인생을 경험한 사람만이 가난하고 외로운 영혼이 무엇인지를 알고 평생 외롭게 산 것이 믿음의 바탕이 됨을 안다. 불쌍한 영혼을 보면 피하지 못하는 이런 마음 역시 사람의 마음대로 되는 것이 아니라 하나님이 주셔야 한다. 하나님과 동행하며 산다는 것은 믿음이 아니고는 상상할 수 없는 일이며 참 만족은 오직 하나님 안에서 해결되어야 한다.

믿음으로 살아가려면 여러 가지 형편을 골고루 경험해야 한다. 사람이 사방에서 시달리는 바로 그때가 하나님을 찾아야 할 기회다. 무엇을 하든지 마음대로 하면 어렵지만 그 속에서 하나님을 바라보기만 하면 모든 일이 다 된다. 그리고 하나님을 만날만한 일을 하나도 하지 않았지만 하나님을 바라보다가 피곤하여 쓰러지면 그때에 하나님이 만나주신다. 시련과 절망이 올 때 나에게는 하나님 한 분뿐이라고 고백하면서 열심히 하나님을 붙들었더니 만나주시는 하나님을 보면서 하나님은 귀한 보화를 깊이 감추어 놓으시고 우리가 찾아오기를 기다리심을 알게 된다.

우리가 영이신 하나님을 바라보려면 영으로 사는 훈련 없이는 믿음도 되지 못한다. 그리고 믿음으로 살아가려면 영혼에 관심을 갖는 마음이 준비되어 한다. 이런 준비 없이 어느 날 갑자기 하나님을 만나는 것이 아니다. 하나님 은혜는 비천한 마음의 한계가 끝나는 장소까지 내려가서야 경험하게 된다. 그만큼 힘쓰고 애쓰면 다 되는 줄 알던 믿음은 하나님이 주셔야지 내 힘으로 되는 것이 아니며 하나님 은혜를 받으려고 늘 헤매고 돌아다니지만 하나님 나라는 사람의 생각과 전혀 다른 방향에서 열리는 경험을 한다. 믿음이란 사람의 방법과 생각으로 힘써서 얻어내는 것이 아니라 하나님 아버지를 생각만 해도 은혜가 영혼 안으로 스며들고 마음 안으로 하나님 생명 빛이 들어와 우리 영혼이 살아난다면 그것 때문에 힘을 얻게 되는 것이다.

믿음 안에서 체험하는 하나님이 너무나 귀한 것을 아는 사람은 모든 보화를 다 주고라도 반드시 하나님을 얻으려고 해야 한다. 늘 하나님이 좋아서 하나님 안에만 있고 싶어서 하나님만을 바라보게 해주시면 사람에게 인정받는 것이 덧없음을 경험하고 믿음만이 좋다는 것을 안다. 믿음 안에서는 진실한 믿음 때문에 사람들로부터 소외받을 각오가 되어야 하고 잘 믿기 때문에 왕따도 받을 수 있어야 한다.

📖

참된 믿음으로 살아가려면 사람들에게 인정을 받는 것도 마음의 부담도 잊어야 한다. 하나님의 부름을 따라가기 위해서는 혈육도 떠나야 하고 가족으로부터 미움을 받을 부담도 안고 가야 한다. 성령의 인도를 따라가려면 가족이나 친구로부터 배척이나 미움 받을 용기를 갖는 것이지 어디서나 인정받는 것이 중요하다면 바른 믿음으로 살아가지 못한다.

우리는 하나님 뜻대로 살아가려면 어리석다거나 바보, 멍청이 소리를 들어도 된다는 각오가 없다면 믿음으로 살아가지 못한다. 믿음도 되지 못하면서 말만 많으면 안 되니 오직 침묵해야 한다. 믿음이 세워지려면 침묵해야지 세워진 것 없이 머리 지식과 말만 요란하면 참된 영성은 이루지 못한다. 그래서인지 요즈음에는 성경 한 구절도 더러운 입술로 말하기가 죄송하게 느껴진다. 추한 죄인의 입으로 성경 말씀을 함부로 입에 올리지 못하는 송구함으로 하루가 지나간다.

📖

매순간을 하나님을 생각하면 어느새 하나님 은혜가 들어오고 하나님을 기억하는 만큼 하늘나라가 마음 안으로 들어오기까지 매우 오래 걸린다. 그 무너지고 황폐해진 삶 속에서 하나님을 기억하면 하나님을 의식하는 시간에 하나님의 생명이 들어오는 것을 아는 사람은 지난날 그 즐거운 회상도 다 잊게 된다. 그러나 사람들은 즐기는 것을 따라다니다가 하나님을 잊어버리고 또는 살아가는 환경을 바라보면서 낙심하고 근심하다가 하나님을 잊어버린다. 거기서 사단은 문제를 통하여 근심을 주고 낙심시키지만 믿음 안에서는 근심시키고 낙심시키는 것들은 다 거절해야 한다.

📖

사람은 믿음을 알게 하려고 고난도 생기고 부질없는 세상을 잊게 하려고 어려움도 생기며 죄 아래 놓인 육체를 깨뜨려서 광명한 빛 안으로 이끌어 가려고 육신의 아픔을 맛보게 된다. 사람의 견고한 마음이 고난을 통해 깨어지는 것을 보면 눈물이 나고 강한 마음도 어느새 무너진다. 사람들은 보이는 것으로 인정받으면 된다고 하지만 믿음 안에서는 보이지 않는 자아의 견고한 아성이 하나님 말씀의 빛으로 무너져야 한다.

육신의 오만한 속성 때문에 자기가 보이지 않고 자기 자랑으로 나가다가 그것이 다가 아니라는 것을 깨달아야 한다. 사람들은 육신으로 일하고 육신의 힘으로 성취하려고 애쓰지만 믿음 안에서는 자신의 부족함을 알고 믿음으로 변화되려고 애쓸 때 하나님은 그 은혜를 그에게 부어주신다.

하나님은 높은 분이시니 그 높은 곳을 우리는 늘 바라보지만 마음이 높아지면 주시는 은혜도 사라지는 것을 보면서 믿음이 되려면 마음이 높아지면 안 됨을 배운다. 우리는 세상 찬란한 물질문명 속에서 파생되는 혼탁한 소음 속에 온 영혼과 몸이 검게 그을려서 물들어 있다 해도 하나님만 바라보면 하나님은 은혜 안으로 이끌어 주신다.

하나님만 의지하다가 어느 날 하나님의 크고 강한 능력이 들어오면 마음이 무너지고 자존심도, 고집도 무너지는 것을 보면서 하나님의 능력 안에 숨김 받을 것이란 하나도 없는 것을 경험해야 믿음이 귀하다는 것을 안다.

사람들과 대화를 해보면 거의가 다른 사람이 자기에게 잘해 준 것을 자랑하면서 그것이 복이라고 생각한다. 그러나 믿음 안에서는 남을 위하여 도움이 되지 못한 것이 수치라는 것을 알지 못한다. 적어도 다른 사람을 위해서 해준 일없이 살아온 것을 잘 산 것으로 오해한다면 아직 하나님을 모르는 것이다. 잘해주는 사람을 따라다니다가 하나님과 멀어지고 세상을 따라가다가 하나님을 잊는 사람은 영적 혼돈 속에 들어가 있는 자신을 아직 깨닫지 못하는 것이다.

만일 사람이 하나님의 실상을 경험하지 못한다면 죽은 사람과 마찬가지다. 그런 사람에게는 하나님 말씀을 전해야 소용이 없다. 소용이 없다는 것은 하나님 말씀을 문자로만 들으면 생명이 되지 못한다는 뜻이다. 하나님 말씀은 영이므로 영으로 하시는 하나님 말씀을 영으로 들으면서 하늘에서 내려오는 말씀을 잘 받아먹으면 영혼의 양식이 되어주니 이런 영의 양식을 우리는 매일 받아먹어야 한다. 그러나 질병 앞에 온전한 사람이 별로 없듯이 잘 믿어도 마음의 쉼을 몰라서 힘들었는데 하나님께 마음을 드리다가 하나님 말씀으로 영혼의 안식을 누린다면 그것이 바로 믿음이 주는 기쁜 일이 된다.

그리고 비로소 여기저기를 헤매고 다니는 일이 사라지고 마음도 차츰 수습되어간다. 믿음 안에서 힘든 고비를 넘어가니 아득하고 멀게만 느껴지던 영혼이 안식하고 안주할 곳의 이정표와 경계표가 세워져야 한다. 그리고 끝내는 영혼의 소원인 믿음의 항구에 닿아서 기쁘게 닻을 내릴 때가 되면 하나님 안에서 사는 것이 얼마나 행복한지 깨닫게 된다. 믿음 안에서 사람의 외로움도 영적인 배고픔도 궁핍과 헐벗음과 목마름과 기근을 겪으면서 힘든 고비들을 통과하니 안식 속에 산다는 것은 놀라운 은혜 경험이 된다.

살면서 가장 큰 어려움은?

"시험을 참는 자는 복이 있나니 이는 시련을 견디어 낸 자가 주께서 자기를 사랑하는 자들에게 약속하신 생명의 면류관을 얻을 것이기 때문이라" - 약 1:12

사람이 살아가면서 가장 큰 어려움은 우리 영혼이 하나님을 만나지 못하는 것이다. 가끔씩 내리는 이슬비에도 목을 축이지만 그것으로 양이 차지 않는다면 충만하신 하나님 은혜 안으로 들어가기를 소원해야 한다. 세상에서 해결될 수 없는 영혼의 허기와 배고픔이 믿음으로 해결되는데 이런 것을 안다면 다시는 돌아가면 안 된다. 많이 돌아다니는 사람치고 마음이 허전하지 않은 사람이 별로 없다는 걸 안다. 그러나 그 시간 속에서 해결할 방법이 없다는 것을 안다면 하나님만 붙들어야 한다.

사람은 너무도 부족해서 피해의식에 싸여 마음이 아프고 연약하지만 주님을 바라보면 마음이 편해진다. 하나님 은혜에 젖어 들다보니 어느새 낮은 증상들도 안개처럼 사라지는 것을 경험하면 본능적인 육신의 고집도, 의견도, 숨겨진 속성들도, 믿음이면 다 해결되는 것이 바로 믿음이 주는 은혜다. 사람 마음속에 들어있는 추한 것들은 모두 처리되어야 한다. 우리 안에는 죄와 의가 같이 거할 수 없기 때문이다. 믿음은 세미한 죄들과 하나님께로 나가는 데 방해되는 것들을 성령의 능력으로 다 벗겨내고 씻겨내면서 오직 하나님으로, 하나님에 의해서, 하나님이 되게 해주신다.

📖

하나님은 못난 자아가 좌절하면서 처절하게 실패하고 추락하는 경험 속에 들어온다. 그리고 하나님 은혜가 사람의 깊은 영혼과 몸을 통과하면서 흘러들어 올 때만이 치유의 은혜가 임하는 것을 보면서 믿음의 첫 단계는 사람 안에 든 추한 것을 비우지 못하면 아무것도 되지 못하는 것이다. 그리고 믿음으로 살아가려면 모든 일의 동기가 무엇인지를 분별해야 한다. 하나님의 역사는 현실 속에서 늘 흘러들어오고 흘러나가는데 그 일을 알지 못한 채 세월이 많이 지나가지만 오직 믿음이 중요하다고 느끼는 사람은 모든 생각도 동기도 믿음으로 하고 믿음으로 종결되어야 한다.

그리고 여전히 여기저기서 나쁜 일이 생기고 그들을 믿음으로 이기려고 애쓰는 시간이 지나가지만 여러 가지 고난을 통과하는 경험이 되어야 하나님을 아는 것이지 믿음은 사람의 지혜나 인간적인 힘으로 되지 않는다. 그래서 날마다 하나님만 붙들어야 하는 이유는 하나님 밖으로 나가면 죽는다는 것을 아니 하나님 안에 거하기 위해서 힘쓰게 된다. 그리고 하나님으로 살아가려고 힘쓰다가 믿음의 어느 한 고비만 넘어가면 믿음은 아주 쉬워서 자연스럽게 주시는 은혜 안에서 살아가게 된다. 믿음의 실재가 마음 안에 들어와서 하나님을 생명으로 먹고 마시면서 살아갈 때 그 믿음이 주는 행복한 마음은 그 어디에도 비길 수 없는 것이다. 그리고 사람이 본능 중심의 육신을 이기고 넘어가지 못하는 것은 믿음이 바르게 세워지지 못한 결과로 나타나지만 심령 안에서는 하나님을 만나는 경험이 있을 때만이 그 죄도 그친다. 믿음이란 오직 하나님 한 분만을 생각하는 것으로 믿음으로 영혼이 살아나는 경험을 하면서 신앙은 적당히 한다면 되는 것이 없는 것을 알게 된다.

📖

참된 신앙의 사람은 하나님과의 관계가 영혼 몸으로 생생하게 경험되어야 한다. 믿음은 예배를 드렸다고 신자의 의무를 다한 것이 아니라 하나님을 의식하는 것이 중요하다. 영혼의 배고픔이나 목마름도 사람의 힘으로 해결되지 못한다면 믿음이 없는 증거지만 믿음으로 살아가려면 아무것도 할 수 없는 무기력한 존재라는 것을 뼈저리게 체험하면서 처절한 마음으로 하나님을 떠올려야 한다.

온 마음으로 절절하고 애끓는 심정으로 나간 그 자리에 하나님이 오시니까 비로소 마음이 평안해져서 영혼의 쉼을 얻고 점차 하나님과의 관계가 사랑으로 바뀐다. 믿음 안에서 하나님 사랑을 맛보니까 돌 같은 마음이 녹아지면서 하나님을 사랑하는 마음으로 바뀐다면 의식이든 무의식이든 하나님을 늘 찾아가게 된다. 꽉 막힌 문제 앞에서 미련하도록 하나님만 찾는 이런 경험이 없으면 어떤 말을 해도 믿음은 이해되지 못한다.

📖

신자란 하나님이 아니면 살아갈 수 없는 존재지만 믿음으로 살아가려면 주님처럼 죽어지고 주님과 같이 다시 살아나는 믿음이 되어야 한다. 만약 죽어지려면 무엇이 죽어야 할까? 바로 육신의 의지나 자아가 죽어야 한다. 믿음 안에서 본능 중심의 자아가 죽어지려면 다른 생각이 마음 안으로 들어오지 못하도록 생각을 돌려서 주님을 늘 부르면서 주님 안으로 들어가는 것이 진실로 하나님으로 사는 영적 예배가 된다.

신자는 주님을 생각하고 사랑하는 만큼 하나님 사랑이 소리 없이 밀려들면 거친 마음도 겸손해지고 행복해진다. 신자가 하나님과 같이 오래 사는 만큼 불안과 염려도 사라지니 신앙은 고달프지만 즐거운 길이 된다. 그러나 믿음으로 가는 그 길에 방해하는 것들이 얼마나 많은지 온 영혼과 몸으로 깨우쳐 주시는 그때가 되어야 믿음이 무엇인지 알게 된다.

📖

신자가 하나님이 살아계심과 그 살아계신 하나님께 반응하는 믿음이 된다면 그는 행복한 사람이 된다. 그러나 사람이 무엇이든지 하려면 하나님 마음을 먼저 살펴야 하는데 본능 중심으로 가면서 하나님 아버지를 잊는다면 진심으로 나가야 한다. 그리고 바른 믿음이란 마음을 드리고 하나님 안에 푹 잠기기만 하면 되는 것으로 참된 믿음은 하나님 품안에서 우리 영혼이 편히 쉬는 이런 믿음을 알지 못해서 하나님과 사이가 막힌다면 사람 관계도 뚫리지 않는다. 믿음은 말이 아니라 마음으로 진심으로 드려야 되는 것으로 믿음도 성령님이 하게 해주시고 성령님이 해주신다는 것을 아는 사람은 성령을 따라서 성령님 인도를 따라가야 한다.

우리가 믿음이 되지 못하면 하나님과의 통로가 차단된다. 그리고 열심히 마음을 드려도 영으로 사는 것이 무엇인지 영으로 하는 기도가 무엇인지 경험하지 못하면 사람이 본능적인 방법으로 나가다가 실패하고 만다. 사람은 모든 문제는 나에게 주어진 하나님의 뜻이라는 사실을 받아들이는 사실이 중요하다. 그리고 모든 어려움의 고비 고비를 잘 넘어가면서 믿음이 성숙해지는 것을 안다면 이것이 참된 복이고 어디서든지 도우시는 하나님이라는 것을 알고 늘 감사해야 한다.

우리가 믿음으로 신비하신 하나님 은혜를 경험하면 매사에 하나님이 같이 해주시지 않으면 아무것도 되지 않는다는 것을 안다. 그러나 하나님 음성을 듣기만 하면 얼마나 신비한지, 그 은혜로 영혼과 몸이 출렁거린다. 그 음성을 들은 사람이라면 믿음이 없는 사람과 무엇이 다른지 생각하게 된다. 그리고 하나님을 바라보다가 하나님 생명이 마음 안으로 들어와서 영혼 몸의 힘이 되고 살아갈 능력이 된다면 믿음은 기쁘고 즐거운 길이 된다.

그러나 믿는다고 하면서도 마음에 참된 기쁨이 없으면 믿음이 매우 부족한 사람이라는 것을 깨닫는다. 믿음 안에서는 영혼과 몸이 늘 은혜로 출렁거려야 하는데 안에서 올라오는 이 힘든 것들 때문에 연약한 사람이 된다. 그리고 기쁨을 모르는 어떤 마음의 깊은 갈등 속에 사는 한 믿음으로 살아가지 못하지만 그것을 통해서 하나님을 붙들다가 하나님을 경험한다면 그제야 믿음만이 귀하다는 것을 안다. 또한 믿음으로 하나님께 마음을 드리지 않으면 아무것도 되지 못한다는 것을 알면 믿음은 마음이나 영의 문제라는 것을 알게 된다.

우리는 어느 날 먼지같이 사라질 무기력한 존재라는 것을 깨닫는다면 모든 것을 비워야 하는데 그것이 무엇인지 알지 못해서 하나님을 잘 믿지 못한다. 믿음은 비워야 한다는 것을 모를 때는 늘 가져야 되지만 육신의 이기적인 자아로 가는 삶은 믿음이 아니라는 것을 알기까지는 매우 오래 걸린다. 그리고 하나님 없이 마음대로 자신을 주장하고 살아가는 것은 믿음이 아니라는 것을 깨닫지 못한다. 사람들은 좋은 일을 하지만 믿음으로 하지 않은 것은 믿음으로 사는 것이 아니라는 것을 깨닫지 못해 바르게 믿지 못한다.

　사람들은 좋은 일을 하고 착하게 살아야 한다고 생각하지만 믿음 안에서는 그 어떤 일을 해도 하나님 말씀을 따라가야 믿음으로 사는 것이다. 또한 하나님을 보지 않고 믿는 것이 믿음이라고 하지만 참된 믿음은 순간마다 하나님을 체험하면서 하나님을 따라가는 것이다.

　우리의 믿음이 올라가면 사단은 믿음으로 나가지 못하게 방해한다. 하지만 그 어둠에 짓눌려서 살던 멍든 세월이 있었기에 지금 하나님 은혜로 사는 것이 매우 감사하게 된다. 믿음 안에서는 사람의 본능적인 육신으로는 하나님을 조금도 알 수도, 믿을 수도 없다. 다만 믿음 안으로 들어가면 하나님을 알기에 믿음이 무엇을 말하는지 알게 된다.

　그동안 잘 믿으려고 기도로 말씀으로 독서로 영적 지식으로 아무리 들어가려고 애쓰고 힘써도 영이신 하나님과 통하지 못하면 아무것도 되는 일이 없는 것을 알지 못해서 시간만 지나간다. 그리고 믿음으로 살아가지 못하게 방해하는 것이 무엇인지를 경험해야 믿음으로 사는 것이 무엇인지도 알게 된다.

　지금은 신앙에 대한 지식과 정보가 한없이 흘러넘치지만 하나님을 믿으면 된다는 간단한 말 속에 수많은 믿음의 지혜와 지식과 경륜과 체험이 안으로 들어와야 한다. 하나님을 바라보니 하나님이 믿어지고 이 믿어지는 체험을 통해서 하나님을 아는 은혜가 들어와야 되는 것이지 믿음은 그냥 되지 않는다.

📖

신자가 세상을 너무 의지하면 안 되지만 세상이 중요한 것은 사는 동안이 바로 믿음으로 들어가는 중요한 기회가 되기 때문이다. 사람들은 믿음으로 나가다가 마음이 불안해지고 힘든 때가 오는데 이런 것을 믿음으로 이기지 못하면 아무것도 되지 못한다. 그 믿음이 세워지는 훈련 기회가 바로 지금뿐인데 그 기회를 놓치면 영생으로 들어가는 길은 영원히 사라진다. 그동안 믿음으로 살아가려고 아무리 애쓰고 열심히 노력해도 아무것도 되지 못하는 것만 깨달으면 무익한 육신이라는 것만 알게 된다.

📖

생각해 보면 3년을 주님과 같이 한 제자들도 주님을 알아보지 못하고 수많은 기적과 표적을 행하시는 주님을 보아도, 십자가 사건 이후 부활하신 주님을 만나도 주님이 어떤 분인지 알아보지 못한다. 그러나 그 가려진 실체는 오순절 마가다락방에서 성령 체험을 하고 나서야 믿음이 열린다. 이런 것을 보면서 우리도 마음 안으로 성령님이 오셔야 주님이 누구신지 알게 되는 것이지 믿음은 그냥 되지 않음을 깨닫는다.

하나님 은혜를 아는 사람도 믿음은 하나님이 해주셔야지 사람의 힘으로는 되지 않지만 육신으로 믿으려고 애쓰는 사람에게 성령님이 오시면 그것을 통해서 하나님을 경험해야 믿음이 무엇인지 알게 된다. 살아가면서 하나님을 믿지 못하게 방해하는 그 가운데 마음을 드리다가 하나님을 경험하면 그제야 믿음이 무엇인지 알게 된다. 그리고 믿음이 자라가는 그 여정 속에서 사단도 죄도 세밀하게 조명하는 기회가 오면 믿음으로 가는 길은 매우 어려운 일이라는 것을 알게 된다.

📖

신자가 성경을 알지 못하면 하나님도 누구신지 알지 못하고 믿음으로 사는 것도 무엇인지 알지 못한다. 믿음의 절정은 하나님 말씀을 영으로 경험하면서 하나님 말씀을 듣고 하나님을 느낄 때마다 그 말씀 때문에 영혼이 소생한다면 믿음이 많이 달라진다. 영은 영끼리 만나서 반응하는 것처럼 전도체가 그 열을 받아서 전류가 흘러나가면서 빛을 비추듯이 우리 영혼도 하나님 말씀에 부딪쳐서 하나님 말씀이 마음 안으로 흘러들어와 온몸과 영혼이 충만해지면 하나님이 어떤 분인지를 알게 된다. 믿음이란 하나님 말씀을 듣고 말씀대로 살아가는 것으로 만약에 기록된 말씀을 생명을 주는 하나님 음성으로 들을 수 있다면 그의 믿음은 매우 소망스러워진다.

하나님은 말씀 자체시다. 하나님은 말씀으로 천지를 창조하시고 말씀으로 사람 영혼을 일깨워 구원으로 이끌어 가신다. 하나님은 기록된 성경 말씀만이 아니라 생명을 주시는 말씀으로 조금 후에 있을 일도 장래의 일도 세밀하게 알게 해주신다. 그날의 일들을 조금씩 조금씩 자세하게 알려주시면서 하루의 일정을 이끌어 가신다. 하나님 말씀은 항상 현재 진행형이고 미래적이지 과거형이 아니다. 만일 과거형으로 하나님 음성을 듣는다면 주의해야 하는 이유는 그것은 바른 길이 아니기 때문이다.

사람 안에는 많은 소리가 있다. 하나님의 소리, 육신의 소리, 세상의 소리와 마귀 소리 등이 복잡하게 섞여 있지만 믿음으로 분별해서 들을 줄 아는 믿음의 능력이 되어야 한다.

사람 안의 많은 속삭임 중 만일 그가 하나님 말씀을 진리와 생명으로 듣는 믿음이 된다면 영혼도 영의 지각도 열려서 하나님과 영으로 소통하게 된다. 믿음이 깊어진다는 것은 하나님과 친해진다는 의미로 그냥 믿는다가 아니라 내면에서 믿음이 만들어져야 한다.

제 22 일

믿음의 삶은 사랑하며 사는 삶

"오직 사랑 안에서 참된 것을 하여 범사에 그에게까지 자랄지라
그는 머리니 곧 그리스도라" - 엡 4:15

믿음은 마음의 결단이라고 하지만 하나님 은혜로, 하나님이 저절로 믿어지고 알아지고 느껴져야지 아무리 "믿습니다"라고 말한다고 해서 되는 것이 아니다. 하나님을 향하여 마음을 드리다가 하나님과의 관계가 깊어지면 마음이 깨끗해져 스쳐가는 어떤 움직임도 세세히 알아져 매사에 영으로 반응하면서 살아가게 되면 다 된다.

그리고 신자는 반드시 말씀으로 오시는 하나님 음성을 들어야 하지만 이것은 단번에 되는 것이 아니라 많이 훈련이 되어야 한다. 전선이 서로 닿으면 전류가 통하듯이 하나님 은혜가 하나님 영과 사람의 영이 서로 닿으면서 천상의 은혜가 흘러들어오고 흘러나가는 그때가 되어야 바른 말씀을 듣고 살아가게 된다. 사람이 하나님의 음성을 사모하는 이유는 하나님 음성만이 죽은 사람을 살리는 생생하신 생명의 말씀이기 때문이다. 그러나 마음이 깨끗하지 못한 사람은 빈 소리만 커져서 하나님 음성을 알아듣지 못한

다. 사람의 믿음이 전적으로 바뀌지 못하는 한 가지 이유는 마음이 깨끗하지 못하고 하나님 음성을 듣는 힘이 부족하기 때문이다.

📖

우리 인생은 매우 두렵고 떨리기에 인생의 험한 바다를 혼자서 건너가지 못한다. 우리는 인생의 험한 파고를 혼자 힘으로 헤쳐 나가려고 무던히 애쓰지만 살면 살수록 안 되는 것을 경험하면 오직 하나님 말씀만이 큰 빛이 되어준다. 우리의 안전한 요람은 그 어디에도 없다. 사람이 모이는 장소도 서로에게 가지치기를 당하면서 부딪치다보면 마음을 지탱할 수 있는 곳이 아무데도 없지만 만일 그가 믿음만 된다면 사는 의미가 많이 달라진다.

📖

신자는 하나님 말씀에 부딪치면서 그 은혜로 치유함을 입은 경험이 되어야 바른 믿음으로 살아가게 된다. 믿음 안에서 하나님 말씀과 성령의 검으로 부수고 쪼개고 도려내고 불에 던져서 태워지는 영혼 몸의 곤고한 훈련을 경험해야 바른 믿음으로 세워진다. 그러나 우리의 인생에서 마음이 멍들고 상처 입은 것을 치료해주시고 싸매어 주시는 분은 오직 하나님 한 분이신 것을 경험한다면 우리는 하나님 한 분만 붙드는 이것이 복이라는 것을 안다.

하나님을 바라보면 바라볼수록 하나님이 주시는 은혜가 깊어지고 우리 영혼이 하나님의 찬란한 영광을 알면 알수록 절체절명의 충만한 순간에 하나님 앞에서 죽어지고 낮아지는 경험 없이는 참된 믿음으로 살아가지 못한다. 사람이 하나님 은혜 앞에서는 조금도 요동할 수 없는 무기력한 존재라는 것을 안다면 오직 하나님만 믿어야 한다. 그리고 믿음으로 나가다가 만일 우리 영혼이 하나님을 경험한다면 더 이상 육신의 본능적인 속성으로 살아가면 안 된다. 그리고 믿음의 깊이를 알면 알수록 자신이 얼마나 죄 많은 사람인지, 부족한 사람인지 성령의 도움 없이는 아무것도 할 수 없고 하나님 앞에서는 그 무엇도 내세울 것이 없다는 것도 알게 된다.

이 좋은 믿음을 주신 하나님이 좋아서 섬기려고 하지만 먼저 할 일은 하나님을 만나는 것이다. 믿음이 어리면 먼저 하나님으로 채움 받아 일해야 하는데 몸이 먼저 나가 하나님을 잊는다면 믿음이 부족하다는 것을 알게 된다. 사실 믿음 안에서 영혼의 실상을 모르면 영이신 하나님을 알 수도, 만날 수도 없다. 먼저 영이신 하나님을 만나려면 마음 안에 성령님이 들어오셔야 된다. 영이신 하나님과 친밀해져서 깊은 영적인 관계 안으로 들어가려면 신자는 반드시 성령을 충만하게 받아야 한다.

나란 사람이 변하게 된 동기는 하나님 한 분이지 친구도 그 누구 때문도 아니다. 일생동안 영혼의 곤고함을 많이 겪으면서 혈육도 친구도 다 상처를 주는 대상이라는 것만 경험했다. 하지만 하나님은 그때마다 힘든 순간을 아시고 보시고 위로해 주셨다. 이런 경험을 통해 내게는 오직 하나님 한 분뿐이시라는 것을 알게 됐다.

사람들은 서로 외면만 하지 않아도 다행이다. 하지만 부족한 사람을 향해 사랑으로 오시는 하나님을 만나니 이 때문에 비로소 상한 마음이 풀리면서 하나님만이 나의 모두가 되었다. 사람은 세상에서는 모두 힘들게 살아가지만 그곳에서 우리를 도와주는 진정한 이웃은 아무데도 없다는 것을 경험해야 하나님만을 붙들게 된다.

사람은 겉으로 보이는 것을 가지고 사람의 가치 유무를 판단한다. 하지만 하나님은 우리의 모든 것을 아시고 불쌍히 여기시고 찾아오셔서 사랑해 주신다. 신자들은 보이지 않는 은밀한 시련 속에서 살아갈 때가 많지만 그 형편을 알고 사랑으로 품어준다면 너무나 고마워서 수중의 보화를 다 내놓을 것 같다. 그러나 이와 반대로 서로 수중에 있는 것을 뺏으려고 하는 이기적인 본성으로 살아간다면 세상은 참으로 냉정하고 정이 없게 된다. 이와 같은 현실에서도 그 어려움을 아시고 보시는 하나님 사랑을 경험한다면 믿음은 많이 달라진다.

하나님 사랑을 많이 경험한 사람은 믿음으로 사는 것이란 곧 사랑하며 사는 삶이라는 것을 알게 된다. 하나님께 긍휼히 여김을 받은 사람은 다른 사람을 긍휼히 여기게 된다. 늘 긍휼히 여겨주시는 하나님 은혜를 경험하면서 상하고 다친 영혼을 긍휼이 여기는 것이 믿음으로 사는 것이 된다.

믿음으로 살아가는 것이란 나 아닌 또 다른 나 자신을 살리려고 애쓰는 것이다. 그리고 나 아닌 또 다른 사람을 살리는 것이다. 그러나 사람 마음은 매우 무감각해서 믿음으로 새롭게 변화를 받지 못하면 누구도 사랑하거나 돕지 못한다. 긍휼히 여기는 삶을 살아가려면 복음으로 무장 되어야만 한다. 사람을 긍휼히 여기려면 허다한 손해와 아픔이 따르니 모두가 피하려고 하지만 나 같이 부족한 사람을 조건 없이 사랑해 주시는 하나님을 생각하면 다른 사람을 긍휼히 여기지 않을 수 없다.

섬기는 것이란 머리나 손으로 두드리고 계산하면서 가는 것이 아니라 그 힘든 사정을 살펴주고 알아주는 것이다. 상대의 아픈 사정을 살피고 상대의 빈핍함과 마음의 가난함을 먼저 볼 줄 아는 사람이 되어야 들어주고 도와줄 수 있다. 그러나 사람들은 잘한다고 인정해주고 칭찬받으면 좋아하지만 믿음으로 살아가려면 이런 것에 관심을 가지면 안 된다. 그 이유는 믿음으로 사는 것은 버리고 비우는 것이라는 것을 알기 때문이다. 그러나 믿음 안에서 사람이 소용없는 쓰라린 경험과 어려울 때 진실한 사람이 하나도 없는 경험을 하면서 사랑으로 찾아오신 하나님을 만나면 진정 하나님만이 나의 모든 것이 된다는 것을 알게 된다.

믿음 안에서는 매사에 높아 보이는 사람과 잘난 사람을 쳐다보지 않는다. 그들은 세상 기준을 가지고 그 존재 유무를 판단하지만 그것이 본성으로 가득한 육신의 부패한 증거를 나타내는 것이라는 것을 알지 못한다. 어려움에 처한 사람을 외면하고 감싸주지 못하는 모습을 보니 그것이 이전의 내 모습을 보는 것 같아서 너무 버겁고 아프다. 그러나 그 가운데에서 지낸 인생은 참으로 헛된 인생이고 슬프지만 하나님만이 아시고 돌보아주시니 감사하게 된다.

믿음이 된다고 하면서도 할 수 있는 일이란 아무것도 없지만 소외당하고 마음이 슬픈 사람을 보면 그냥 지나치지 못한다. 사람을 사랑하는 것은 혈육에게는 다 하는 일이지만 남을 사랑한다는 것은 매우 어려운 일이기에 사람을 불쌍히 여기는 마음이 오면 하나님이 주시는 마음으로 알고 도와야 한다.

어느 날 사람을 만나면서 긍휼히 여기는 마음이 오지만 이런 마음 역시 마음대로 되는 것이 아니라 하나님이 주셔야 한다. 그러나 문둥병자는 그 수가 많아도 그 은혜로 나음을 입은 사람은 한 사람뿐이고 소경이 그 수가 많아도 눈이 뜨인 사람은 오직 하나인 것 같이 하나님이 입혀주시는 마음을 통하여 보냄을 받는 것이 무엇인지 알게 된다. 도와야 할 사람의 수가 아무리 많아도 보냄을 받고 가야 할 곳은 단지 한 곳으로 하나님이 주시는 길을 가려니 사방에서 시기의 대상이 되는 것은 당연한 일로 믿음으로 살아가는 것은 매우 어려운 길이라는 것을 깨닫는다.

또한 믿음으로 살아가려면 늘 베푸는 사람이 되어야 한다. 인덕이 없는 사람이라고 생각하면서 섭섭해하는 마음은 아직 믿음으로 사는 것이 아니다. 사람들이 살아가는 세상에서는 마음을 기댈 곳도 편안한 곳도 없지만 상하고 다친 영혼이 갈 곳은 오직 주님뿐이다. 주님 안에만 머무는 것이 가장 편하고 상한 영혼이 바라볼 곳은 하나님이 누구신지 알기 때문이지만 만일 잘 안 된다면 믿음이 더 자라기를 힘써야 한다.

사람은 믿음으로 사는 것을 체험하는 것이 매우 중요하다. 무감각하고 돌 같은 육신이 하나님 은혜를 체험하지 못하면 하나님을 찾아가지 못한다. 그러나 마음으로 찾고 구하고 두드리면서 사모하는 마음으로 하나님께 나가면 하나님이 다 아시고 붙들어 주신다.

믿음으로 산다는 것은 하나님을 생각만 해도 밀려오는 귀한 은혜와 사랑을 경험하며 감사한 마음에 속에 뭉친 것이 풀어진다. 늘 하나님과 함께만 되면 그 무엇도 아쉬운 것이 없으니 이것이 영혼의 참 만족이 된다. 그러나 오래 기다려도 믿음이 안 되는 사람을 보면서 참된 믿음 안으로 들어가려면 하나님이 오실 때까지 오래 참고 기다려야 함을 깨닫는다.

지금까지 세상 어디를 가도 사람들의 냉정함 때문에 마음이 아프고 슬펐다. 여기저기를 떠돌아다니는 인생은 외로운 사람만이 경험하는 쓰라린 아픔이지만 믿음 안에서는 이런 실패도 많이 경험해야 돌아다니는 것을 멈추게 된다. 그리고 이 세상에는 그 누구도 붙들 곳이 없다는 것을 알기에 하나님만 붙들지만 그 어떤 것보다 정이 없어서 느끼는 슬픔을 안다면 사람을 찾아가지 말아야 한다.

그러나 사람을 찾아가서 결정적인 순간에 섭섭한 마음이 들면 마음은 또다시 절망으로 내려간다. 이런 현실은 그 믿음이 아직도 육신 중심에 머물러 있기 때문에 벌어진다. 그 어떤 사실 앞에서도 육신이 앞서면 안 되는 것은 이는 육신의 것을 이기라고 주신 것인데 여전히 이기지 못하고 낙심하고 절망하는 것은 아직 믿음이 어리다는 증거다.

믿는다고 하면서도 매사에 근심하는 사람을 보며 늘 실망하지만 중요한 사실은 무엇이든지 믿음으로 해야 한다는 사실이다. 지금까지 육신으로 살아온 것도 전적인 하나님 은혜라는 것을 아니 그것이 감사가 된다. 오늘도 연약한 육신의 한계점은 무엇인지 생각한다. 기다림인가 멈춤인가 또다시 인생의 척박한 벌판에 혼자 앉아서 하늘을 쳐다보면서 천수답처럼 하늘에서 내리는 비만 기다리는 인생이 지나간다. 하지만 믿음은 늘 혼자여도 그곳이 하늘에서 이슬을 내리는 곳이라는 걸 안다면 한으로 뭉친 마음도 풀린다. 척박하고 메마른 마음의 땅에 느닷없는 광풍이 불어와서 멍든 영혼을 황량하게 휩쓸고 지나가지만 소리 없이 내리는 이슬비에 옷이 젖듯 하늘에서 내리는 하나님 은혜만 있으면 다 된다.

　믿음이란 세상의 차가운 바람을 온몸과 마음으로 부딪치면서 가야하는 고단한 길이지만 그 길에 하나님 사랑만 있으면 다 된다. 그러나 그 믿음으로 가는 길에서 사람들에게 멸시와 무시를 당해 본 경험이 있는지 묻고 싶다. 믿는 사람은 그런 경험 때문에 마음이 아프고 슬퍼하는 연약한 사람이지만 만일 그런 경험을 조금도 모른다면 주님을 만날 확률은 아주 작아진다.

우리는 살아가면서 세상에서 실패와 고난을 경험해야 십자가의 고통이 무엇인지 조금은 알게 된다. 살아가다가 무시당하고 외면당하는 왕따의 실상을 모른다면 믿음으로 이기는 생명도 무엇을 말하는지 깨닫지 못해 믿음으로 살아가지 못한다. 그러나 늘 실망하고 낙심하는 것 때문에 근심하는 사람을 아시고 하나님이 찾아 주시니 이것이 믿음이 주는 소망이 된다.

사람은 누구나 자신을 괴롭히면서 살아간다. 그런 것을 모르고 어디서나 큰 소리를 내면 누군가는 그가 이긴 줄 알지만 하나님이 보고 계시다는 것은 알지 못한다. 때로는 그들의 모습이 바로 내 모습인 것 같아서 마음을 상하게 하지만 이런 것이 바로 믿음 안에서 보는 진정한 죄의 모습이고 그 속에 내 죄도 투영되어 있다는 것을 알기에 오직 침묵 밖에 없다는 것을 안다.

영혼이 찬란하게 바뀌는 것이 복

"여호와께서 자기 백성의 상처를 싸매시며 그들의 맞은 자리를 고치시는 날에는 달빛은 햇빛 같겠고 햇빛은 일곱 배가 되어 일곱 날의 빛과 같으리라" - 사 30:26

믿음이란 현재의 문제로 현재 그가 하나님 안에 들어가 있는지 아닌지가 중요하다. 현재 자신이 하나님 은혜를 누리고 있는지 아닌지를 알지 못하면 아무리 오래 믿는다고 해도 소용이 없다. 믿음은 성령의 역사가 없으면 하나님을 믿고 싶어도 믿어지지 않아 하나님을 기쁘게 해드릴 수 없다. 그러나 신비하신 성령의 능력을 따라 살아가는 사람이 되려면 성령을 받아서 성령으로 성령을 통한 말씀을 듣고 살아가야 한다. 사람이 믿음이 어리면 윤리의식으로 살아갈 수밖에 없다. 오직 성령님만이 올바른 믿음으로 데려다 준다. 신자는 성령을 받아서 성령을 통하여 하나님 안에 사는 기쁨이 무엇인지를 경험해야 믿음이 무엇인지를 깨닫게 된다.

믿는 사람은 하나님 은혜를 받아서 하나님 은혜로 살아가야 한다. 그러나 하나님 은혜를 받는 비결은 하나님 앞으로 가까이 나아가야 하고 하나님을 가까이 하려면 먼저 회개하는 것이 은혜 안으로 들어가는 비결이다.

주님이 세상에 오셔서 처음으로 하신 말씀이 곧 "회개하라"는 말씀이다. 그래서 신자라면 반드시 순종함으로 회개해서 천국 같은 그 좋은 믿음 안으로 들어가야 한다. 사람들은 은혜를 받았다고 말은 잘 하지만 그 받은 은혜란 다른 것이 아니라 성령으로 충만을 받는 것이다. 그동안 성령을 알지 못하고 성령 충만을 받지 못해서 방황하던 사람에게 하나님 말씀의 빛이 비치니까 마음에 기쁨이 오는 이것이 바로 충만한 은혜가 된다. 그리고 계속 부어주시는 그 은혜로 우리 영혼에 찬란한 생명 빛이 비쳐서 우리 영혼 몸이 찬란하게 바뀐다면 이것이 바로 하나님을 아는 지식이고 하나님이 주시는 복이 된다.

📖

우리는 하나님을 속히 만나고 싶어 하지만 믿음 안에서는 오래 기다려야 한다. 그리고 아무리 믿는다고 외쳐도 하나님이 믿어지는 믿음은 하나님이 주셔야 한다. 나는 무엇이든지 할 수 있다고 자신하면서 잘 믿어보려고 애쓰지만 참된 믿음이 되려면 반대로 사람의 힘을 다 포기해야 한다. 육신의 본능적인 힘으로 애쓰던 것들을 다 버리다보니 남은 것은 하나님 한 분뿐이지만 모든 일을 하나님께 맡기는 사람이 된다면 좋은 것으로 예비해주시는 하나님을 경험하게 된다.

기도를 열심히 하다가 하나님을 만나면 힘이 되고 마음이 답답하고 울적할 때 하는 기도는 마음을 회복시켜준다. 기도하면서 하나님을 사모하는 것은 나의 문제지만 사람을 불쌍히 여기시고 만나주시는 것은 전적으로 하나님 은혜로만 된다.

믿음이 어릴 때는 하나님 은혜가 안으로 들어오지 못하는 것 때문에 애를 많이 태우지만 믿음이 자라니까 무엇을 해도 은혜 되어서 마음이 기쁘고 여유로워진다. 모든 것도 하나님께 맡기면 되고 하나님 밖에 의지할 데가 없는 것을 아니 하나님의 다스림이 있고 통치가 있는 그 나라가 좋아서 늘 기도하게 된다.

문제 때문에 기도하던 사람이 그 시간에 하나님도 사단도 죄도 경험하면서 믿음이 자란다. 그리고 참된 기도란 하나님 안으로 들어가서 하나님께 맡기고 하나님 품안에서 편히 쉬는 것이라는 것을 배우기까지 매우 오래 걸린다. 우리가 영혼의 초점을 하나님께 맞추지 못하면 하나님 안으로 들어가지 못하고 하나님을 바라보는 것 없이 은혜가 안으로 들어올 수 없다. 참된 기도란 믿음으로 하나님을 바라보는 것으로 하나님 은혜로 영혼과 몸이 풍성하게 물드는 믿음이 된다면 다른 것은 전혀 아니라는 것을 알게 된다.

믿음으로 살아가려면 기도도 섬김도 성령님께 맡겨야 하고 성령님이 깨닫게 해주시는 대로 따라가야 한다. 그리고 우리가 기도하는 것은 먼저 하나님을 듣는 것으로 기도 시간에 하나님은 나에게 무엇을 원하시는지 무슨 말씀을 하시는지 먼저 들어야 한다. 그리고 영을 사용하면서 영으로 기도하고 영이신 하나님을 날마다 영으로 바라보아야 한다. 우리의 필요는 하나님 한 분뿐이지 다른 것은 아무것도 아니라는 것을 아는 사람이 육신과 세상일 때문에 기도하다가 하나님께 가까이 나가지 못하면 믿음은 어려워진다.

우리 삶의 모든 인식이 세상 중심으로 나가다가 하나님 마음에 들지 못하면 그것은 믿음이 어리기 때문이다. 믿음은 하나님 말씀을 마음으로 인정하는 지식(지)과 내면으로부터 오는 감정적인 신뢰(정)와 믿음으로 살아드리려는 행동적인 결단(의)을 필요로 한다. 회개도 단순한 뉘우침이 아니라 반드시 성령님의 간섭과 그 도움으로 해야 한다. 그리고 믿음은 지적인 변화로부터 시작되어서 감정적인 변화가 일어나고 결단 있는 마음의 의지와 각오가 바르게 되어야 한다.

기도와 회개는 수동적이면서 능동적인 행위다. 그리고 올바른 기도는 사람의 힘이 아니라 성령의 강력한 부르심을 받은 사람은 이미 마음 안에서 회개를 일으킨다. 그리고 그 회개를 통하여 마음이 청결해진 사람은 양심도 맑아지면 무엇을 보든지 영을 사용하면서 영으로 깨닫게 된다. 이런 사람은 영이 깨끗해져서 하나님과 깊은 사귐 안으로 들어간다. 그리고 영으로 듣고 깨달아서 그냥 영으로 살아진다는 것은 신비하신 하나님 은혜로만 된다. 영이요 생명이신 하나님 말씀이 그대로 깨달아져 순종하다보면 예수 그리스도의 인격을 덧입고 그 인격을 표현해내는 삶으로 나아갈 때 성령의 열매가 맺히게 된다.

하나님을 지식으로만 알던 사람이 말씀의 하나님을 경험하면서 하나님 은혜가 그대로 스며들면 말씀대로 행하시는 하나님을 만나게 된다. 그러나 우리는 이 비밀한 믿음으로 사는 일을 알지 못해 늘 제자리에 머물지만 믿음으로 산다는 것은 수많은 오류 속에서 되는 것이지 저절로 되지 않는다. 그리고 믿음으로 살아가다가 스스로 하나님 은혜를 가리고 있는 사실을 안다면 속히 하나님을 부르면서 하나님 안으로 들어가야 한다.

대부분의 사람들은 믿음으로 사는 것이 무엇인지를 알지 못한다. 그저 믿음으로 사는 것이란 큰돈을 써야 하고 많이 허비해야 하는 줄 알지만 그보다 먼저 매 순간마다 하나님께 마음을 드려야 한다. 그리고 순간마다 우리 안에서 어떤 생각이 들어오는지 그 생각을 어떻게 처리해야 하는지 살펴야 한다.

그리고 그 잘못된 생각이 올라올 때마다 주님을 부르면서 하루 종일 나는 그 무엇을 따라가고 있는지 내 생각은 어떠한지 내 감정은 어떤지 분별하면서 불의한 것들이 들어올 때마다 주님을 부르면서 주님 안으로 들어가는 것이 믿음으로 사는 것이다.

우리는 이런 믿음 안으로 들어가는 훈련 없이는 정결한 마음으로 살아가지 못하고 깨끗한 마음이 되지 못한다. 그래서 우리는 살아도 주를 위하여 살고 죽어도 주를 위하여 죽는, 사나죽으나 주를 위하여 살아가야 하는 의미가 무엇을 말하는지와 같은 경험을 통해서 믿음으로 사는 의미를 경험해야 한다.

신자는 우리 삶속의 모든 일이 하나님으로 된다는 것을 안다면 사람의 감정과 자아 중심으로 사는 것은 믿음이 아니라고 선포하면서 마음을 주님께로 돌이켜야 한다. 그러면 생각도 마음도 단순해져서 편안해진다. 여러 사건에 부딪치면서도 그 원인을 알지 못하는 것은 영적 미숙함 때문이지만 바른 믿음이 되려면 본능적인 자아로 가는 것은 아니라고 부인해야 한다. 믿음은 다른 것이 아니라 스스로의 힘으로 가는 자아의 혼이 죽어야 주님으로 산다는 의미를 알아야 한다. 육신의 생각도 감정도 믿음 안에서는 다 아니다가 되어야 한다.

📖

사람이 살아가는 시간은 매우 허무하지만 그 시간을 그대로 낭비하지 말고 온 마음으로 하나님만 바라보고 순간마다 들어오는 복잡한 생각을 단속하는 것이 믿음으로 사는 것이 된다. 사람이 믿음으로 살면 되는데 그것이 잘 되지 않는다면 믿음이 자라는데 오래 걸린다. 겉으로 보이지 않는 것이 은혜가 되고, 밖으로 돌아다니지 않는 것이 바로 은혜가 된다. 이런 비밀한 믿음의 일을 모르고 흔한 즐거움으로 여가를 보내는 것을 보면서 믿음으로 살아가려면 많이 달라져야 한다는 것을 안다.

그러나 신자는 믿음이 안 되면 마음이 답답해진다. 처음에는 왜 답답한지 알 수 없지만 나중에는 믿음이 자라지 못하게 하는 어둠의 속성 때문이라는 것을 깨닫는다. 그리고 믿음 안에서 한없는 답답함 속으로 들어갈 때면 어둠의 일이 무엇인지 깨닫게 된다. 사람의 마음이 한없이 답답함을 느낄 때 믿음을 붙드는 사람을 보면서 그동안 잘 믿은 것 같지만 돌아보니 아니라는 것을 깨닫는다. 우리가 믿음으로 산다는 것은 언제나 하나님을 부르면서 하나님만을 생각하는 것이다. 이때 하나님이 우리 안으로 들어오시면 믿음은 즐거운 일이 된다.

또한 사람들은 하나님 말씀을 안다고 하지만 사실은 조금도 그 말씀을 알아듣지 못한다. 하나님 말씀을 아무리 설명해도 안다고 고개는 끄덕이지만 지나가는 소리로만 들으면서 그 말씀이 마음에 와 닿기까지 매우 오랜 시간이 걸린다. 이 말씀이 생명의 말씀으로 들리기까지 죽기 살기로 나가야 하는데 그 일에 대해서 알지 못한다. 또한 하나님 말씀을 붙들지 못하는 원인이 무엇인지 잘 모르지만 하나님 말씀을 붙드는 것이 중요한 신앙이라고 말하고 싶다. 그리고 말씀 안으로 들어가려고 애쓰다가 아무것도 모르는 연약한 사람이 하나님을 아는 것도 신비한 은혜가 된다.

사람은 자기 안에서 자기를 볼 줄 알아야 되는데 자기를 보지 못하고 자기가 무엇을 하고 있는지 깨닫지 못해서 참된 믿음으로 살아가지 못한다. 육신의 자아 중심으로 사는 사람은 이미 믿음으로 사는 것이 아니라는 것을 알지 못해서 자주 실패로 내려가지만 본능적인 육신으로 사는 한 본능적인 육신에서 벗어나지 못하고 본능 중심의 육신으로 늘 일하고 기도해도 이런 것은 하나님과 상관이 없다는 것을 알지 못한다. 그러나 믿음이 자라서 본능 중심으로 가는 것은 믿음이 아니라는 것을 아는 그때가 되어야 믿음이란 할 수 있다는 다짐이 아니라 하나님으로 해야 한다는 것을 알게 된다.

어디서나 낮출 줄 아는 사람은 자기가 있을 자리가 어딘지를 잘 안다. 낮은 곳으로 내려가는 겸손한 마음의 자리가 무엇인지 아는 사람은 매사에 높은 자리에 연연하지 않는다. 그리고 어려움을 통하여 마음의 가장 비참한 밑바닥까지 내려가 본 사람은 낮은 자리의 의미가 무엇인지 알게 된다.

하나님 앞에서 자신이 얼마나 부족한 사람인지 우리는 잘 알지 못한다. 높아진 자리에 있어보지 못하고 높은 것을 자랑해보지 못한 사람에게 믿음이 열리는 경험을 한다면 하나님은 낮은 자의 하나님이시라는 것을 알게 된다.

📖

마음과 몸이 비천에 처해보고 가난한 마음과 낮은 길이 무엇인지를 아는 사람만이 비움의 의미를 새기면서 믿음을 따라가게 된다. 그리고 어디서나 자기만 아는, 마음이 높아진 사람은 자기만 보여서 자기만 나타내는데 익숙하지만 하나님이 누구신지 아는 사람은 겸손하게 마음을 낮출 줄 안다. 비천에 처하고 낮아진 마음에서 하나님이 알아진다는 것은 매우 기이한 은혜다. 때문에 이것을 아는 사람은 겉으로 보이는 것이나 멋있어 보이는 것에 연연하지 않는다. 마음이 낮아진 사람은 육신의 부패함을 철저하게 부인하면서 마음의 높아짐이 쇠해져야 믿음이 된다는 것을 안다.

자신으로 가득한 부패한 육신 안에는 하나님 말씀이 들어갈 틈이 조금도 없지만 믿음은 성령에 의해 심령이 무너지고 본성적인 자아가 무너져야 틈이 생긴다. 그리고 그 틈 사이로 하나님 말씀의 빛이 비친다면 그의 영혼이 소생함을 얻는다. 그리고 어떤 사건을 통해 실패를 경험하면서 자아가 무너지고 그 부패한 자아의 어려움을 통해 정신을 차린 사람만이 믿음을 일구게 된다. 육신에 속한 사람이 그 높아진 자존심이나 자아 중심의 그 의가 부서져야 믿음으로 사는 것이 무엇인지 알게 된다. 그리고 돌같이 무딘 육신이 믿음으로 그 영혼의 깊은 잠에서 깨어나면 자신의 자리가 무엇인지를 알고 그 길을 찾아가면 다 된다.

📖

믿음으로 산다는 것은 내 마음이 지금 어디에 있는지 무엇을 생각하고 있는지를 살펴보는 것으로 세상은 육신의 생각으로 사는 것이지만 믿음은 주님을 구하고 주님 안으로 들어가서 주님으로 사는 것이다. 그리고 세상을 잊어버리는 것도 하나님을 아니까 잊게 되고 그 무엇을 잃어버리고 손해를 보아도 하나님을 아니까 다 잊게 된다. 또한 어려운 문제 속에서 하나님만이 나의 백그라운드가 되신다는 것을 아니까 다 잊게 된다. 어려움이 있을 때 하나님께 맡기면 된다는 말을 듣지만 세상을 뒤로하는 그 믿음도 하나님이 주셔야 하는데 이것이 잘 안 된다면 더 노력해야 한다.

믿음이란 상대를 존중하는 것

"나와 같이 모든 일에 모든 사람을 기쁘게 하여 자신의 유익을 구하지 아니하고 많은 사람의
유익을 구하여 그들로 구원을 받게 하라" - 고전 10:33

　사람은 하나님을 아는 지식이 열려야 하나님 말씀이 깨달아지
고 말씀과 믿음이 주는 지혜 속에서 살아가야 바른 믿음으로 나가
게 된다. 우리 안에서 하나님을 아는 지식이 열리면 가장 먼저 보
이는 것은 사람의 모습으로 그 말씀의 빛이 비치면 자신이 어떠
하다는 것을 알게 된다. 살면서 인정받지 못해서 슬프게 살아가는
것이 우리 인생이지만 사랑의 하나님을 만나서 마음의 응어리가
풀어지면 그 낮은 차원의 속절없는 것들도 다 소용이 없는 것을
안다.

　신자란 믿음의 고비를 넘어가는 사람은 다가오는 시련을 믿음
으로 물리치면서 담대히 나간다면 아름다운 하늘 열매로 보응 해
주시는 하나님을 만날 때가 있다. 세상에서 살아가는 육신의 사람

을 사단은 하나님 은혜 안으로 들어가지 못하게 늘 유혹하지만 믿음이 된다면 그 척박한 마음도 하나님이 주신 것을 알기에 그곳에서 이 감사함으로 사는 것은 믿음이 되어야 한다.

믿음 안에서는 불의한 마음을 다스리면 심령도 견고해진다. 신자는 영혼의 깊은 잠에서 깨어나 하나님 안으로 들어가기까지 하나님과 함께 사는 훈련을 끊임없이 하면서 성령을 통하여 성령으로 살아가야 한다. 그러나 그 가는 길에 우리에게는 여전히 고난이 있고 그 고난 때문에 수고하고 고생하지만 모든 질고들을 이겨내는 힘이란 바로 믿음으로 사는 것뿐이다.

우리가 믿음이 어리면 여전히 마음은 방황하고 세상을 바라보면서 서성거리지만 시간이 지나면 떨어지는 낙엽처럼 우리 육신이 사라질 날도 멀지 않다. 그러니 믿음이 되지 못해 방황하지 말고 속히 하나님 앞으로 돌아가서 생명의 하나님을 만나야 한다.

사람들은 세상을 좋아하지만 그것이 믿음에 도움이 되지 않는다는 것을 알아야 믿음을 붙든다. 그리고 체험이 없는 신앙은 하나님을 열심히 구하지 않았기 때문이기도 하다. 주님을 안다, 믿는다가 아니라 주님 안으로 들어가서 주님 사랑을 체험해야 주님이 누구신지 알게 된다. 세상 지식으로 나간다면 주님이 누구신지 알지 못해서 잘 믿지 못한다.

사람은 어려움 없이 하나님 나라에 들어가지 못한다. 환란이나 고난 속에 하늘 문이 열린다고 성경은 말하지만 삶에서 오는 오해와 천대가 영혼을 살려주는 효험이라는 것을 안다면 그런 것을 이겨내는 힘이란 믿음뿐이다.

우리는 살아가면서 사방에서 사람들과 부딪치지만 그것을 통하여 믿음을 일구는 기회라는 것을 알아야 한다. 그리고 우리 옆에는 항상 삶의 훈련 파트너가 존재한다. 그 사람이 남편이나 자식이나 부모도 될 수 있고 친구도 될 수 있다. 그러나 감사한 것은 그들을 믿음으로 잘 이겨내면 마음속에 기쁨이 솟구친다는 것이다. 믿음 안에서 오는 기쁨이란 장애를 믿음으로 넘어갈 때 하나님의 기쁨이 들어와 심령이 풍성해진다면 어려움이 다 해결된다.

신자들은 믿음 안에서 마음이 평안해야 하는데 하나님이 주시는 평안이란 하나님과의 영이 통해서 오는 것이기 때문에 믿음으로 살아가지 못하는 사람에게 평안이란 의미 없는 말이 된다. 사람들은 육신의 힘으로 평안을 채우려고 노력하지만 참된 평안은 하나님 은혜로 채워져야 된다.

신자에게 주어지는 평안이 주는 맛은 매우 탁월해서 하늘 평안이 무궁무진하게 우리 안으로 흘러 들어온다면 우리 영혼 몸은 하나님 은혜로 풍성해진다. 사람은 하나님을 믿지 못하면 되는 것이 하나도 없다. 하지만 늘 하나님과 동행하다가 영이 통하여 하나님과의 일치 안으로 들어간다면 하늘 평안이 마음 안으로 들어오는 이 평안은 온전히 하나님 안에 되어야지 사람 힘으로는 되지 않는다.

믿음으로 오는 형통함이란 평안한 마음에서 오는 영혼의 만족을 말한다. 그것은 외적인 환경이나 물질이나 문제와 상관없이 오는 믿음 안에서 오는 영혼의 평안이다. 진정한 성공은 하나님으로부터 오는 하나님 임재 안에서의 형통을 말한다. 이런 비밀한 은혜를 주시려고 시련과 연단을 넘어가게 해주신 후에 형통함과 평안함으로 살게 해주는 것이 바로 믿음의 일이다. 그리고 믿음 안에서 오는 평안을 맛보면 그 어떤 문제도 질병도 녹여 버리고 마음의 근심과 걱정도 사라진다. 그러면 이런 하늘의 신기한 맛으로 사는 날이 있는 것에 감사하게 된다. 또한 이 땅에서 천국을 미리 당겨서 맛본다는 것은 매우 특별하신 하나님 은혜로만 된다.

본능으로 살아가는 육신은 하나님을 인식하거나 알아보지 못한다. 본능 중심이란 무딘 육신의 상태로 매사에 사람의 감정대로 나가기 때문에 그것은 믿음이 아니어서 문제가 된다. 대부분 믿음 없는 사람은 육신으로 믿고 본능으로 살아가지만 그동안 얼마나 믿음이 아닌 것으로 신앙생활을 하고 있는지를 스스로 깨닫지 못한다.

사람이 처음에는 본능적인 육신의 생각 속에서 살아가면서 육신대로 일하고 섬기지만 믿음 안에서 이것이 아니라는 인식이 와야 매우 달라진 믿음으로 나가게 된다. 육신의 사람은 모든 일도 본능의 힘으로 나가면서 잘 믿는다고 생각하지만 믿음은 하나님 은혜로 반복적으로 충전되고 업그레이드되어야 한다.

본능으로 사는 것이란 나만 생각하는 자아 중심의 의견이지만 이렇게 본능적인 것으로 가득한 사람도 신비하신 하나님 은혜를 경험하면 많이 달라진다. 사람이 본능적인 감정으로 가는 것은 매우 쉬워서 본능이 시키는 대로 행동하고 마음대로 말하니까 아주 편한 것 같다. 하지만 믿음이 없으면 실패가 따른다는 것을 잊으면 안 된다.

대부분의 신자는 믿음으로 살아가야 하는데 매사에 마음에 걸리는 것은 그 마음이 좁아져 있기 때문이다. 믿음으로 가려면 극히 작은 것 하나도 넘어가지 못하는 소견으로 사는 것을 보면 이런 것을 처리하지 못하면 믿음도 아니라는 것을 깨닫는다. 그리고 하나님은 사람에게 언제나 은혜를 주시고 싶어 하시는데 문제는 그 은혜를 받을만한 그릇이 되지 못하기에 매사에 어려워진다.

우리가 잘 믿다가도 힘든 일이 오는 이유도 그것을 통하여 믿음을 세워주시려는 하나님 마음이라는 것을 안다면 앞에 오는 사람을 조심해야 한다. 하나님은 성정이 정반대인 사람을 붙여서 믿음을 훈련시키시기 때문이다. 그리고 바르게 세워주시려고 매사에 힘든 사람을 붙이시는 하나님을 경험하면서 믿음 안에서는 사람 관계가 쉽지 않다는 것을 알게 된다.

📖

사람을 보면 피하게 되고 그 사람만 생각하면 싫어지나 언제까지 숨어야 하는지…. 그를 피하면 더 센 사람이 와서 더 힘들게 한다면 점점 사이가 꼬여서 사람 관계가 멀어지다보니 사람을 사랑하는 것이란 멀고도 먼 길이라는 것을 경험한다.

하나님은 사랑할 수 없는 사람을 사랑하라고 하시면서 마음에 맞지 않은 이를 보여주시면서 육신의 굳어있는 속성을 부수면 그 사랑이 안 되는 이유는 바로 나 때문이라는 것을 알게 한다. 사랑할 수 없는 사람을 사랑하려고 애쓰는 것이 바로 믿음으로 가는 것으로 마음을 낮추기만 하면 다 되게 해주신다. 그리고 우리의 그릇됨을 알게 해주신 것만 해도 감사하면서 사랑이라는 말만 들어도 받아드릴 힘은 믿음뿐이니 신자라면 독단적으로 하지 말고 하나님 말씀을 들어야 한다.

📖

믿음의 한 고비를 넘어가면서 자신을 돌아보아야 하는 이유는 그 모든 원인이 나 때문이라는 것을 알기 때문이다. 사람을 사귀려면 상대보다 자신이 더 중요해서 상대가 먼저 낮추어 주기를 원하면 그 누구도 받아들이지 못한다. 그러나 성령의 인도를 따라가면 사랑이 된다는 것은 믿음으로만 된다. 사랑할 수 없는 사람을 사랑하려고 마음먹으면 사랑하는 마음이 들어오면서 사랑이 되는 것을 알기에 흑암이 생명에게 삼킨바 된다는 의미가 무엇을 말하는지 알게 된다.

그리고 하나님께 마음을 드리면 하나님은 알아주시고 되게 해주신다. 이제 새 동네로 이사를 와서 새 동네에서 새 마음으로 살아가야 하는데 자꾸 옛 동네를 생각하고 옛날을 그리워하면서 새 동네에 젖어들지 못하면 사는 길이 어려워진다. 사람이 이사를 왔으면 새 동네 새 기준에 맞추어서 살아가야 하는데 익숙한 옛 동네만 생각하면서 마음을 정리하지 못하는 모습은 본능적인 믿음이 없는 육신의 모습이다. 이미 하나님이 계신 곳으로 들어와서 하나님 자녀가 되었는데 세상과 육신의 기준에 매여 예전의 사람 본능으로 살아간다면 믿음으로 나가지 못한다.

그러나 사람을 사랑하는 것도 하나님을 생각하면서 사랑하려고 해야 하는데 그 일이 안 된다면 하기 싫어도 사랑하려고 몸부림치는 기회를 가져야 한다. 그 이유는 사람 관계가 막히면 믿음도 막히기 때문이다. 나를 싫어하는 사람을 사랑하는 것이 하나님 방법이니 어디서나 내 방법 내 계획이 아니라 하나님의 방법으로 나가야 한다. 영성은 사람관계를 중요시 한다. 이미 죽여도 되는 사람의 옷자락만 베고 물러가는 다윗을 본다면 원수 사랑의 의미가 무엇을 말하는지 알게 된다.

어느 날 비가 오는 것을 보면서 하늘이 운다는 것을 알게 되고 흐린 날이면 하늘도 우울하다는 것을 알게 되며 광풍과 비바람이 칠 때면 하늘도 힘들어 한다는 것을 알고 밝은 날에는 하늘마음도 쾌청하다는 것을 알게 된다. 마찬가지로 우리 육신도 슬픈 날에는 울고 아픈 날에는 신음하고 속상한 날에는 탄식을 하지만 하나님만 바라보기만 하면 소리 없이 은혜가 들어와서 마음을 시원하게 해준다면 이 또한 믿음으로만 되는 은혜다. 그리고 믿음이 자란 후 마음이 아프면 왜 그런지, 마음이 우울하면 그 원인이 무엇을 말하는지, 슬프면 무엇 때문인지, 믿음 안에서는 늘 마음을 체크해야 한다.

사람의 믿음이 자랄수록 속에서 악한 속성이 더 번성하게 드러난다는 것은 매우 이해하기 어렵지만 그 일이 무엇인지 모른다면 믿음도 모르는 것이다. 그래서 믿음이 좋다는 사람도 때로는 육신의 기질이 드러나 갑자기 힘들게 하는 현상에 직면하기만 하면 믿음으로 사는 것이 무엇인지 짐작이 된다.

인간의 삶은 어려움의 연속인데 속 안의 것들이 드러나서 힘들게 할 때 그것을 이기지 못하면 믿음으로 사는 길이 어려워진다. 그래서 자신을 이기지 못해서 힘들게 살아가는 사람은 오직 하나님 곁에 붙어 있어야 한다. 본능 중심의 사람은 감정이 시키는 대로 나가면서 감정으로 살아가는 사람들과 어울려야 속이 시원하지만 믿음이 자라려면 매사가 육신을 따라가면 안 된다. 그리고 세상에는 마음을 아프게 하는 것들이 많지만 가장 큰 원수는 내 안에서 나를 힘들게 하는 내 안의 자아로 이런 것을 이기려고 오래 참으면서 하나님이 되게 해주시는 자리까지 가려면 힘들어도 기다려야 한다.

📖

그 무엇을 보아도 마음만 드리면 근심도 걱정도 없어지는 것을 알기에 믿는다는 것은 힘이 된다. 본능 중심의 사람은 늘 육신의 자아로 살아가야 하지만 믿음이 올라가면 하나님 말씀을 따라야 한다. 그리고 믿음은 사람의 똑똑함이나 머리로 가는 것이 아니라 오히려 똑똑함이나 잘하는 것이 문제가 된다. 그리고 매사에 마음 안에 불의한 것들이 들어 있는 한 마음은 항상 갈등하지만 하나님만 생각하면서 이기게 되는 것이 큰 복이 된다.

우리가 하나님을 떠나는 것이 바로 지옥이고 매순간 하나님을 생각하지 않는 것이 불의로 마음 안에서 올라오는 것을 사로잡으려면 매 순간마다 하나님을 의지해야 한다. 우리 안에 있어야 할 것은 다만 하나님의 신비한 은혜인 것을 아니 그 은혜로 살아가는 우리는 그 무엇에게도 눌림을 당하면 안 된다.

무지한 사람이 하나님의 신비하심을 경험하면서 이 신비함을 지속적으로 누리는 것이 참된 복이다. 이런 것이 바로 흑암에서의 자유이고 어둠이 변하여 기쁨이 되는 삶이 된다. 그러므로 늘 마음과 몸이 다치고 상해도 오직 믿음뿐임을 알기에 감사하다. 믿음 안에서는 서로 사랑하라고 권해도 너무 힘들어서 사랑하지 못하고 우리는 단지 이해하고 용서만 하기도 버거운 것이 믿음의 현실이다.

그러나 용서란 말도 다시 생각하면 사랑이라는 말과 통한다. 신자가 진정 상대를 생각하는 사람이라면 용서만 해도 되는데 절대 용서가 되지 않아서 문제가 된다. 한 번도 용서해 보지 못한 사람은 사과도 용서도 할 줄 모르고 받을 줄만 안다. 그런 사람을 보면 어려움을 겪어보지 못해서라고 말할 수밖에 없지만 그 용서도 자기가 하지 못하고 상대가 해주기를 바란다면 믿음은 열리지 않는다.

미운 형제들을 용서하는 요셉을 보면서 형제를 사랑하는 요셉처럼 돌아오는 형제를 용서하는 것이 하나님의 방법이다. 사람을 사랑하려면 손해 보고 허비할 것을 각오해야지 육신의 유익으로 나가면 믿음으로 살아가지 못한다.

영적 싸움은 하나님께 맡겨야

"사람이 감당할 시험 밖에는 너희가 당한 것이 없나니 오직 하나님은 미쁘사 너희가 감당하지 못할 시험 당함을 허락하지 아니하시고 시험 당할 즈음에 또한 피할 길을 내사 너희로 능히 감당하게 하시느니라" - 고전 10:13

믿음으로 가는 길이란 무엇을 말하는가? 사람들은 잘 믿어서 복을 받고 싶어 하지만 잘 믿는다는 것은 무엇을 말하는지 매우 어려운 문제다. 그러면 "어떻게 하나님을 잘 믿어드려야 하나?"라는 것이 바로 핵심이다. 사람이 신앙이 어리면 그냥 믿으면 된다고 생각하지만 잘 믿으려 마음먹으면 매사에 문제가 생긴다. 그러면 그 문제가 싫어지고 두려워서 피하게 되고 어려운 문제를 넘어가기가 쉽지 않다.

사람 사이에 생각하지도 못한 문제가 생기면 사람 관계가 힘들어서 사람 만나는 것이 쉽지 않다. 때마다 일마다 문제가 생기면 거기에 휩쓸리지 않게 되고 피하게 된다. 그러나 그런 경험을 통해서 한 가지 깨달은 것은 믿음이 세워지는 데에는 여러 가지 장애를 넘어야 한다는 사실이다.

그 모든 문제가 믿음을 세워주기 위한 하나님의 계획이라는 사실에 눈이 열리면서 이제는 문제를 문제로 보지 않고 문제가 오면 오히려 믿음으로 이겨내기만 하면 마음에 기쁨이 온다는 것을 경험한다. 사람을 만나려고 하면 사람과의 관계를 파괴하는 어둠의 속성을 보면서 기이한 방법과 놀람과 두려움으로 훼방하는 그 힘든 것들을 이기려하지만 쉽지 않다. 그리고 사는 동안 크고 작은 영적 시련 속에서 갈등하는 시간이 지나가면서 의미 없는 사람의 말 한마디에 심령이 무너지는 것을 보며 고민하게 된다. 또 무사히 넘어갈 아무것도 아닌 문제들이 영혼을 가르면서 깊은 영적 침체 속으로 빠지게 했던 날들을 뒤돌아보면 믿음으로 사는 일은 쉬운 길이 아니라는 것을 알게 된다.

여러 가지 어려운 상황 속에서 방황하던 어느 날 "나와 복음을 위하여 자기 목숨을 잃으면 구원하리라(마 8:35)"는 말씀으로 모든 일이 정리가 된다. 그 모든 사건은 그 사람과 결별하라는 신호가 아니라 이기고 넘어가야 하는 믿음이 주는 혼련이라는 사실을 알고 나니 모든 문제가 해소 된다.

하나님은 나라는 사람을 얼마나 믿고 사랑해 주시는지 여러 가지 믿음의 훈련을 시키시고 사사건건 건드리시는 어려운 시련을 믿음으로 이기고 넘어갈 수 있도록 힘을 주신다. 그리고 그 힘든 문제를 하나씩 믿음으로 넘어가다보니 마음의 곤고함은 평안함으로, 질병은 건강함으로, 두려움은 믿음의 담대함으로, 사람사이를 파괴하려는 문제는 포기하고 죽어짐으로 이기게 해주신다.

📖

믿음이 깊어 갈수록 삶에서 일어나는 모든 일이 영적싸움이 된다. 그리고 그 힘든 문제를 넘어가는 힘은 오직 믿음밖에 없다. 우리의 싸움은 힘든 사단의 시험 속에서 사람을 피곤하게 하고 피하게 만들고 깊은 곳으로 숨어들게 만든다. 하지만 이 보이지 않게 압박해 오는 어둠을 넘어가는 것이 바로 믿음으로 사는 것이다.

이 보이지 않는 것들을 이기고 넘어가는 일정 앞에서 마음은 늘 상하고 떨리지만 한편으로는 평안이고 기쁨이 되는 것이 바로 믿음의 실상이다. 그러나 아직 이런 경험이 없는 편안한 상태라면 믿음이 올라가는 기회가 아직 오지 않아서라고 말할 수밖에 없다. 그 어떤 시험이나 그 어떤 강풍이 불어와도 믿음만 있으면 다 이겨지는 것이 믿음으로 사는 것이다.

📖

어느 날 목이 잘린 시체에서 핏물이 튀면서 나의 하얀 드레스가 붉게 물드는 꿈을 꾸었다. 그리고 며칠 후 목에서 피가 나와 병원을 찾아다니며 마음고생을 했다. 그러나 "입원하라"는 말을 뒤로 하고 "죽으면 죽으리라"는 마음으로 모든 것을 이기니 다시 건강을 주셨다.

통계에 의하면 목에서 피가 나오는 원인의 70%는 그 원인을 알수 없다고 한다. 이처럼 어둠은 시시로 문제를 주면서 위협을 하지만 믿음으로 맡기면서 넘어가는 그 지혜는 하나님이 주신다. 크고 작은 일들을 통해 참아내고 인내하는 가운데 하나님이 말씀을 주시면 그대로 살아갈 수 있으니 힘을 얻게 된다. 사람은 누구나 잘 믿어서 세상 복을 받고 싶어 한다. 그러나 신자가 걸어가는 믿음의 길은 세상이 아니라 영원한 하늘나라의 소유를 바라보는 것으로 영원한 나라에 대한 확신이 있는 사람은 자신의 모든 것을 허비해서라도 그것을 얻으려고 힘써야 한다.

이처럼 기이하고 신비한, 하늘로 가는 길이 우리 앞에 놓여 있는데 그것을 알지 못하는 사람은 그 믿음이 소경이요 장님이기 때문이다. 우리 앞에 섬기라고 사람을 주신 것을 알지 못한다면 그의 안목이 육신 차원에 머물러 있기 때문이다. 보여주신 사람을 섬기기만 하면 하나님이 은혜를 주시고 영원한 생명 길이 열리는데 사람의 유익함으로 나간다면 그 길은 막힌다. 하나님 말씀으로 영혼이 물드는 날이 돌아오면 헛된 육신으로 사는 것이 얼마나 무익한 것인지 알게 된다. 이 좋은 것을 주시고 싶어 하시는 하나님 은혜 안에서 이 좋은 길로 가지 못하게 방해하는 어둠을 본다면 이 양면적인 어려움 속에서 그들을 이기면서 하나님이 주시는 그 빛 안으로 들어만 가면 다 된다.

신자가 믿음으로 가는 길에 시기와 시련이 와도 잠잠히 참아내면서 영혼의 만족으로 채움만 된다면 그것만이 참된 복이 된다. 세상은 보이는 것이 전부지만 보이지 않는 은밀한 길을 걸어가는 사람은 헛된 것에 매이지 않고 영혼의 자유를 만끽하며 하나님 안에서 산다는 의미를 누리지만 여기에 머물지 말고 더 깊은 곳으로 들어가려고 힘써야 한다.

사실 모든 영적 싸움은 내가 잘해서 내가 잘 믿어서가 아니라 하나님으로만 된다는 것을 알기에 하나님께 모두 맡겨야 한다. 우리가 살면서 오는 여러 갈등은 다 믿음으로 정복하고 다스리라고 주어진 것인데 이것이 두려워서 물러나거나 침몰 당하면 안 된다. 인간관계도 사건도 시간도 믿음으로 정복해야지 거기에 정복당하면 안 된다. 모든 일을 사람의 힘이 아니라 믿음의 하나님 형상으로 회복되어서 믿음으로 정복하고 다스리며 살아가야 한다.

믿음으로 사는 것이란 무엇을 말하나? 세상은 얻어야 하지만 믿음으로 살아가려면 잃어버려야 한다는 것이다. 지금까지 무엇인가를 얻으려고 버둥거리던 사람이 잃어버려야 한다는 것은 도

무지 이해하지 못할 상황이지만 사람이 믿음으로 살아가려면 잃어버리고 벗어버릴 줄 알아야 한다. 한꺼번에 하지 못하면 자신이 가진 것들을 하나씩 하나씩 조금씩 조금씩 믿음의 분량에 맞게 버려야 한다. 이 버리는 것을 알지 못해서 그 좋은 하늘의 것을 얻지 못한 세월이 얼마인지 돌아보면 일찍부터 버리고 살지 못한 것을 후회하게 된다. 그러나 돌아보니 내가 알아듣지 못해서 오래 걸린 것이지 듣지 못한 것이 전혀 아니라는 것을 이제는 안다.

📖

민음으로 살아가려면 손을 펴고 비워야 한다는 것은 쉬운 일이 아니다. 그러나 은혜만 들어오면 능치 못할 일이 없다. 주는 것이 너무 아까워서 조금도 주지 못하던 사람이 사랑하는 마음이 오니까 주게 되고 비우고 섬기게 된다. 비우고 비우다가 나중에는 물질만이 아니라 자존심, 고집, 건강, 생명까지도 비워야 한다.

📖

일생동안 어지럼증으로 시달렸지만 그 원인을 찾을 수 없었다. 나이 들어 죽을 것 같이 괴로워 병원을 찾았더니 "웬 짐을 이렇게 많이 져서 목이 빠져 고생했냐?"는 말에 과거를 떠올린다. 지난 날 섬기다가 당한 어려움이 일생동안 몸과 마음을 아프게 한다. 그리고 그 일을 통하여 힘겹게 지낸 인생을 돌아보니 그 짐을 진 것도 하나님이 주신 짐이었던 것이라고 마음의 정리가 된다. 그리고 나

이가 든 지금 그 병이 무겁게 드러나면서 세월이 힘겹게 지나가고 도움을 받을 곳은 한군데도 없다. 나 혼자서 이 어려운 고비를 넘어가려니 하나님만 의지하게 된다. 믿음으로 가는 그 인생길에는 쉴 새 없이 어려움이 다가오지만 하나님만 아시고 인정해주시면 다 된다.

그리고 무정한 환경 속에서 멍이 든 그 삶이 사람을 일생동안 주눅 들게 만들면서 기를 펴지 못하게 몰아가지만 의지할 데가 하나도 없으니 믿음만 붙들게 된 동기가 된다. 그래서 "너는 왜 예수쟁이가 되었느냐?"고 묻지 말라고 권하고 싶다. '믿을 곳이 없어서 믿음만 붙들고 살아온 내가 하나님을 만나지 못했으면 얼마나 슬펐을까?'라고 생각하니 새삼 공평하신 하나님이시라는 것을 알게 된다.

어둠과 사망 권세는 도처에서 믿는 사람을 유혹하고 흠집을 내려고 하지만 하나님은 이런 사정을 다 아시고 피할 길로 인도해주신다. 믿음으로 살아가기 위하여 그 어떤 사단의 위협도 믿음으로 다 넘어가면서 그 삶에 소망을 주시면 다 해소가 되는 이런 것이 바로 믿음으로 사는 길이 된다.

어느 날 사람을 만난 후 집으로 가다가 갑자기 마음이 무너지고 마음 판이 가라앉아서 길에서 쓰러져 죽을 것 같은 힘든 상황을 겪었다. 마음의 맨 밑바닥 지각 판이 한 없이 아래로 가라앉고 무너지는 경험 속에서 마음이 쇠약해져 실족하는 심령의 허탈한 위기로 내몰렸다.

돌아보니 예전에도 이 마음이 무너지는 경험 속에 겸손이 들어오고 하나님이 은혜를 주신 것을 기억한다. 그러나 지금 또다시 심령이 무너지는 성령의 역사하심과 만지심의 의미가 무엇인지 하나도 알 길이 없는 절절한 믿음의 실상을 경험하면서 다시 그 속으로 이 빈곤한 마음을 이끌어 가시는 하나님의 손길을 경험한다. 그런데 오늘 무슨 일이 있었기에 심령이 내려가는 추락 경험이 와서 마음을 힘들게 하는지 생각하다가 사람의 힘과 능력으로 가는 길은 하나님 뜻이 아니라는 생각을 하게 된다.

경사 끝이 보이지 않는 그 미로로, 한없이 내려가는 마음으로 느끼는 실족함이 사람을 괴롭히면서 앞이 하나도 보이지 않는 어둠을 경험한다. 거기에서 느끼는 좌절과 쓴맛을 온몸으로 체험하면서 스스로 할 수 있는 일이란 아무것도 없다는 것을 알지만 완전하게 부서지고 밀어내는 낭떠러지 같은 곳에서 당하는 영혼과 몸의 황폐함을 겪으면서 성령님은 거친 육신을 밟으시고 낮추신다는 것을 인식한다.

📖

마음이 천야만야한 곳으로 떨어지는 경험을 무엇에 비유해야 할지 하나도 이해되지 않지만 이런 곳에 오니 믿음으로 가려진 육신의 힘으로 하는 일은 아니라는 생각이 든다. 육신의 생각이나 지적이고 이성적인 세상 가치관을 다 성령께서 부수고 계시다는 것만 안다. 그리고 그 헛된 이성도 지혜도 힘도 사용하지 못하도록 다 무너져 내리면서 그 후에는 무엇이 올지 알 수 없는 힘들고 막연한 시간만 지나간다.

아무것도 할 수 없는 사람이 겪는 이 추락의 반복적인 경험은 영적으로 기이한 신비임에 틀림없지만 하나님은 왜 이런 모서리로 마음을 몰아가시는지, 그리고 잠잠히 보시고 계시는지 알 수가 없다. 하나님 사랑을 많이 먹어도 배고프고 허기진 사람을 인정사정없이 밟으시니 마음이 가라앉아 기력이 없고 옴짝달싹할 수 없게 만드신다. 죄인처럼 풀이 죽고 마음이 상해서 힘이 드는 경험이 오랫동안 지속되면서 본능으로 살아가는 무익한 사람이라는 것을 아니 세상이 소용없음을 알게 된다. 그동안 살면서 추구해온 사람의 가치관이나 육신의 아성과 세상 지식으로 무장된 것들이 여지없이 성령으로 무너지는 것을 경험하면서 길에서 쓰러져 죽을 것 같아 간신히 집으로 돌아오기도 한다.

📖

마음이 무너지니 세상이 다 소용없음을 느끼며 사람의 나약함을 알게 해주시고 그 나약함을 통해 믿음은 사람의 힘으로 되는 것이 아니라는 사실을 알려주신다. 그리고 지금까지 이루려고 애쓰던 모든 일도 믿음으로 나가려면 그렇게 하면 안 된다는 것을 알게 된다. 마음이 무너지는 이런 현실은 비밀하신 성령으로만 되는 영적인 경험이 분명하지만 이런 경험을 통해 다시 믿음을 점검하는 기회로 받아들여야 한다는 것을 안다.

이렇게 은밀하신 훈련을 통하여 세상을 뒤로하니 사람의 세상적인 지식과 고정관념이 다 부서진다. 그리고 그 견고한 마음의 아성이 다 무너지면 남는 것이 무엇인지 알 길이 없지만 이런 삭막한 마음의 자리에 오니 너무 비참한 생각이 들어서 여기가 끝냄이 될지도 모른다는 생각으로 잠을 이루지 못한다. 육신의 허탈한 감정의 무너짐을 경험하면서 육신의 한없는 초라함만 드러나지만 그 모든 것이 다 파괴되고 부서지는 가운데 믿음으로 살아가려면 오직 그 본능적인 낮은 인식들이 죽어지고 낮아져야 한다는 것만 안다.

📖

지금까지 믿음만 붙들고 줄기차게 견디면서 여기까지 왔는데 왜 이런 마음의 곤고한 현상이 와서 힘들어야 하는지 알 수 없다. 한 가지 아는 것은 영적인 문제가 많이 걸려 있다는 것이다. 이런 것을 통해 육신의 힘으로 가는 것의 소용없음을 알고 이런 훈련을 통하여 사람의 존재는 매우 덧없는 존재라는 것만 인식한다. 그리고 그 모든 것은 하나님이 해주셔야지, 다듬어지지 못한 사람의 본능으로 가면 안 된다는 것을 깨닫는다.

하나님 은혜 안에 있음에 감사

"또한 그로 말미암아 우리가 믿음으로 서 있는 이 은혜에 들어감을 얻었으며
하나님의 영광을 바라고 즐거워하느니라 다만 이뿐 아니라 우리가 환난 중에도
즐거워하나니 이는 환난은 인내를" - 롬 5:2-3

　이스라엘이 가나안으로 진군해 들어갈 때 앞을 가로막는 크고
도 큰 여리고성을 믿음으로 무너뜨린 것을 기억하면서 믿음으로
살아가려면 본성적인 육신의 안과 밖 그리고 모든 본능으로 얼룩
진 것들이 뽑혀지고 무너져야 아름다운 믿음이 세워진다는 것을
안다. 사는 동안 누적된 육신의 허세와 자아의 강한 틀이 성령님
의 은혜로 무너지는 것은 참된 하나님 은혜임에는 틀림없지만 이
런 기이한 만지심으로 마음이 추락하니 그냥 무기력하게 방치된
날들만 지나가고 사람의 무능함만 깨닫게 된다.

　마음은 풀이 죽어서 기운이 하나도 없지만 죄인 된 사람이 지금
까지 편하게 산다는 것 하나만으로 감사하면서 믿음은 사람의 힘
으로 가면 안 된다는 의미를 깨닫는다. 그리고 육신의 사람을 성
령의 사람으로 고쳐주시는 그 역사를 통하여 하나님의 손길을 느
끼면 바로 기도의 골방으로 들어가서 숨어야 한다.

어쩌다가 하나님 눈에 띄어서 하나님 사랑을 맛보다가 하나님의 다루심 안으로 들어가게 되었는지 조금도 알 수 없다. 그러나 또 한편은 감사로 받으면서 사람의 힘이 소용없는 것을 알아야 믿음을 붙드는 것을 보면서 다 내려놓고 버린 후에는 남는 것이란 하나님밖에 없으니 오직 하나님 한 분으로 만족해야 한다. 그러면 인생의 무심한 세월과 사람의 정도 모두가 물거품 같은 것을 아니 하나님만 생각하며 믿음으로 사는 것이 나의 할 일이라는 것을 알게 된다.

성령 안에서 사는 이 기이한 영적 경험 안에서 단지 사람으로 한 일은 다 무너지고 부서져야 믿음으로 살아갈 수 있다. 이런 성령의 내적 훈련을 통해 마음은 고단하나 이런 경험을 해야 무가치한 육신의 모든 것이 박살나는 그 장소에서 믿음이 세워진다는 것을 아니 이것이 바로 믿음으로 사는 것이 된다.

날이면 날마다 기이한 심령의 추락 속에 마음을 흔들고 계시는 성령의 손길을 감지하니까 그 뚜렷하던 사람의 의식과 고집도 다 무너진다. 믿음으로 살아가려면 본능적인 자아의 힘으로 가면 안 된다는 것을 깨닫는다. 그리고 그 모든 삶의 가치가 다 무너져야 된다는 것을 안다면 더 무너지게 해달라고 구해야 한다. 자아로 힘쓰는 육신의 모든 의식, 감정, 가지고 있는 세상 지식도 다 무너져야 믿음이 세워진다면 더 무너지게 해달라고 기도해야 한다. 이 번만이 아니라 죽을 때까지 본능 중심의 높이 솟아오르는 육신의 것들이 자꾸 무너져 육신의 힘이 다 무너져야 그 위에 믿음이 세 워진다는 것을 아니 몸과 마음은 힘들어도 더 많이 무너지게 해달 라고 기도하게 된다.

그러나 심령이 추락하는 가운데 오늘 하루가 너무나 곤고하지 만 믿음으로 산다는 것은 모든 것을 하나님께 맡겨야지 사람의 힘 이 아니라는 것을 안다. 사람들은 어려우면 도움을 받으려고 돌아 다니지만 하나님의 진정한 의도는 살든지 죽든지 하나님께 다 맡 겨야 한다. 또한 그 형편이 힘들면 사람에게 도움을 구하지 말고 하나님께 기도해야 한다. 우리는 세상에서 조금이라도 도움을 받 을 곳이 있으면 신앙훈련이 안 되니 힘들어도 하나님 곁에만 붙어 있어야 한다.

📖

하나님은 그 고난의 현장에서 우리가 어찌하는지 늘 보고 계시 는데 조금이라도 다른 방법으로 해결하려고 한다면 하나님은 금 방 떠나신다. 우리는 힘들면 그대로 기도의 골방으로 들어가야지 돌아다니면 안 된다. 그리고 처절하게 내려가는 그 마음 속 두려 운 하나님 손 안에서 날마다 육신의 거친 본성이 휴지 조각처럼 잘게 잘려 나가는 것을 경험하면 육신과 세상이 소용없다는 것을 안다.

마음이 내려가고 추락하는 것이 무엇을 말하는지 전혀 알지 못하는 사람이 지속적인 기도 속에 심령이 낮아지면서 마음 속 깊이 파인 우묵한 자리에 가서야 겸손이 고이기 시작하고 비천하고 낮아진 심령의 무력한 곳으로 들어가서야 하나님 은혜가 들어온다. 그 심령의 낮아짐이 육신의 힘으로 절대로 안 되던 사람이 성령의 역사로 심령의 돌 같은 마음을 부수고 한없이 추락하고 내려가는 경험을 시킨 후에야 하나님 안으로 들어감을 얻는다.

이미 오래 전에 죽어지고 낮아지는 큰 경험을 했다. 마음 속 깊은 곳에 푹 파인 크고도 깊은 웅덩이 안으로 마음이 내려가며 하나님 은혜가 들어오는 기이한 경험을 했다. 그런데 지금 무엇을 하려고 이런 힘든 곳으로 이끌어 가시는지 마음은 슬프나 오직 지금 현재 하나님 은혜 안에 있다는 그것만으로 감사해야 한다.

사람이 하나님을 믿는다는 것은 대단히 경이적이고 마음 안에서 일어나는 놀라운 사건이다. 창조주이자 전능하신 하나님을 아버지라고 부르며 사는 이 기쁨과 비교할 수 있는 것은 세상에 아무것도 없다. 깊고 신비하신 하나님을 본성이 부패한 육신 안에서 인식하는 것이란 얼마나 신비한 일인지 천지가 개벽할 정도로 놀라운 대사건이다.

길을 걸어가다가도 천지를 지으신 그 크고 크신 하나님이 내 아버지시라는 사실에 생각이 미치면 마음 안으로 다가오는 커다란 감동으로 벅차오르며 저절로 감사가 나온다. 나 같이 부족한 사람이 그 크신 하나님을 아버지라고 부르면서 살아가는 것이란 그 무엇에도 비교할 수 없고 그 크신 하나님을 마음과 영혼으로 맛보면서 마음이 만족하기만 하면 하루가 너무나 감사하게 지나간다.

그러나 사람들은 믿으면서도 바르게 살아가기만 하면 된다고 생각한다. 그 이상은 믿음이 무엇을 말하는지 알지 못해서 전혀 믿음을 추구하지 못한다. 사람이 만일 믿음 안에서 하나님을 경험하면 하나님이 어떤 분인지 알게 되고 그 전능하신 영광의 하나님을 영혼 안에서 만난다면 그것 때문에 감사해서 믿음이 얼마나 중요한지 알게 된다.

믿음으로 살아가다가 마음으로 영으로 하나님을 맛보는 것이란 그 누구나 경험할 수 있는 것이 아니다. 하지만 하나님을 간절하게 바라보는 그 마음을 통해 순간마다 하나님이 함께 해주시기만 하면 큰 기쁨이 솟아오른다. 그리고 그 속에서 고독하거나 힘든 사정을 알고 찾아주는 이는 사람이 아니라 하나님 한 분뿐이라는 것을 경험해야 믿음이 중요하다는 것을 알게 된다.

우리가 살아가는 이 세상은 그 어디에서도 소망을 주는 곳이 조금도 없지만 하나님을 바라보면 마음 안으로 하나님이 들어오기에 감사하게 된다. 믿다가 우리의 전 존재 안에서 우리 영혼이 거룩하신 하나님을 만나는 전천후한 대사건을 경험하면 하나님이 너무나 좋아서 하나님 사랑이 떠나 버릴까봐 매우 조바심이 나던 때도 있었다. 하지만 이제는 하나님 사랑이 식거나 떠나 버릴 것을 걱정하지 않는다. 정금같이 변함이 없고 흔들리지 않는 하나님 은혜를 경험하면 마음에 든든함이 와서 그동안 그만큼 받은 사랑만으로도 감사하다는 것을 알게 된다.

매우 목이 마르고 마음이 공허해서 일생동안 힘겹게 살아가던 사람이 하나님 안에서 하나님 사랑을 경험하고 나서야 비로소 영혼의 참된 쉼을 얻는다면 그때야 믿음이 무엇을 말하는지 알게 된다. 그리고 어느 곳에 가든지 하나님이 안 계신 곳이 없다는 것을 아니 어디서나 내가 있는 그곳이 바로 하늘 문이요, 성전이라는 것을 안다. 그리고 어디서나 하나님을 기억하고 순간마다 마음을 드릴 때 그 은혜로 가득차면 비로소 마음과 영혼이 만족해 먹고 마시며 살아갈 힘을 얻는다.

눈에는 보이지 않지만 심령으로 느끼는 하나님 은혜로 우리 영혼이 만족해지면 사는 일은 슬프고 힘들지만 그곳이 바로 하나님이 함께 해주시는 곳이라는 것을 알기에 비로소 영혼 몸이 편히 쉴 안식처로 사고가 바뀌게 된다.

📖

지금 사는 집은 소박하고 협소하지만 주님과 함께 사는 곳이어서 매우 소중하고 귀하게 여겨진다. 이곳에 들어온 날부터 지금까지 주님과 같이 산 세월이 오래 흐르면서 상한 마음도 하나님 은혜로 어느새 녹아버리고 마음도 삶도 바뀌었다. 그리고 하나님을 따라서 산 그 세월 속에 하나님 은혜가 들어와서 보는 것마다 마음이 여유로워지는 것을 경험하면서 지금은 이전의 내가 아니라는 것을 안다. 가만히 마음을 드리기만 하면 피어나는 하나님 생

기가 영혼과 몸을 감싸주고 안아주는 것을 경험하면 감사하기만
하다.

📖

　속에서 한없이 솟아오르는 은혜가 온몸을 물들이고 온몸을 채
우고 넘쳐 흘러가면서 상한 마음을 씻겨주기만 하면 무쇠같이 단
단히 굳어진 마음도 솜털같이 가벼워진다. 그리고 하나님 은혜로
마음이 벅차오르면 그 마음이 출렁일 때마다 하나님 사랑이 흘러
들어 와서 보고 느끼는 것마다 새롭게 느껴지면 세상에서 더 구할
것이 없다는 것을 안다. 그동안 아무것도 한 일이 없는데 다만 하
나님께 마음을 드리고 바라 본 것뿐인데 늘 생각과 의지를 드리면
서 나가다보니 흘러들어 오면서 채워지는 천상의 복은 그 무엇으
로도 표현이 안 된다.

　다만 아무리 보아도 무익하고 부족한 사람이 하나님 사랑 안에
푹 빠져든다면 이런 것이 바로 믿음 안에서 경험하는 현세천국이
다. 천국을 이 땅에서 미리 당겨 맛본다는 것은 믿음이 아니고는
상상할 수 없는 일이다. 그리고 그 천국 같은 신비한 하나님 은혜
가 심령 안으로 들어와서 마음으로 영으로 하나님이 느껴지고 가
득 채워져 하나님과 친밀한 사이가 된다면 그동안 믿음이 안 되어
서 얼마나 어리석게 살아왔는지를 깨닫게 된다.

믿음의 세계는 매우 어려워서 각자 믿음의 분량 따라 하나님을 다 다르게 느끼지만 하나님 은혜 안에서 산다는 것이란 천지가 진동하듯 사람 영혼 속에서 일어나는 새 창조의 역사라고 말할 수밖에 없다. 하나님은 고난당하는 그날에 사람을 그 초막 은밀한 곳에 비밀하게 지켜주시면서 신비한 신앙훈련을 하게 해주신다. 이런 하나님을 경험하면 하나님이 아니면 살 수 없다는 것을 깨닫게 된다.

우리는 세상이 소용이 없다는 것을 경험해야 믿음이 소중하다는 것을 깨닫는다. 좌절하고 절망하는 사람을 찾아주고 위로해 주는 이는 나에게 신세를 진 사람이 아니라 천지를 지으신 하나님 아버지 한 분뿐이라는 것을 경험해야 하나님을 붙든다. 우리가 몸과 영혼으로 하나님 사랑을 맛본다는 것은 기적 중의 기적이며 천지가 진동할 정도로 마음 안에서 일어나는 우주적인 대사건이다. 그 애끓는 울분 속에 잠들지 못하는 깊은 밤에 하나님을 만나서 하나님으로부터 사랑받는 사람으로 바뀐다면 믿음이 얼마나 소중한지를 깨닫게 된다.

그러나 믿는다고 하면서 영혼 안에 오는 참 만족을 모른다면 그것을 해결하는 방법은 믿음뿐이다. 신자는 하나님 한 분으로 가득하고 하나님 한 분으로 족하는 사람인 우리는 오직 하나님만 믿어야 한다. 그것도 모르는 사람이 여기저기 돌아다니면서 마음대로 살아온 지난날을 돌아본다면 지금은 그때가 한심한 삶이었다는 것을 깨닫는다. 그러나 온몸과 마음으로 영이신 하나님을 바라보다가 하나님 사랑을 경험하면 다른 것은 다 소용없다는 것을 알아야 하나님이 좋다는 것을 알게 된다. 사람들은 잘해주면 우쭐해서 자신의 생각을 하나님 중심으로 돌리지 못하지만 믿음을 아는 사람은 믿음이 그 자리에 머물러 있으면 안 된다.

📖

우리가 살아가는 그 힘든 환경이 바로 믿음 안으로 들어가는 재료라는 것을 안다면 삶에서 힘들게 하는 어려운 환경도 믿음 안에서는 감사해야 한다. 세상 그 어디를 가도 신뢰감을 주는 사람은 조금도 찾아볼 수 없지만 자식도 가족도 혈육도 사랑이 없는 덧없는 사이라는 것을 안다면 많이 달라져야 한다. 혈육이나 자식이나 누구든지 유익하면 다가오고 손해 볼 것 같으면 떠나가는 세상을 보면서 그 장소에서 해야 할 일은 믿음으로 사는 것 밖에 없다. 그러나 늘 부족한 사람이 하나님을 바라보다가 하나님 은혜로 하나님을 누리면서 사는 날이 있다는 것은 이전에는 상상조차 하지 못했다.

제27일

영적 전쟁은 믿음의 시작이다

"내 형제들아 너희가 여러 가지 시험을 당하거든 온전히 기쁘게 여기라 이는 너희 믿음의 시련이 인내를 만들어 내는 줄 너희가 앎이라 인내를 온전히 이루라 이는 너희로 온전하고 구비하여 조금도 부족함이 없게 하려 함이라" - 약 1:2-4

하나님의 신비하신 임재는 하나님의 말씀을 순종하는 사람에게 열리는 경험을 하면서 그 때 하나님을 순종하지 못했다면 아마 주시는 은혜도 받지 못했을 것이고 죽었을지도 모른다고 생각한다. 믿음 안에서는 하나님 말씀을 순종하는 사람에게 하늘 문이 열린다는 말을 많이 들어 알고 있지만 그 순종을 통하여 열매를 걷는 경험을 체험하게 해주신다. 하나님은 순종을 통하여 하나님의 기쁘신 뜻을 하나님 임재로 응답해주시는 것을 보면서 사람의 마음과 형편을 아시는 분은 하나님 한 분뿐이라는 것을 경험한다.

믿음 안에서 경험하는 하나님 은혜란 그 어디에도 비교할 수 없는 기막힌 보화로 신자라면 반드시 하나님을 순종하므로 누구나 하나님 은혜를 경험해야 한다.

그동안 아직도 남아있는 마음의 상처를 가지고 사람들과 어울려 보지만 아직 치유되지 못한 마음을 가지는 곳에서 사람의 헛됨만을 경험하고 다시 깊숙한 기도의 골방으로 돌아온다. 돌아다니다가 마음이 다치면 어디에도 위로를 받을 곳이 없어 마음의 한기를 느끼지만 그 현실도 은혜를 받은 사람을 가만히 두지 않으려는 어둠의 역사라는 것을 알기에 모든 것을 다 하나님께 맡겨야한다.

믿음 안에서 바라보는 세상은 허구요, 거짓으로 가득하다는 것을 아는 사람은 세상과 사람에게 기대야 소용이 없는 것을 알기에 하나님의 골방으로 들어가는 것이 나의 할 일이라는 것을 안다.

믿음 안으로 들어가야만 그 모든 것이 해결된다는 것을 아니 가만히 있을 수가 없어서 또다시 하나님을 만나려고 애쓰다가 여러 가지 난관과 느닷없는 큰 두려움에 부딪친다. 그리고 가는 곳마다 왜 무서운지 두려운지 알 수 없는 극한의 상황에 내몰리면서 큰 영적인 두려움을 느끼고 온몸과 마음이 떨리면서 두려움이 멈추지 않는다.

매사에 마음과 몸이 떨리는 것이란 질병이 아니라 어둠의 세력과 마주선 속사정 때문이라는 것을 그 누구에게도 말하지 못한다. 그 현상이 바로 믿음의 깊이에 들어가지 못하게 방해하는 사단 때문이라면 세상이고 무엇이고 다 놓아 버리고 싶지만 하나님을 붙들지 않으면 죽는다는 것을 알기에 하나님만 바라볼 뿐이지 다른 방법이 없다.

너무나 두렵고 무서운 상황 속에서 이를 이겨내는 방법은 믿음밖에 없다는 것을 안다. 하나님만 붙들어야 하고 그 어디에다 말하고 의논할 데도 없으니 하나님만 의지해야 한다. 안과 밖이 모두 힘이 드는 것뿐인데 이 어려움이 바로 믿음으로 해야 하는 영적 전투라는 사실을 깨닫는다. 앞으로 어떤 어려움이 와서 또 얼마나 마음을 힘들게 할지 모르지만 단지 한 번도 가보지 못한 길을 혼자서 하나님만 바라고 넘어가려니 세상에서 도움 받을 데가 한 곳도 없다는 것이 힘이 든다. 그리고 사방에서 수시로 비수를 날리는 곳에서의 그 하루는 매우 힘이 들고 아프지만 하나님을 바라보지 않으면 죽는다는 것만 안다.

밖에서 돌아다니다가 의미 없는 사람의 말 한마디에 영적으로 극한 상황에 내몰리면서 길에서 쓰러져서 죽을 것 같아 간신히 집으로 돌아왔다. 그 후 비 오듯 흘리는 눈물은 감사인지 슬픔인지, 목숨을 건 어둠과의 사투…. 바라볼 것을 하나님 한 분밖에 없었다. 그러나 아무리 하나님을 바라보아도 해결될 기미가 보이지 않는 이 말할 수 없는 비밀스러운 길을 사람 혼자서는 도무지 갈 수 없다는 것을 알려주시는 하나님 앞에서 세상도 사람도 모든 것이 거슬리고 소용없는 것만 느꼈다.

그때는 사람의 목숨도 덧없다고 느꼈다. 그러던 어느 날 하나님만 붙들고 나갔는데 비로소 하나님 말씀이 마음에 부딪혔다. "내가 가나안 땅을 네게 주어 할당된 소유가 되게 하리라…" 그 말씀이 무슨 의미인지 당시에는 알지 못했다. 그런데 곰곰이 생각해보니 어려운 순간에 절망하는 마음 안에 하나님이 소망을 주셨음을 깨달았다.

사람의 의미 없는 말 한마디가 천둥이 되어 영혼을 울리면서 심령을 혼미하게 하고 마음을 무너뜨렸다. 그리고 비탈진 낭떠러지로 떨어지는 두려움과 무서움을 밖에서도 안에서도 몸과 마음으로 부딪혔다. 이런 어려운 훈련이 아니고는 육신적인 관념을 믿음으로 바꿀 수 없는 것을 알았다. 세상과 사람을 따르던 사람이 그 어려움을 통하여 성령의 손길을 감지하면서 믿음도 마음도 완전하게 달라져야 한다는 것을 경험했다.

꿈속에서 바로 곁에 서있던 여자가 갑자기 비탈진 낭떠러지 아래로 굴러 떨어지고 재건축 아파트 여러 동이 와르르 무너지며 느닷없이 큰 황소가 빌딩 아래로 굴러 떨어졌다. 굴러 떨어지는 꿈속의 그들처럼 내 몸과 심령이 천야만야 깊은 계곡으로 굴러 떨어지고 있는 것을 느꼈다. 혹독한 성령의 연단 속에 숨도 잘 쉬지 못하면서 온갖 처리를 다 받고 있는 것을 경험했다.

성령께서 부족한 사람을 믿음의 훈련 속으로 이끌어 가고 계시다는 것을 알지만 그동안 하나님 사랑을 너무 많이 받아서, 너무 행복해서 안심했다. 그러나 그것도 잠시 또다시 힘든 훈련 상황으로 내몰리면서 모임에서도 떠났다. 갈 곳도 없고 할 일도 없으니 하나님께 마음을 쏟으면서 하나님만 의지해야지 하나님 아니면 아무것도 되는 것이 없는 것을 다시 한 번 경험했다.

영적인 세계는 사람의 힘으로 해결할 방법이 없다. 사사기에서 사사들이 전쟁에 나가서 싸워 이긴 후에는 세월이 한동안 태평했다는 말씀을 기억하면서 모든 것을 견딘다면 믿음 안에서 그 평화가 나에게도 돌아 올 것을 바라보게 된다. 의인의 복이란 믿음으로 살아가는 것으로 하나님이 주시는 은혜와 평강은 복음 안에 깊이 감추어진 비밀이고 진리다. 그러나 사람들은 열심히 교회에 다니기만 하면 하나님께 영광이 된다고 생각하지만 매사에 힘든 시련과 몸과 마음을 낮추는 훈련 없이는 하나님 은혜와 평강이 마음 안으로 들어올 수 없다. 또한 믿음의 깊이에 이르기 위해 반드시 거쳐야 할 힘든 코스 즉 사단과의 영적전쟁을 넘어가지 못하면 되는 것이 없다.

사람이 죄로 굳어진 마음을 기경하기 위해서는 어둠이 주는 영적 전쟁을 반드시 통과해야 한다. 이 세상 문제들은 힘든 것이 얼마나 많은지…. 그러나 영적인 전쟁에 비하면 세상 문제들은 아무것도 아니다. 이런 현실도 사람 마음대로 되는 것이 아니라 하나님이 하신다.

신자라면 믿음의 굴곡진 고비에서 마주하는 사단과의 전투를 믿음으로 이겨야 깊은 믿음 안으로 들어감을 얻는다. 사단에게 먹히느냐 잡아먹느냐의 전쟁이 바로 믿음으로 하는 가나안 정복 사건으로 이 영적 전쟁을 통과하는 것이 바로 믿음 안으로 들어가는 시작이 된다. 신자는 하나님을 의지하고 바라보고 나가는 일 외에는 할 수 있는 일이 아무것도 없다. 결국은 믿음으로 사는지 아닌지를 보시고 모든 어려움도 이기게 해주신다. 어려운 전쟁에서 이긴 자에게 주어지는 전리품은 바로 하나님이 주시는 평강이다. 하나님 평안을 경험한 사람은 영적 현상의 어떠함을 깨닫게 된다.

우리는 하나님 자녀인데 자녀로서의 신분을 중요하게 생각하지 못하고 힘든 문제에 매달리면서도 믿음으로 살아가지 못하는 무기력한 사람이다. 사단은 사람의 마음과 생각을 다른 곳으로 끌고 다니면서 하나님을 만나지 못하게 방해를 하는데 사람은 이것을 알지 못해서 믿음을 따라가지 못한다. 사단은 하나님을 만나지 못하게 하고 사람의 생각을 다른 데로 끌고 다니면서 영적 혼돈 속으로 이끌어 간다. 사람은 그때가 되어서야 새벽 기도를 하고 기도원을 찾는다. 기도가 응답받지 못하는 대부분의 이유는 믿음이 육신 중심에 머물러 있기 때문이다.

그리고 사람이 수십 년 동안 새벽 기도를 해도 하나님 은혜를 경험하지 못했다면 육신 차원의 기도만 했기 때문이다. 믿음의 세월이 오래되고 새벽 기도를 아무리 오래 해도 하나님을 경험하지 못한다면 그의 신앙 목적이 육신 중심에 머물러 있기 때문이다.

하나님의 임재가 무엇인지 경험하지 못한 사람 역시 믿음이 무엇을 말하는지를 잘 알지 못한다. 사람은 하나님을 생각하며 기도

하니 마음에 기쁨이 온다는 고백이 되어야 한다. 참된 기도란 하나님을 믿고 기도하면 된다는 이 간단한 공식을 많이 듣고 알면서도 실천하지 못하고 이면적인 진리의 길을 보여주는 복음서의 내용을 알지 못하면 되는 것이 조금도 없다.

📖

고난이 축복이라는 말과 환난 속에 천국 문이 열린다는 말을 많이 듣는다. 하지만 세상 복을 목적으로 믿는다면 믿음의 의미는 무의미해진다. 신자에게 닥치는 시련이나 환난도 하나님 손 안에 들어있다는 사실을 아는 사람은 그 시련도 잠잠히 참아야 한다. 그러나 어려운 문제가 우리 앞에 산더미같이 쌓여 있음에도 불구하고 조금도 개의치 않고 마음을 다해서 하나님만 바라는 사람이 된다면 하나님은 다 아시고 도와주신다. 큰 문제가 어깨를 짓누르는 험악한 현실 속에서도 작은 신음소리까지도 다 아시고 들으시는 아버지 앞에서 잠잠히 하나님만 바라고 하나님만을 얻고 싶어서 하나님만 의지하며 나가는 믿음이 되어야 하나님은 반응해주신다.

기도를 하면 응답은 되지만 중요한 것은 그 기도 응답이 어디서 오는 것인지 분별해야 한다. 신자는 기도하지만 기도 응답은 마귀도 한다는 것을 안다면 너무 응답되는 기도에 집중하지 말고 그냥 기도하고 맡겨드려야지 결과에 너무 치중하면 안 된다. 만약에 기도 응답이 잘 안 된다면 그 일은 하나님이 원하시는 길이 아니라고 인정하는 것이 바른 믿음이다. 사단은 영혼 구원 능력만 없지 영적인 존재로 천사처럼 위장을 잘해서 기도하다가 사단의 역사를 하나님이 하시는 줄 알고 따라갈 때가 많다. 광명한 천사처럼 가장하여 불로, 음성으로, 환상으로, 유혹하는 그 현상에 믿음이 약하면 속지 않을 사람이 별로 없다.

📖

믿음이 어린 신자는 사단의 음성도 하나님 음성으로 알아듣고 그 말을 따라가지만 하나님은 인격적이시지 지시적이 아니시다. 하나님은 정 깊은 사랑의 음성으로 들려주지만 사단의 음성은 냉정하고 차갑고 지시적이고 명령조다. 그런데 그 음성을 하나님 음성으로 잘못 알아듣고 순종하며 잘못 가면서도 그것이 무엇을 말하는지 알지 못해 하나님과의 길이 막힌다.

때로는 준비 되지 않은 마음으로 전도하고 싶은 마음이 오기도 하지만 그런 현상도 더 깊이 믿음 안으로 들어가기 위해서 잠잠히 참아내야 한다. 믿음은 수많은 시행착오 속에 수없이 방황하면서 좁고 협착한 길을 찾아가는 것인데 본능적인 육신의 힘으로 나가다가 다친다는 것을 알기까지도 매우 오래 걸린다.

그리고 오랜 시간이 지난 후에 돌아보는 기도의 결과가 나쁘다면 당시의 믿음을 다시 생각해보게 된다. 그동안 맡기기만 했는데 해결이 나있는 것이 바로 하나님의 응답이고 그냥 마음을 드렸는데 그 마음을 보시고 앞길을 인도해 주시는 것이 하나님의 방법이다. 그러나 사단은 기도하게 하고 그 기도를 하나님 대신 받고 하나님 영광을 대신 가로채려 한다. 그런 사단의 기만성을 안다면 기도는 바르게 해야 된다. 신자는 기도하다가 뜨거운 불 체험을 하고 어떤 음성을 들어도 그것이 무엇인지를 분별하는 성숙한 믿음이 되어야 한다.

📖

현재의 모든 결과가 나쁘다면 그동안 바르지 못한 믿음 때문이며 하나님과의 막힌 담이 영영 무너지지 못했다는 것을 깨닫는다. 그래서 믿음이, 육신의 복이 목적이 되어서는 안 된다. 마음으로 심령으로 내려가는 바른 기도 속에 굳게 막힌 마음의 담이 조금씩 틈이 생긴다. 그 틈 사이로 하나님 생명의 빛이 들어와서 우리 영혼을 소생시켜주면 기도가 기쁘고 즐겁다는 것을 알게 된다. 하나님 은혜가 좋아서 잠 못 드는 밤이 지속되면서 하나님을 늘 마음에 모시고 사는 것이 곧 기도라는 것을 깨닫는다. 세상에는 많은 어려움이 있지만 하나님 안에만 있으면 하나님을 바라보는 것이 기도라는 것을 알게 된다.

신자들은 성경공부를 하고 영성 훈련을 받는 것도 중요하지만 삶 속에서 부딪치는 문제들을 믿음으로 이기고 넘기지 못하면 신앙 성장은 오래 걸린다. 그리고 바른 믿음이 되려면 단지 지금만 생각하고 지금 주님만 생각해야지 다른 생각을 하면 안 된다. 단지 지금 자신이 하나님 안에 있는지 없는지, 지금 하나님 편에 서 있는지 없는지만 생각해야 한다. 믿음이 연약한 사람이지만 지금 그 있는 자리에서 하나님을 바라보면 마음이 편하고 행복해지는지, 그것에만 주의하면 다 되게 해 주신다.

제28일

믿음의 훈련 속에 세워지는 사람

"그리스도를 위하여 너희에게 은혜를 주신 것은 다만 그를 믿을 뿐 아니라
또한 그를 위하여 고난도 받게 하심이라" - 빌 1:29

언제부턴가 조용하고 차분하게 드리는 예배를 택했다. 그래서
인지 예배 중에 많이 울면서 예배가 제대로 되고 삶의 모든 날이
은혜의 날로 바뀌었다. 그러나 느닷없이 찾아오는 짓궂은 질병 속
에서 하나님을 바라보면 마음에 은혜가 들어와 소망이 생긴다.

신자들은 영혼과 육체의 이중적인 갈등 사이에서 살아가는 연
약한 사람이다. 몸은 아프고 힘들지만 영혼은 하나님 은혜로 출렁
거리는 사실을 믿음 안에서 경험하면 믿음이 아니고는 되는 것이
없다는 것을 안다. 그리고 하나님 은혜로 행복하게 살아가는 사람
이 있는 것을 안다면 우리도 하나님께 반드시 모든 것을 맡기고
믿음으로 살아가야 한다. 그러면 어둠의 세력도 힘을 쓰지 못한
다. "사단아 나가라"고 외쳐서 나가는 것이 아니라 마음만 먹어도
사단은 힘쓰지 못한다.

믿음은 추상적인 관념이 아니다. 사람의 내면에서 실제로 신비
한 하늘나라가 열리는 경험이 들어와야 한다. 사는 동안 무엇을

해도 영혼의 참 만족이 없어 허기진 영혼이 하나님 은혜 안에서 영혼 몸이 넉넉해져 기쁘게 살아 믿음의 참된 의미를 경험하면 그때부터 믿음이 무엇인지 알게 된다.

의에 주리고 목마른 사람이 세상을 바라보면 마음이 아플 때도 있지만 그것을 보시고 더 아파하시는 하나님을 경험하면서 나를 아시는 분은 하나님뿐이라는 것을 아니 감사하게 된다. 그리고 하나님이 아프시면 내 마음도 아픈 것을 경험하면서 믿음은 마음과 마음이 통하고 영은 영끼리 통하는 것이라는 것을 깨닫는다.

어느 날 밤새도록 마음이 아팠다. 오늘 마음에 크게 걸리는 것이 하나도 없어서 아플 이유가 없는데 아프다는 것은 하나님이 나 때문에 아파하시기 때문이라는 것을 금방 깨달았다. 오늘 사람들에게 받은 수모를 하나님이 아시고 대신 아파해 주신다는 것을 알기에 사람들에게 이유 없이 다쳐도, 말 들어도 감사하게 됐다. 그것은 내 마음을 알아주시는 하나님이 계시니까 멸시를 받는 것쯤은 아무것도 아니라는 것을 알기 때문이다. 그래서 나같이 부족한 사람을 사랑해주시는 하나님 아버지의 사랑을 생각하면 감사해서 눈물이 난다.

부족한 사람을 사랑해주시는 하나님 아버지의 애절하신 사랑이 내 마음에 와 닿으면 내 마음이 아프다. 그 아픈 마음이 하나님께 올라가 하나님 마음에 닿은 후 다시 내 마음을 움직이면 그 감동으로 마음이 아프고 이런 것이 바로 하나님과 동행하는 삶이 된다. 그러면 여기에서 무슨 말을 더 해야 하고 무슨 말이 더 필요한지, 하나님과 마음이 통하고 정이 통하고 영이 통하여 그 에너지로 충만한 삶을 사는데 무엇을 더 찾아다녀야 하는지 믿음 안에서 깊이 생각하게 된다.

신자는 세상에서 멸시를 당하고 어려움을 당할 때만이 그 믿음의 전부가 드러난다. 그 당하는 어려움 속에서 믿음으로 마음을 다스리면 하나님이 주시는 평화가 살며시 안으로 들어와 마음이 편안해진다. 믿음이란 전능하신 하나님이 나 같이 미약한 사람에게 들어오신다는 놀라운 사건으로 이것이 우리 안에서 일어나기만 하면 마음에 큰 기쁨이 된다. 그리고 우리가 병들고 힘들어 할 때 하나님이 그 작은 신음 소리까지 다 들으시고 그 속에서 소망을 주시면 당장 살아 갈 힘을 얻고 감사하게 된다.

하나님은 언제나 대접받아본 경험이 없는 사람을 대접해 주시고 사랑받아본 경험이 없는 사람을 사랑하신다. 이런 것이 바로 하나님의 사랑이고 받을 자격이 없는 자에게 주시는 하나님의 선물이다. 지난 날 믿음이 어려서 잘 믿어드리지 못하고 미련하게 살아온 사람이지만 그 잘못을 통하여 하나님의 사랑을 깨닫게 해 주시는 하나님의 배려에 감사하게 된다. 신앙의 핵심은 하나님 안으로 들어가는 것이 먼저인데 어떤 분이 장황하게 섬기고 봉사한 일을 설명하지만 믿음 안에서는 하나님을 먼저 만나지 못한 것이 큰 실수라는 것을 깨닫지 못한다.

우리는 하나님의 은혜 안으로 들어가지 못하는 것이 자신의 어리석음이라는 것을 알지 못한다. 중요한 것은 믿음이란 바로 영혼의 문제로 마음이 하나님으로 채워짐이 없어서 기쁨을 모르고 산다는 것은 믿음이 어리기 때문이다. 그러나 진실로 믿어지는 것이 없으니 어떻게 은혜를 받는지 생각하지 못한다. 사실 믿음은 마음의 초점을 어디에 맞추고 가느냐에 따라서 많이 달라진다. 우리는 하나님 안에만 있어야 하는데 그것이 안 되어서 아무것도 되지 못하는 사람이지만 마음이 하나님 안에만 있으면 다 이루게 해주신다.

믿음 안에서 마귀의 출현으로 영적 세계가 있는 것을 경험한다. 이성과 지성 중심의 사람이 바라보는 영의 세계는 너무나 추상적이고 불투명하다. 하지만 사람의 본능과 감성과 굳은 이론 중심의 시선 앞에서 현란하게 움직이는 그들을 경험하면 이를 통해 하나님의 살아계심도 알게 된다. 마귀의 역사로 영의 세계가 있는 것을 알게 되면 하나님의 세계는 저절로 알아진다. 그런 현상에서는 하나님만 바라볼 뿐이지 할 수 있는 일이란 아무것도 없다. 다만 확실한 것은 믿음으로 들어가지 못하게 방해하는 어둠의 세력이 존재한다는 것이다. 그리고 그 사단은 멀리 있는 것이 아니라 바로 믿음으로 세워지지 못한 사람으로 마귀가 사는 집인 정욕적이고 탐욕적인 육신이라는 것만 알아도 믿음의 상황은 많이 달라진다.

　　나는 하나님 자녀인데 늘 마귀의 역사를 늘 경험하면서 마귀의 장난 속에 산다고 생각하니 속이 많이 상한다. 사람 안에는 누구나 그 죄로 오염되어서 사단이 가득 하다는 사실을 알면 되는데 사람은 이것이 다른 사람 이야기라고 하면서 자신을 살펴보려고 하지 않는다. 그러나 영 안에서 순간마다 사단을 경험하고 자신이 바로 마귀가 거하는 집이며 큰 죄인이라는 것을 알고 이 죄를 넘어가는 험한 과제가 앞에 있다는 사실을 안다면 마음에 한기가 서린다.

　　마귀를 이기기 위해 은사로 하나님 말씀으로 기도로 일생동안 애쓰고 힘쓰다 보니 그 일이 믿음 안으로 들어가는 기회가 된다. 마귀를 통하여 영의 세계가 있는 것을 알게 되고 성령의 은사를 통하여 사람 안에 든 마귀가 나가니까 하나님 은혜가 들어오는 경험을 한다.

하나님께 나가는 길을 방해하려고 마귀는 늘 괴롭히지만 결국은 믿음을 통하여 그들을 이기기만 하면 하나님 은혜가 들어오는 것을 경험하며 영의 세계는 매우 신비로운 것이라는 것을 안다. 그 속에서 확실하게 아는 것은 하나님이 택하신 자녀들이 겪는 이런 영적인 어려움은 아무에게나 주어지는 것이 아니라는 것이다. 그리고 사단을 이길 수만 있다면 하나님 나라로 들어갈 수 있는 기회가 되기에 두려움도 없어지고 그들을 이긴다면 좋은 곳이 기다리고 있다는 것을 알게 된다.

어떤 분이 귀한 아들을 무전여행 보낸다고 하셨다. 고생 좀 해봐야 어려움을 안다며 사랑하는 자식을 험지로 보내셨다. 자식을 고생하게 하는 것은 부모의 본심이 아니라 능력 있는 아이로 키우기 위해서라는 사실이 중요하다. 하나님도 신자를 사랑하시기에 훈련을 시키기 위하여 영적 험지로 보내시고 모든 고난도 든든한 신앙으로 세워주시려고 허락하신다.

하나님도 이스라엘 백성을 광야로 이끌어 내시어 말씀대로 사는지 안 사는지 훈련을 시킨 사실을 보면서 성령의 은사나 기복 신앙이나 율법이나 모두가 하나님을 알아가는 훈련 안에 들어있는 과정이다. 신자가 믿음으로 들어가려면 이 모든 영역을 골고루 경험하면서 자라는 것이지 시행착오도 없이 믿음은 쉽게 되지 않는다.

📖

어려움을 모르는 사람은 믿음을 추구할 줄 모르고 영적 체험을 무시하면서 교회만 다니면 되는 줄 오해하지만 믿음은 그냥 되지 않는다. 사람이 믿음으로 세워지려면 믿음이 점점 자라가며 죄도 마귀도 은사도 같이 체험하는 것이지 머리 신앙으로는 아무것도 되지 않는다. 그리고 그 힘들고 어려운 시련을 통해 신앙 훈련을 시키시는 이유는 믿음으로 세워 주시려는 아버지의 깊은 사랑이라는 것밖에 설명이 되지 않는다.

잘 믿으려고 하니 왜 힘든 일이 생기는지 믿음으로 사는 일은 어렵고 힘들지만 광야에서 원망하다 죽은 사람들을 기억한다면 매사에 하나님을 원망하지 말아야 한다. 광야에서 하나님을 원망하던 사람들이 가나안에 들어가지 못하고 다 죽은 사실을 본다면 은혜가 없다고 원망하면 안 된다.

세상에서 가장 외로운 사람이라고 느끼던 내가 시련을 통과하면서 하나님 사랑을 맛보니 진귀한 은혜로 사는 날이 돌아옴을 경험했다. 이것은 기적 중의 기적이다. 영혼의 어둔 밤이 오고 질병의 깊은 밤에도 고난의 장소에 오시는 하나님을 만난다면 그 어떤 일도 다 풀어지고 모든 어려움은 상쇄되고도 남는다. 상상할 수 없는 방법으로 고통 속에 갇혀 있는 사람을 아시고 오셔서 그 영혼을 위로해주신다면 믿음은 다 되는 것이다.

하나님이 믿음이 부족한 사람의 마음 안으로 들어오시기만 하면 그제야 살아갈 힘을 얻는다. 믿음의 소망이란 과연 무엇인가? 이 세상이 아니라 우리 영혼이 하나님의 아름다운 빛 안으로 들어만 가면 다 된다. 그러나 믿음이 된다고 해서 사람의 모든 소망이 그대로 이루어지지 않는다. 믿는 사람도 가난해지고 실패하고 병들면서 어렵게 살아간다. 하지만 그곳에서 하나님을 사모하고 의지하기만 하면 전기가 전도체를 통해 흘러가듯이 하나님 생명의 생생하신 에너지가 영혼과 몸을 통하여 흘러들어오고 나간다. 그렇게만 하면 그 삶은 가난하고 힘들어도 그의 영혼은 너무나 즐겁고 행복하게 살아갈 수 있다.

오늘도 누군가 내 마음을 건드린다. 그것은 다른 것이 아니라 내 감정이 나를 건드리는 것이다. 이와 같은 사실을 보면서 믿음 안에서는 먼저 자신의 감정을 체크해야 한다. 육신으로 사는 자아 중심의 본능적인 감정이나 모든 생각들이 마음을 건드리고 힘들게 하는 것을 보면서 삶에서는 육신의 감정이 믿음으로 처리가 안 되면 그것이 문제가 된다.

신자는 세상을 즐기고 그날의 시절이 그리워 지난날을 돌아보면서 그날을 회상하지만 지금 하나님 은혜로 사는 것이 기적이라는 것을 안다면 그 저속한 감정에 속지 말아야 한다. 아무리 애를 써도 성장하지 못하는 사람을 본다면 지속적으로 마음을 다루는 훈련을 하다가 어느새 말씀이 안으로 들어오면 마음에 큰 기쁨이 된다. 돌 같이 거친 마음을 녹여주는 생명의 말씀이 우리 안으로 들어오는 경험을 하면 하나님 은혜가 깊어질수록 하나님이 주시는 생명으로 사는 것이 무엇을 말하는지 알게 된다.

'우리가 하나님께 마음을 드리다가 그 어떤 생각도 근심도 사라진다'는 것은 믿음으로만 된다. 믿음이란 하나님 은혜에 감사하면서 험한 짐을 함께 지는 신앙이 되면 하나님은 기뻐해 주신다. 우리가 하나님을 섬기다가 어려움을 당하지만 감사하는 이유는 믿음은 모든 어려움을 통과해야 세워진다는 것을 알기 때문이다. 그리고 오늘도 그 어려운 짐을 짊으로 마음으로 즐거워하는 것은 하나님 사랑을 받고 싶은 마음 때문이다. 그 고난의 시간을 통과할 때 나를 생각해 주시는 분은 나에게 도움을 받은 사람이 아니라 천지를 지으신 하나님 한 분이라는 것을 알기 때문이다.

📖

전능하고 높고 높으신 하나님이 나같이 부족하고 연약한 사람을 아시고 사랑해 주신다고 생각하면 감사하다. 그런 하나님 사랑을 생각하면 눈물이 나고 변하지 않는 하나님의 진실하심 때문에 가슴이 아프다. 주변에는 진실한 사람이 하나도 없는 현실을 보면서 그것은 바로 세상과 사람을 의지하지 말아야 한다는 하나님의 응답임을 알게 된다. 그리고 주변에 마음을 의지하거나 기댈 사람이 하나도 없는 경험을 하면서 외로움이 소명이라는 말을 나도 모르게 하게 된다. 사실 어려서부터 형제자매, 친구 등 마음을 의지할 사람이 주위에 하나도 없는 것을 많이 경험했다. 그런 나의 형편을 알지 못했다면 하나님께 마음을 드리지 못했을 것이고 하나님을 붙들지 못했을 것이다. 그리고 이제와 생각해 보니 그 의지할 곳 없는 외로운 환경이 곧 하나님을 붙들어야 한다는 하나님의 부르심이라는 것을 알게 된다.

오늘도 죄인이기 때문에 감히 하나님 앞으로 나가지 못하는 것을 아시고 하나님이 먼저 찾아와 주신다. 그것을 보면 나 같은 죄인을 향하여 사랑으로 오시는 하나님 은혜 앞에서 울지 않는 사람은 이미 마음이 병들고 굳은 사람이다. 자기 밖에 모르는 이기적인 사람은 여기서 조금 저기서 조금 하면서 여러 사람을 사귀고 육신의 유익을 따라 돌아다니면서 즐거움을 찾아다닌다. 그러나 하나님만 바라보며 나가는 사람을 하나님은 외면하지 않으신다.

지금은 그 누구도 알지 못하는 은밀한 길을 홀로 걸어가게 해주시고 희생과 수고를 은혜로 갚아 주시는 하나님을 보면서 하나님은 사랑이시라는 것을 경험한다. 나 자신도 인정할 수 없는 그 삶을 하나님은 인정해 주시고 그 희생을 은혜로 갚아주시는 하나님을 보면서 이제야 멍든 마음이 풀어진다.

📖

믿음 안에서 하나님만 바라보며 살아가고 싶은 마음이 간절하다면 온 마음과 영혼이 행복해져서 기쁘게 사는 길이 있다. 그러나 사람들은 하나님과 함께하는 그 자체가 무엇을 말하는지 알지 못해서 믿음 안으로 들어가려고 하지 않는다.

믿음은 마음을 모르면 아무것도 되지 못하지만 매사 마음으로 맡김이 되면 되는데 힘겹게 믿으면서 믿음이 짐으로 느껴진다면 아직 자녀로서의 누림을 알지 못하는 것이다. 사람들은 교회에 잘 다니면 잘 믿는 것인 줄 알지만 습관적인 예배로 나간다면 결국은 하나님 안으로 들어가는 길은 사라진다.

임재 성공은 또 다른 믿음의 시작

"누가 지혜가 있어 이런 일을 깨달으며 누가 총명이 있어 이런 일을 알겠느냐
여호와의 도는 정직하니 의인은 그 길로 다니거니와 그러나 죄인은 그 길에 걸려 넘어지리
라" - 호 14:9

어려서부터 겪은 특징 중의 하나는 사랑을 받아 본 기억도 없이 외로움을 철저하게 겪으면서 신앙에 눈을 떴다는 것이다. 외로움이나 공허한 마음이 바로 마귀가 들어오는 가장 적합한 장소라는 것을 나중에 알았지만 그것을 이기려고 기도할 장소만 찾아다니다가 받은 성령의 은사가 큰 도움이 되었다. 어떤 사람은 은사를 부인하지만 사단과 마주친 상황에서는 성령님이 도우시는 은사 같이 귀한 것이 없다. 아마도 성령의 은사를 부인하는 사람은 영적 어려움을 경험하지 못해서라고 밖에 표현할 길이 없다. 신자는 성령의 은사를 통하여 믿음이 오고 능력을 받아서 마귀를 물리치고 마귀가 물러간 자리에 하나님 은혜가 들어오는 경험을 하면서 믿음은 자란다.

늘 제자리만 돌고 도는 헛된 믿음을 보면서 애쓰고 정성을 다하면 되는 줄 알던 믿음은 전혀 다른 방향에서 열리는 경험을 한다. 믿음 안으로 들어가려고 성경공부를 하고 아무리 기도를 해도 하나님을 만나지 못하면 모두가 무익하다. 믿음이 자랄수록 삶속에서 마귀도 점점 더 번성한다. 마귀의 방해 앞에서 그들을 물리치려고 애쓰는 것이 바로 믿음으로 사는 것인데 이런 경험이 없으면 믿음이 무엇을 말하는지를 알지 못한다. 사단은 사람 안에서 뿐만 아니라 사람 밖으로 나가서 다른 사람을 통해서도 불화살을 날리고 가장 가까운 사람의 모든 것을 빼앗아가는 사람으로 변하게 만든다.

물질은 잃고 질병에 걸리고 실수로 죽음의 위기를 넘는 그 외로움과 고통을 홀로 이겨내면서 고독, 슬픔, 질병이 사람을 메마르게 하지만 죽을 것 같은 그 장소에 하나님이 오시어 하나님 임재 안으로 들어가는 소원을 이루게 된다.

믿음 안에서 바라보는 세상은 우리가 살 곳이 못된다. 암이라는 병 때문에 퇴근 후 기도를 받으려고 찾아 갔으나 시간이 늦어 기도를 받지 못하고 낙심하며 돌아온 다음 날 하나님께서는 "그곳에 가지 말고 기도하라"고 충고해주셨다. 그 말을 듣고 그 후부터 기도를 시작했다. 하지만 절망만 하는 그 장소에서 믿음이 아니었다면 힘이 없어서 다시 일어나지 못했을 것이다.

인생의 낙심하고 좌절하는 장소에 가서야 완전하신 하나님의 임재가 고난 속에서 열리는 경험을 하면서 믿음 안에서는 고난이 복이라는 말이 무슨 뜻인지 이해가 된다. 사람이 믿음이 자라려면 고난이라는 문을 통과하면서 믿음이 바뀌는 체험을 해야 하나님이 어떤 분이신지 알게 되는 것이다.

사람은 믿음이 자라면서 처리되지 못한 죄를 깨끗하게 처리해 주시고 그 자리를 하나님 은혜로 채워주시는 하나님을 만나기만 하면 다 된다. 믿음 안에서는 주리고 목마르고 고난 당하는 상황 속에서 정처 없이 방황하지만 환난을 당하게 하심도 믿음으로 바르게 세워 주시려는 하나님의 뜻이라는 것을 안다면 묵묵히 참아야 한다.

📖

사단은 때와 장소를 구별하지 않고 사람을 넘어지게 하고 믿음의 길로 들어가지 못하게 방해하지만 돌이켜보니 그 위험 속에서도 이겨내게 힘을 주시는 것은 하나님 은혜밖에 없다. 그러나 사람이 그 공허한 마음과 영적인 어려움 때문에 하나님을 믿게 된 것이지 편하게 살았다면 바르게 믿지 못했을 것이다.

믿음이 안 될 때는 믿음이 어리고 모든 것이 불투명해서 보이는 것이 조금도 없지만 이제는 믿음 안에서 모든 것이 판별된다. 하나님은 말씀으로 사는 법을 알게 해주시려고 시련으로 이끄셨다는 것을 알게 된다.

신자들은 믿음 안에서 육의 몸을 벗는 성령의 내적 할례를 통과해야 진실한 믿음으로 세워진다. 생명을 구원하시되 의로운 행위로 하지 아니하시고 오직 중생의 씻음과 성령의 새롭게 하심으로만(딛 2:5) 되게 하신다는 의미가 무엇인지 믿음 안에서 경험해야 한다. 믿음으로 가는 도상에서 경험하는 고난은 괴롭지만 그로 인해 연단 받는 자들에게 주시는 하나님 은혜는 말로 표현이 안 된다.

가난에도 비천에도 처하며 온갖 괴로움과 어려움을 겪으면서 죽음의 고비를 넘어갈 때가 되어야 비로소 우리의 도움은 하나님 한 분뿐이라고 고백하게 된다. 그리고 믿음 앞에서 경험하는 모든 것들은 매우 비밀한 것이 특징이지만 그것은 믿음이 좋아서가 아니라 단지 성령이 하시는 일이라고 밖에 말할 수 없다.

믿음 안으로 들어갈 것을 미리 알고 들어가지 못하게 방해하는 사단을 경험 한다면 몸과 마음은 매우 힘들다. 그러나 지금은 그 방해들을 이기려다가 하나님 안으로 들어가게 된 것에 감사한다. 그리고 그 인생이 왜 힘들었는지 고독한지 힘겹게 산 이유를 이제는 안다. 하나님이 나에게 주실 복을 미리 준비해두시고 모든 어려움을 넘어서 믿음으로 세워주시기 위한 사랑의 마음이라는 것을 이제는 깨닫는다. 만약 믿음이 그 자리에 정체된다면 사람은 더 큰 어려움도 겪어야 한다. 하나님은 더 깊이 하나님 안으로 들어오기를 원하시기 때문이다. 사람이 살아가는 동안 바르게 살려고 애쓰다 보니 잘못한 것은 조금도 없는 것 같은데 어려움을 당하는 경우가 종종 있다. 이는 하나님의 자녀이기 때문이고 그 어려움을 통하여 하나님이 우리를 부르시는 하나님의 마음이라는 것을, 어려움을 통과한 후에야 알게 된다.

📖

예전에는 은혜를 받으면 그 은혜를 놓치고 싶지 않아서 늘 은혜의 불을 지피려고 새벽을 찾아가는 반복 속에서 살았다. 하지만 참된 하나님 임재 안에서는 하나님 은혜가 변치 않고 떠나가지 않는 것을 경험한다. 하나님이 주시는 영적 자동 시스템의 칩이 심령 안에 새겨지면 믿음도 하나님 은혜도 흔들림이 없고 마음도 요동하지 않는다. 변함없는 하나님 은혜가 심령 안으로 들어온다면 다시는 죄에 침몰당하지 않는 사람을 보면서 믿음은 행위나 노력이 아니라 전적으로 하나님 은혜로만 되는 것을 안다.

📖

사람이 아무리 애쓰고 힘써도 변화되지 않은 사람 마음 안으로 하나님은 들어오실 수 없다. 하나님은 깨끗한 심령 안으로 들어오시는 분이라는 것을 안다면 마음관리를 잘해야 한다. 그리고 사는 동안 힘든 심령의 공백과 극도의 영혼 빈곤을 겪다가 비로소 은혜의 맛을 보지만 소원을 믿음에만 둔다면 하나님이 아름답게 이끌어 주실 것을 바라보게 된다.

사람이 하나님 품안에서 푹 젖어 사는 행복한 날만 있는 줄 알았는데 그것도 순간에 불과하고 다른 일이 또 기다리고 있다. 아직 영혼 몸이 완전히 회복되지 못한 사람을 향하여 하나님은 느닷없는 회초리를 보여주시면서 또 다른 은밀하신 성령의 훈련으로 이끌어 가실 것을 알려 주신다.

하나님이 두껍고 길고 긴 회초리를 크게 휘두르시며 "내가 너를 어찌하랴"라고 걱정하시는 모습을 보고 몸을 아주 납작하게 엎드리지만 마음은 이미 다 죽어 있다. 하나님이 주시는 사랑 안에서 비로소 이제는 다 된 줄 알고 마음을 놓고 행복했는데 하나님 임재의 성공은 또 다른 믿음의 시작이고 출발이라는 것을 알지 못했다. 그리고 아무것도 모르는 사람을 향하여 회초리를 휘두르시는 것을 보면서 앞으로 어려움이 많을 것을 직감하게 해주신다.

하나님의 임재 전이 크게 보이는 돌 같은 죄를 처리하는 과정이라면 임재 후는 성령에 의해 영혼의 깊은 것까지도 세밀하게 처리받는 좁고 협착한 훈련과정이 앞에 놓여있는 것이다. 그러나 당시에는 이것을 알지 못했다. 단지 이제는 다 되었다고 마음을 놓는 순간, 또다시 혹독한 성령의 훈련으로 사람을 다시 몰아간다는 것을 알지 못했다. 믿음이란 맛본 은혜가 다가 아니다. 하나님 나라는 죽을 때까지 성령의 훈련 속에서 우리 믿음이 성화의 자리까지 자라가야 한다. 그리고 구약의 할례는 겉에 있는 육신의 표피만 잘라내는 육적인 아픔이지만 성령의 내적 훈련과 다루심은 온 마음과 영혼과 몸의 살점을 베어내는 힘든 길이라는 것을 알지 못했다.

📖

　사람이 믿음으로 새로워지려면 성령과 말씀의 검으로 내면의 의식과 무의식과 잠재의식에 속한 영과 혼과 몸의 모든 불순물을 다 뽑아내고 찔러 쪼개어서 그 불의한 것들을 주님의 보혈로 처리 받아야 한다. 그러나 그 힘든 과정이 앞에 놓여 있는 것을 사람은 전혀 알지 못했다. 하나님 임재 이전에는 크고 작은 거친 죄들을 처리하는 과정이지만 하나님 임재 후에는 내면의 바이러스 같은 보이지 않는 아주 미세한 죄와 먼지도 다 성령에 의해서 태우고 날려 보내야 하는 힘든 과정이 기다리고 있었다.

　믿음이란 성령님의 역사로 그 영혼과 몸의 내외적인 처리 과정을 통해서 깨끗하게 해주셔야 바르게 믿음으로 세워지는 것이지 육체의 힘으로 되는 것은 아니라는 것이다.

📖

　성령의 훈련 과정 속에 들어있는 사람을 보면 몸과 마음은 아프고 쓰리지만 영혼 몸 전부를 성령님께 맡겨야 하고 진정한 회개도 성령이 하게 해주셔야 된다. 믿음이란 어떠한 견고한 진도 무너뜨리는 하나님의 능력으로 우리 안에서 성령이 역사하시도록 몸과 마음을 맡겨야 한다. 그리고 믿음으로 성령의 대수술을 받아야 하는 일정 속에 놓인 그 안에서도 하나님은 사람을 편하게 놔두지 않으시고 허비하고 섬기게 하시면서 손해를 손해로 여기지 않게 해주신다. 돌아보니 성령님으로 하시는 훈련 속에 많은 것을 배우면서 믿음으로 살아가려면 포기해야 할 것이 너무나 많다는 것을 안다.

믿음이 성장할수록 문제도 크게 오는데 그것은 믿음으로 이기라는 의미가 들어 있다. 믿음으로 살아가려면 사방에서 우겨 싸움을 당하는 것이 무엇인지를 경험하면서 사단을 물리치고 들어가는 믿음의 실전 경험을 통해 믿음의 영적 지경이 회복되고 넓어져야 한다. 그래서 신자는 마음대로 말하고 생각하면서 돌아다니면 사단의 미끼가 되기 쉽다. 반대로 성령을 따르는 믿음이 된다면 세상도 마귀도 자신도 다 이겨진다.

하나님이 주시는 형통이란 마음의 통로가 시온의 대로처럼 뚫려서 그들이 떠난 자리에 하나님의 은혜가 채워지는 것이다. 언젠가 하나님은 "애야 네 앞길에 서광이 비친다"라는 말씀을 해주실 때면 앞으로 좋은 일이 있을 것이라고 예감하지만 그것은 힘든 문제 해결이 아니다. 그 후부터 밀려오는 하늘의 은혜를 맛보니 이것을 두고 하시는 말씀이라고 생각하면서 하나님은 믿음으로 마음의 허다한 것을 처리하면 은혜로 보상해주신다. 그리고 하나님 은혜란 사단과 싸워서 이길 때마다 주시는 영적 탈취물이고 전리품이라는 것을 경험한다.

하나님이 주시는 은혜 중 평강은 하나님 나라에서 맛보는 진미 중에 진미다. 하나님 말씀으로 마음이 기경되고 믿음으로 마음을 새롭게 일군 사람 안으로 하나님 평강이 들어온다면 하나님이 주시는 은혜로 영혼이 잘되고 육체도 건강해질 수밖에 없다. 믿음 안에서 영혼 몸이 나음을 입는 경험도 이런 내적인 하나님이 주시는 평강 안에서만 가능하다. 그리고 사람 안에서 버티는 어두움을 본다면 일마다 때마다 어떻게 해야 하는지 근심이 되지만 믿음이 장성하다면 마음만 드려도 답은 이미 와 있다.

죽정이 같이 연약한 사람이 하나님 임재 안에 산다는 것만으로도 감사하지만 하나님 안에만 진귀한 모든 영적 열매들이 다 들어 있으니 그것 때문에 기쁨이 되고 소망이 된다. 그리고 믿음 안에서 포기하고 죽어진 것만큼 주님의 생명이 그 죽을 육체에 나타나는 믿음만 된다면 그제야 주님의 생명이 무엇을 말하는지 알게 되고 그 생명의 힘으로 살아가게 된다.

　믿음이 부족하면 설교도 잘 알아듣지 못하나 하나님 말씀을 들을 때 가슴이 뜨거워진다는 것은 하나님은 바로 그 말씀 자체이시고 하나님 말씀은 살아계신 생명의 말씀이기 때문이다. 하나님 말씀이 곧 영이요 생명을 살리는 참 진리이기 때문에 하나님 말씀이 마음에 부딪치면 그 생명이 심령에 닿아서 영혼과 온몸이 뜨거워진다. 하나님 말씀이 영이요 진리인데 말씀이신 주님이 세상에 왔으나 세상은 알아보지 못한다.

　엠마오 도상에서 부활하신 주님이 말씀을 풀어 주실 때 제자들은 마음이 뜨거워짐을 경험하지만 주님을 알아보지 못했다. 우리 육신은 얼마나 둔하고 무감각한지 하나님 말씀을 들어도 알아듣지 못하나 말씀을 읽다가 듣다가 마음이 뜨거워지고 그 말씀이 주는 향기로 눈물이 나면서 그 말씀이 꿀보다 더 달다고 고백할 수 있어야 바른 신앙이 시작된다.

　바른 믿음이란 하나님 말씀 안으로 들어가서 우리 영혼 몸으로 말씀을 누리고 맛보는 것이다. 누구든지 하나님 말씀을 들으면 들리는 그 말씀을 통하여 생명으로 오시는 하나님을 만나게 된다. 사람이 하나님 말씀을 읽다가 그 의미를 깨달을 때 말씀이신 하나님을 만나 그 말씀이 우리 영혼에 생명으로 들린다면 그 말씀만이 곧 우리의 생명이시라는 것을 안다. 우리는 하나님 말씀을 다 안다고 하지만 하나님 말씀이 얼마나 어려우면 일생동안 듣고 외워도 이해가 안 되는지, 말씀이 영혼의 생명으로 들리지 못하는지 그 이유가 무엇인지 돌아보아야 한다.

📖

성경 속의 광야 40년이란 하나님 말씀으로 들어가서 말씀으로 세워지는 훈련 과정을 말한다. 그 땅이 혼돈하고 공허하며 흑암의 깊음 속에 갇혀 있을 때 하나님의 말씀이 임하니 새 창조의 역사가 일어나듯이 사람도 하나님 말씀이 안으로 들어와서 온 영혼 안에서 새롭게 창조의 역사가 일어나 믿음으로 세워져야 한다.

하나님 말씀이 주는 은혜는 우리 마음 판에 엄청난 지각 변동을 일으키기 때문에 하나님 말씀만이 우리의 모든 것을 뛰어 넘는 생명을 살리는 말씀이자 생명을 살리는 전부가 된다.

📖

하나님 말씀이 전혀 예상치도 못한 곳에서 들리고 안으로 들어오면 신앙이 어린 사람도 금방 달라진다. 그것도 모르는 사람이 세상에서 소유한 것이 다인 줄 알고 얻은 것을 자랑하면서 잘 믿는 줄 오해한다. 지나간 지식과 경험을 들먹이는 사람은 믿음이 무엇인지 모르기 때문이다. 신자는 세상의 헛됨을 알기에 무엇이나 자랑하지 못한다.

사람은 자꾸 높아지고 싶어 하지만 신자라면 무슨 일이든지 하나님이 해주셔야 한다. 그리고 하나님 말씀이 생명으로 심중에 부딪칠 때면 그동안의 신념도 전혀 아니라는 것을 안다. 그러나 우리를 연단시키기 위해서 오는 하나님 말씀과 성령으로 심령이 부서지고 깨뜨림을 당하는 장소에서 마음은 매우 아프지만 그 뉘우침 속에 흘리는 눈물을 하나님이 보시고 아시면 다 된다.

그러나 그동안 배운 말씀은 다 어디로 갔는지 이제는 말씀 한 구절도 넘어가기가 힘들고 하나님 말씀을 함부로 건너뛸 자신도 없다. 믿음으로 한 걸음만 내밀어도 하나님 말씀이 주는 은혜로 온몸과 영과 혼을 풍성하게 해준다면 하나님 생명이 주는 맛이 다할 때까지 마음에 되새기게 된다. 사람에게 믿음이 소중한 이유는 하나님을 생명의 말씀으로 취하면서 누리는 영혼의 만족함 때문이다. 진정한 하나님 안에서의 누림이란 우리 영혼 속에서 느끼는 천국의 맛이라는 것을 안다면 영적 심령의 땅은 그 믿음의 지경이 넓어지고 날마다 확장되어야 한다.

신자가 느끼는 하나님 은혜의 깊이와 넓이는 너무나 깊고도 오묘하다. 그러나 그곳에서 믿음이 좋다고 자랑하면 안 된다. 하나님 은혜 안으로 어떻게 들어가느냐고 사람들에게 물어보아도 잘 설명하지 못하는 이유는 믿음은 하나님의 영역이기 때문이다.

제30일

하나님 말씀으로 들어가는 믿음

"여호와를 경외하는 도는 정결하여 영원까지 이르고 여호와의 법도 진실하여 다 의로우니 금 곧 많은 순금보다 더 사모할 것이며 꿀과 송이꿀보다 더 달도다" - 시 19:9-10

하나님은 우리가 믿음으로 살아가다가 당한 어려움을 아시고 위로와 사랑으로 찾아주신다. 이것은 하나님이 우리를 늘 보시고 아신다는 증거가 된다. 믿음이란 땅의 것으로 심고, 하늘 것으로 거두는 것임을 아는 사람은 육으로 심고 영으로 거두는 경험이 들어와서 하나님 은혜 안으로 인도하시는 하늘의 신비를 경험해야 한다. 우리는 말씀을 읽다가 듣다가 깊은 감동으로 울 때가 있다. 하나님 말씀이 점점 생명으로 들리고 영혼 몸 깊이 채워지는 경험을 해야 믿음이 무엇인지를 알게 된다.

사람의 인생은 늘 괴롭지만 그 길에 하나님이 주시는 불기둥과 구름기둥, 만나와 메추라기만 있으면 다 된다. 그리고 어려운 일들을 통하여 은밀한 것까지 다 솟구치고 드러내어 깨끗하게 처리해 주시는 성령의 처리 과정을 경험하면 마음은 슬프지만 하나님의 손길을 느낀다는 것이 큰 복이 된다. 사람의 힘으로 처리할 수 없는 속 안의 가라앉은 누적된 불순물을 불같은 시험 속에서 다 들어내시고 깨끗하게 만드는 과정 안에 우리가 들어 있다면 그것은 매우 힘들고 아프지만 큰 복이 된다.

그리고 믿음이 부족해서 광야에서 불평하던 사람들은 한 사람도 가나안에 들어가지 못한 것을 보면서 믿음으로 살아가려면 불평하지 말아야 한다. 하나님을 모르는 사람에게 삶의 고비마다 상하고 다친 몸을 다시 깨끗하게 할 수 있는 기회를 주시니 감사한 것이다.

믿음이 이긴다는 것은 하나님을 의지함으로 세상만사를 다 이겨지는 마음이다. 믿음 안에서는 감사하다는 고백이 된다면 무슨 일이든지 다 이기게 된다. 손해 보고 망하는 상황 속에서 그 어떤 것도 이길 수 있는 힘은 하나님이 주시는 은혜뿐이고 억울한 일을 당해도 하나님이 알아주시는 것 때문에 위로가 된다. 그 어떤 일도 희생도 육신의 힘으로는 되지 못하지만 하나님은 그의 일을 기쁘게 받으시고 그 상급으로 은혜를 주시면 다 된다.

하나님은 물질로 심게 하시고 은혜로 걷게 해주시면서 힘든 어려움을 다 이기게 해주신다. 일생 동안 바보같이 살아가면서 모든 짐을 감사함으로 지게 하시더니 하늘의 것으로 채우시는 하나님을 만나면서 그 상한 마음이 다 해소가 된다. 그리고 하나님 은혜만 있다면 어려워도 힘들어도 헛살았다고 생각하지 않고 지나간 어떤 어려움도 삶도 하나님이 믿고 맡겨주신 것을 아니까 감사하게 받게 된다.

하나님 안에서 모든 소유도 하나님 것이라는 인식 속에 들어만 간다면 편안해지고 망하고 실패해도 하나님 한 분만 있으면 다 된다는 것이 기쁨이 된다.

📖

우리가 반드시 믿음으로 들어가야 할 그 땅은 험지고 두려운 곳이지만 하나님은 들어가려고 결단하는 마음을 보시고 도와주시면 다 된다. 신자가 그 땅으로 들어가고 싶은 마음만 된다면 능히 취하고 얻을 것을 바라보게 해주신다. 그 땅은 골짜기든지 산지든지 시내와 분천과 샘이 흐르고 밀과 보리의 산지며 포도와 무화과와 석류와 감람나무와 꿀의 산지여서 먹을 것에 목마름이 없고 부족함이 없는 땅이다.

그 땅은 하나님의 복을 준비해 두신 곳으로 이른 비와 늦은 비를 적당히 내려주시고 곡식과 포도주와 기름으로 배부름을 얻게 해주시고 싶어 하시는 하나님의 마음이 계신 곳이다.

그러나 그 땅은 거저 되는 것이 아니라 험한 난관을 넘어가는 믿음이 되어야 한다. 그 땅을 차지하기 위해서는 견고한 육적 자아와 높아진 죄로 얼룩진 사람의 본성을 정복하는 믿음의 정복 전쟁이 우리 안에서 끊임없이 일어나야 한다. 그리고 게으르지 않고 꾸준하게 나가면 하나님은 아시고 기억하셔서 함께해 주신다. 그러나 믿음은 잘 믿을수록 더 잘 되어야 하는데 점점 더 안 되고 메마르고 삭막해지고 힘들어지는 것을 보면서 결국은 이 힘든 어려움은 믿음으로 반드시 통과해야 하는 영적 전쟁이라는 것을 알게 된다.

📖

언제인가 주일 예배에서 신비한 하나님 은혜를 경험했다. 무지개같이 영롱하고도 찬란한 색깔의 구슬 같은 아름다운 은혜의 비가 하늘에서 한없이 내려오는 복된 흐름이 온 성전과 온몸을 가득 채웠다. 그리고 온몸과 마음을 감싸주는 아름다운 형형색색의 보화 같은 은혜의 흐름이 수없이 머리 위로 내려오는 것을 바라보면서 온 마음과 몸이 전율할 정도의 감격으로 가득 차올랐다.

문득 아래를 보니 땅 위의 사람들이 보이면서 비밀한 사인을 주시는데 천상의 아름다움과 땅의 간격이 너무나 달랐다. 이 신비하신 하나님 은혜를 맛보면서 지난 날 마음을 낮추며 굶주리게 하신 이유도 신령한 복을 주시고 싶어 하시는 하나님 아버지의 마음이시라는 것을 깨달았다.

이런 신비하신 하나님 은혜를 경험하면 힘들 때도 하나님이 알아주시는 것을 알기에 안심이 되고 그동안 낮추신 이유도 그 좋은 것을 주시고 싶으신 하나님 아버지의 배려라는 것을 알기에 큰 안심이 됐다. 사람들은 믿음을 섬기거나 선행으로 나타내려고 하지만 진정한 증거는 사람 안에 하나님 생명의 흐름이 있느냐 없느냐의 문제로 귀결되어야 한다. 또한 하나님의 판결 속에서 증명되는 의인은 하나님 은혜로 증명되어야 한다. 하나님의 은혜와 성령의 운행하심을 영혼과 몸으로 경험하면서 하나님 생명으로 살아갈 수만 있다면 그것이 바로 구원받은 사람의 증거가 되는 것이다.

📖

신자가 하나님 은혜의 절정을 경험하면 세상 것은 하찮은 것들로 여기게 된다. 그러기 위해서는 우선 믿음이 되어야 한다. 믿음이란 마음의 문제로 주님이 오신 소식도 가난한 목자에게 먼저 전해지는 것을 보면서 어떤 사람이라도 마음이 겸손해야 주님이 오신다. 그 모든 것을 다 구비했다고 자부하는 사람은 그의 안목이 높아서 주님을 알아보지 못하나 비천하고 가난해진 마음을 아시고 오시는 주님을 경험한다면 마음이 낮아져야 한다.

그러나 그가 진정 믿음의 사람이라면 여러 가지 어려움을 겪는다. 그것은 시련을 통해 믿음이 바르게 세워져 우리를 아름답게 해주시려는 하나님의 마음이기에 그 오는 시련을 기쁜 마음으로 잘 통과해야 한다. 만일 그 사람이 험한 시련 속에 세워진 믿음이라면 성령으로 연단을 받음으로 믿음도 견고해진다. 믿음이 된다고 해서 시험 연단이 없는 것이 아니기에 악이 자리를 잡지 못하도록 항상 깨어있으면서 죄악에 물든 세상을 따라가는 어리석음을 다시는 범하면 안 된다.

　　믿음이 있다고 말하면서 세상을 즐기고 세상 것을 따라다니는 사람은 좋아하는 것만 따라다니지만 믿음이 없다면 그 안에 오래 머물지 말아야 한다. 하나님을 잘 믿다가 육신의 힘이 소진되고 본능적인 사람의 힘으로는 아무것도 할 수 없다는 것을 깨달아야 믿음이 소중하다는 것을 알게 된다.

　　모든 것이 믿을 것이 못된다고 느끼는 처절한 곳에 가서야 하나님을 붙들게 되고 부족하고 실수투성이라는 것이 인정되어야 하나님이 보인다. 사람은 하나님을 경험해야 믿음이 무엇인지 깨닫게 되는 것이지 믿음은 거저 되지 않는다. 믿는다고 하면서도 하나님 은혜 경험이 없어서 되는 것이 하나도 없는 지난날들을 돌아보면서 믿음은 이 땅이 아니라 하늘에 속한 신령한 은사임을 알게 된다. 빛과 공기처럼 흘러오는 하나님 생명을 온 마음과 영혼으로 체험할 수 있다면 그것이 참된 복이라는 것을 깨닫는다.

　　하나님은 사람을 구원하시려고 미리 정하신(예정) 그들을 부르시고(소명) 부르신 그들을 또한 의롭다(칭의) 해주시고 의롭다 하신 그들을 또한 영화롭게(영화) 해주신다(롬 8:30).

　　믿음으로 의롭고 선한 생활은 하나님으로만 되는 것이지 본능 중심의 육신의 힘으로는 절대 신의 경지에 이를 수 없다. 전적 타락에 빠져서 전적 무능력 상태에 있는 사람이 육신의 힘으로 신의 성품에 참여하려는 것은 불가능한 일이지만 하나님을 따라가고 싶어서 하나님 안으로 들어갈 때만 바른 믿음이 되어 성화의 진보를 이루게 된다. 믿음으로 출발해서 사랑으로 완성되는 것이 바로 신의 성품에 참예하는 성화 과정인데 이런 것이 없으면 믿음이란 말잔치에 불과하다. 진정한 성화는 바른 믿음으로 시작해 덕, 지식, 절제, 인내, 경건의 결과로 하나님 사랑과 이웃 사랑으로 최종 열매를 맺어야 한다.

신의 성품에 참예한다는 것은 믿음의 성화를 표현하는 말로 믿음 안에서 하나님을 알게 된 신자들은 남은 생애를 통해 경건생활의 진보 즉 성화의 자리까지 나가야 한다. 성화는 믿음으로 출발해 성령님의 도우심을 받고 주시는 은혜를 따라서 사람의 적극적인 반응에 의해 전 생애동안 진행되어야 한다. 그리고 믿는 동안은 죄와 지속적인 투쟁을 해야 하고 죄를 고백하고 용서받기 위해서 늘 기도해야 한다. 믿음이란 하나님이 그 죄를 용서하신다는 것을 믿는 것이고 자기 스스로를 용서한다는 것을 알고 믿는 것이다.

📖

용서도 하나님이 해주신 것을 감사로 받으면서 자신이 용서를 받았다는 사실을 믿어야 한다. 천국은 속된 것이나 가증한 일 또는 거짓말 하는 자는 결코 들어가지 못하는 것을 알기에 다만 묵묵히 인내하면서 들어가려고 힘써야 한다. 우리는 깊은 믿음의 자리에 이르기 위하여 꾸준하게 성화로 나가다가 육신의 생명이 끝나는 즉시 영화로 들어가게 된다. 그러나 사람은 그의 육신의 성향을 고치는 것이 신앙에 들어가는 것보다 더 어렵다고 한다. 하지만 이러한 것들을 통과하므로 새 하늘과 새 땅에서 새 사람이 되어 새 임금을 섬기고 새 노래를 부르며 사는 사람이 되기까지 나가야 한다.

신자는 하나님 은혜가 무엇인지 알지 못하면 하나님을 알 수 없어서 하나님을 조금도 믿을 수가 없다. 하나님 은혜가 아니면 되는 것이 없다는 것을 아는 사람이 바로 신자다. 믿음은 하나님 은혜 없이는 되는 것이 아무것도 없다는 것을 아는 것이다.

믿음으로 살아가려면 슬픔과 기쁨, 감사로 인해 눈물도 많이 흘려야 하지만 무감각한 육체로는 눈물을 흘리고 싶어도 마음대로 울지 못한다. 그러나 성령에 의해 부서져 부드러운 마음에는 눈물이 많이 나 하나님 은혜에 감격해 울고 기뻐서 울게 된다. 보는 것, 듣는 것 마다 감사해서 눈물이 나지만 눈물을 흘리고 나면 마음이 맑아지는 이유는 눈물이 날 때마다 마음속의 더러운 것도 같이 떠나가기 때문이다.

그러나 하나님 은혜를 받지 못하는 이유가 무엇인지 생각하다가 부족한 사람이라는 것에 마음이 꽂히고 믿음이 자라는 데는 여러 가지 장애가 많은 것을 안다. 믿음은 자신을 똑바로 보지 못해서 자라지 못하고 죄를 지어본 적이 없다고 생각하니까 믿음을 중요하게 여기지 못한다. 하지만 믿음이 자랄수록 죄가 보인다. 사람은 그 죄가 너무 싫어야 하는데 마음이 굳어서 그 죄를 아는 것도 마음대로 되지 않는다. 믿음으로 산다는 것은 하나님과 사람 사이에 막힌 통로가 뚫려서 죄의 담이 무너져야 하지만 죄를 모른다면 믿음도 안 되어서 하나님을 믿지 못한다.

📖

하나님은 사람의 생각을 믿음으로 바꾸어주기 위해서 힘든 파트너를 붙여 주신다. 자신의 성향과 전혀 다른 사람을 붙이셔서 육신에 속한 인식을 믿음으로 바꾸어 주신다. 이웃을 사랑을 해야 하는데 사랑이 전혀 안 되는 이웃을 사랑하라고 하신다. 그러나 조금씩 사랑을 하면서 가다보면 조금씩 그 길을 열어주시고 사람의 능력과 한계를 아시고 그 길을 인도해주신다.

📖

사람을 처음부터 사랑하려면 어려워서 안 되니까 그 길을 미리 보여주지 않으시지만 믿음으로 보이지 않는 길을 따라가다 보면 왜 그 일을 하라고 하시는지를 알게 해주신다. 성경은 사람을 사랑하지 않는 사람은 하나님을 알지 못한다고 한다. 하나님은 사랑이시라는 것을 경험만 해도 신앙의 갭(gap)은 크게 줄어드는데 말만 듣던 하나님 사랑을 실제로 체험해야 그 깊이를 알게 된다.

그리고 하나님 임재 가운데 들어 있다는 것은 하나님 사랑가운데 들어 있다는 말과 같다. 하나님 사랑을 알려면 하나님의 임재 안으로 들어가야 하는데 하나님 임재를 모르는 신앙은 사랑이 없어서 믿음도 무기력해진다. 그러나 하나님 은혜가운데 거하려고 애쓰다가 하나님의 임재를 맛보게 된다면 하나님 임재가운데 들어가서야 비로소 그 무서운 죄도 이겨진다.

📖

보이지 않는 죄를 벗어버리려고 힘써도 안 되던 그 죄가 하나님 임재 안에서 사라지는 것을 경험하면 옆구리가 결리도록 기도를 해도 안 되던 회개도 임재 안에서 해결되는 것을 본다. 사람은 임재 신앙으로 나가야 바른 신앙이고 하나님 임재 안에서만이 그 죄가 깨끗이 씻기는 의미를 경험한다.

믿음으로 사는 한 번뿐인 삶

"너는 마음을 다하여 여호와를 신뢰하고 네 명철을 의지하지 말라
너는 범사에 그를 인정하라 그리하면 네 길을 지도하시리라" - 잠 3:5-6

믿음 안에서는 고난이 십자가라고 말하지만 고난은 세상 사람도 받는다. "신자가 십자가를 진다"는 말은 자신의 죄를 십자가에 처리하는 것인데 죄가 무엇인지 모르고 그 죄를 알지도 못한다는 것은 아직 아무것도 모른다는 뜻이다. 죄의 크기를 알아야 돌이키는데 십자가 밑에서 죄를 보는 훈련 없이는 믿음도 되지 않고 죄를 아는 데도 오래 걸린다. 다만 죄를 깨닫게 해주시는 하나님 은혜가 아니라면 그 누구도 회개하지 못해서 믿음으로 나가지 못한다.

믿음은 누구나 되고 싶다고 해서 되는 것이 아니라 그 믿음도 하나님이 주셔야 한다. 하나님 앞에 엎드리고 하나님을 인정해드릴 때면 하나님이 알아주신다. 하지만 우리는 하나님을 떠나서는

아무것도 할 수 없음을 알기에 순간순간 하나님을 찾고 생각하고 기억하는 그 일도, 믿음 안에서 아는 것만으로도 감사해야 된다.

📖

사람은 조금만 게으르면 금방 하나님을 잊어버리는데 그 원인은 무딘 육신 때문이다. 사람마음대로 행하는 것이 결국은 사람을 낙심하게 하는 그곳에서 하나님은 사람을 애타게 부르신다. 그 부르심을 스쳐가는 생각으로 듣는다면 되는 것이 없다. 하나님은 늘 우리를 부르시는데 그것을 모르던 연약한 때를 돌아보면 준비가 되지 않은 마음으로는 무엇을 해도 되는 것이 없다는 것을 깨달았다. 하나님 안으로 들어가지 못하게 방해하는 것이 무엇인지 모르고 바르지 못한 습관이나 형편들이 무엇을 말하는지 알지 못하면 믿음을 다시 돌아보아야 한다.

📖

우리는 하나님을 모르는 막연한 현실 속에서도 잘 믿으려고 한다. 하지만 자신의 부족함을 볼 줄 아는 것이 하나님을 붙드는 기회가 된다. 나무 가지가 무성하게 자라면 가지를 쳐야 잘 자라듯이 사람도 너무 크게 자라거나 교만해 가지치기를 당한다면 그 아픔을 참아내야 한다. 그리고 다듬어지지 않은 자아 때문에 여러 가지 문제와 부딪치면서 사방에서 가지치기를 당하지만 나무가 비바람 속에서도 해를 향해 자라가듯이 그 어려움 속에서도 하나님을 향해 찾아가는 신앙이 된다면 사람은 많이 달라진다.

📖

사람들은 하나님을 잘 믿으려고 하지만 참된 믿음이 되려면 온 몸과 영혼의 모든 관심이 하나님 중심으로 바뀌어야 한다. 우리가 사람과 친하려면 진실한 마음이 되어야 하듯이 믿음으로 살아가려면 마음이 하나님 중심으로 바뀌어야 한다. 믿음으로 사는 것이란 다른 사람이 내게 잘해줘서 좋아하는 것이 아니라 다른 사람에게 잘주지 못하는 것 때문에 근심하는 것이고 늘 잘해주지 못해서 아파하는 것이다. 때문에 믿음이 자랄 때까지 매우 오래 걸리지만 매 순간 하나님을 향해 마음을 드리기만 하면 하나님이 믿어지고 알아져서 그대로 된다는 것은 기이한 하나님 은혜로만 된다.

📖

우리의 삶 자체가 바로 믿음으로 살아가는 한 번뿐인 기회라는 것을 아는 사람은 하나님을 붙들어야 한다. 우리는 부부가 사별한 후에 매우 애통해 하는 사람을 보지만 하나님을 잘 믿어 드리지 못한 세월에 대해 애통해 하는 사람이 없다는 것은 잘 알지 못한다. 사람들은 자신만 생각하는 마음으로 자신 안에 갇혀서 살아가면서 하나님에 대한 간절한 믿음이 무엇을 말하는지 알지 못한다.

믿음이란 하나님께 마음을 드리는 것이다. 그런데 사람은 어려운 일이 생기면 능력 받은 사람을 찾아다니면서 도움을 받으려 한다. 하지만 진정한 믿음은 하나님을 부르며 하나님 안으로 들어가는 것인데 하나님 안으로 들어가는 것이 무엇인지 알지 못해서 하나님을 잘 믿지 못한다. 그러나 어떤 어려움이 와도 하나님과의 관계 속에서 해결되어야 한다는 것을 아는 사람은 모든 문제를 하나님께 맡기고 하나님이 해주실 때까지 기다리면서 하나님만 의지해야한다. 그리고 믿음으로 살아가려면 늘 하나님을 생각하고 하나님을 바라볼 때마다 하나님 은혜가 마음에 가득 들어와야 하는데 아직 그런 자리에 있지 못하다면 그 믿음이 어려서라고 밖에 말할 수 없다.

신앙이란 마음으로 하나님을 바라보기만 해도 하나님 은혜가 들어와서 하나님으로 살아지는 것이다. 마음 안에서 올라오는 허다한 것들을 이기고 넘어가는 것이 바로 믿음으로 사는 것인데 이런 훈련이 없으면 아직 믿음으로 사는 것이 무엇인지 알지 못해서 믿음을 붙들지 못한다.

믿음으로 산다는 것은 착한 일을 많이 하는 것보다 먼저 우리 마음이 무엇에 관심을 두느냐에 따라 방향이 달라진다. 그러나 늘 하나님과 같이 있고 싶어서 하나님께 마음을 드리다보니 삶의 환경이나 형편이 달라진 것은 없어도 하나님이 주시는 은혜의 깊이가 깊어진다면 믿음으로 사는 길에서 느끼는 기쁨은 그 무엇과도 비교가 안 된다.

우리가 하나님께 마음을 드려야 하는 이유는 하나님은 하나님 안에서 살아가고 싶은 간절한 마음 안으로 들어오시는 분이라는 것을 알기 때문이다. 신자는 하나님께 마음을 드리는 훈련 없이는 믿음이 되지 못하고 믿음으로 하는 훈련 없이는 참된 믿음이 되지 못한다.

믿음이 어린 사람은 하나님께 마음을 드릴 때 하나님의 은혜가 마음 안으로 들어오기만 하면 믿음으로 사는 것이 무엇인지 알게 된다. 그러나 믿음은 영에 속한 문제로 겉으로 드러나는 모습이나 형식보다는 영으로 사는 훈련 없이는 믿음이 자라지 못하고 하나님을 바라보는 일 없이 믿음도 되지 못한다.

📖

신자가 믿음 안으로 들어가려면 하늘의 영적 가치가 무엇인지 깨닫고 영으로 하나님을 바라보면서 하나님께 마음을 드려야 한다. 그리고 믿음이 자라려면 오래 걸리지만 마음만 드리면 하나님을 만날 때가 있고 때마다 일마다 믿음으로 아름답게 해주실 때가 반드시 있다는 것을 아는 사람은 믿음으로 나가게 된다.

📖

우리가 살아가는 세상에는 어디나 하나님이 계시지 않은 곳이 없다. 우리가 사는 모든 환경과 형편도 하나님이 하신다는 것을 안다면 감사로 받아들여야 한다. 그리고 믿음이란 영에 속한 문제로 영으로 하나님을 갈망하고 사모하면서 하나님을 바라보다가 하나님을 경험하면 믿음이 많이 바뀌게 된다.

📖

우리가 잘 믿으려고 마음만 먹으면 불시에 일이 생기고 사방에서 힘든 문제가 다가오는 사실을 발견한다면 믿음으로 가는 길은 매우 어려운 길이라는 것을 알게 된다. 그리고 자기 연민과 자기 애착과 자기중심으로 가득한 본능 중심으로 살아가던 사람이 불시에 문제가 다가오면서 믿음을 방해하는 일이 얼마나 많은지를 경험해야 믿음으로 가는 길이 문제가 있음을 알게 된다.

믿음으로 나가는 사람을 향하여 하나님은 성령을 통하여 지속적으로 그 마음을 건드리신다. 성령님의 하시는 일을 조금도 알지 못하는 굳은 본능 중심의 차가운 사람은 마음대로 살아가면서 환경과 물질과 질병 속에서 수많은 삶의 고비를 넘어가지만 왜 그런 일이 생기는지를 깨닫지 못해서 믿음 안으로 들어가지 못한다.

그리고 어려움을 당하면서 삶의 밑바닥까지 내려가고 힘든 곳까지 내려가 처절히 실패를 겪는 그때가 되어서야 비로소 하나님을 바라보는 것이 신자의 신앙 현실이다.

📖

세상에서 가장 어리석은 사람은 하나님을 믿지 못하는 사람이다. 그가 아무리 모든 것을 다 가졌다고 해도 하나님을 모른다면 무익한 인생이라는 것을 그는 알지 못한다. 하나님을 믿는 일이 바로 자신의 생명 구원을 위한 단 하나의 길인데 그것이 무엇인지 알지 못하면 아무리 똑똑한 사람으로 인정받아도 소용없음을 알지 못한다.

처음에는 하나님 은혜를 조금만 경험해도 놀라워서 말하고 싶어 들썩거리던 사람이 하나님 은혜가 점점 깊어질수록 그 은혜를 감히 드러내지 못한다. 하나님께 받은 은혜가 너무나 크고 소중하지만 하나님을 따라서 바르게 살지 못하는 미안함 때문에 받은 은혜를 감히 말하지 못한다. 그리고 믿음 안에서 여전히 침묵하는 이유는 더 깊고 좋으신 하나님 안으로 들어가고 싶은 간절한 소망 때문이다.

📖

사람은 무엇이든지 드러내 말해야 속이 시원하지만 오직 침묵하면서 견디는 것이 믿음으로 사는 것이다. 이것을 아는 사람은 잠잠하고 인내하게 되는데 이것이 바로 믿음으로 사는 것이다. 그리고 말씀을 전하면 듣는 사람은 다 안다고 고개를 끄덕이지만 어떤 말도 알아듣지 못한다는 것을 알기에 그 어떤 말로도 설명이 되지 않는다. 단지 잘 믿어야 한다고 말해줄 뿐이지 그 이상은 말이 통하지 않아서 단지 침묵할 것밖에 없다. 그러나 하나님은 그 침묵도 가만히 두시지 않으시는 것을 보면서 때가 되면 그 길고 긴 침묵의 보따리를 기어이 풀어놓게 하시는 것을 알기에 글도 쓰게 된다.

📖

젊은 시절에 하나님 말씀이 너무 좋아서 성경을 읽으려고 한적한 곳을 찾아다니고 기도하고 싶어서 조용한 곳을 많이 찾아다녔다. 그러나 그 일이 오늘의 믿음의 기초가 되는 것을 보면서 하나님 말씀을 내안에 많이 저장해두면 나중에 그 말씀이 생명의 말씀으로 돌아와 믿음의 큰 복이 된다.

하나님 은혜는 하루아침에 되는 것이 아니라 이슬비가 내려서 생물을 살리는 큰 강물이 되듯이 소리 없이 쌓이는 속에 들어온다. 믿음이란 늘 하나님과 동행 하면 되는 것인데 그 어느 날부터 영혼의 핍절함이 온다면 그 메마른 상태에서는 왜 그런 것이 사람을 고단하게 하고 힘들게 하는지 다시 생각해 보아야 한다. 단지 많이 힘들 때면 하나님이 부르시는 음성으로 알고 하나님 앞으로 돌아가야 하는데 그 일이 무엇을 말하는지 몰라서 무시해 버리면 되는 일이 없다.

심령이 메마르고 곤고한 장소에서는 하나님을 찾아가야 하는데 세상이나 다른 것으로 해결을 하려고 하니 아무것도 되지 않는다. 심령이 곤고하면 하나님이 그 내면을 건드리시는 것인데 믿음이 되지 못하면 분별하지 못해서 믿음이 자라는데 오래 걸린다.

하나님을 잘 모르는 삶이 바로 무너진 믿음의 현주소인데 하나님의 일을 조금도 알지 못하니 믿음에 대한 중요성을 깨닫지 못한다. 그리고 이성적인 지식이나 힘으로 나가면서 믿음을 과학이나 논리로 분석하려고 하지만 그렇게 해봐도 아무것도 되는 것이 없는 것을 인식해야 한다.

하나님을 잘 알지 못하는 차원의 지식적인 성경 말씀은 한낱 문자에 불과하고 지식으로만 나간다면 아무리 애를 써도 은혜가 되지 못해 믿음이 무엇인지 알 수가 없다. 기도도 말씀도 예배도 사람 중심으로 나가면 되는 것이 없다는 것만 경험하지만 믿음이 자라면 마음 없이는 아무것도 될 수 없다는 것을 깨닫게 된다.

📖

하나님 은혜가 마음 안으로 밀려들기만 하면 온 영혼 몸이 새 힘을 받아서 믿음 안에 사는 큰 기쁨을 안다면 믿음은 주님과 같이 걸어가는 즐거운 길이 된다. 그리고 믿음이 없는 사람은 완벽한 지식과 이해타산을 따지는 본능적인 자아 때문에 힘들게 살아가야 하지만 믿음으로 살아가려면 헛된 세상 지식을 따라가면 안된다. 그 거짓과 위선이 난무하는 세상과 사람을 보면서 그런 것을 믿음으로 이기려고 하는 것이 바로 믿음으로 살아가는 것이다.

믿음은 논리적인 이론이나 추상적이고 관념적인 이념이 아니라 실재적이고 현실적이며 현재성을 지니는 것이다. 하나님과의 진실한 만남이 있고 하나님과 서로 사랑이 되는 하늘 세계가 마음 안으로 들어와서 그대로 살아가야 바른 믿음으로 사는 것이 된다.

믿음에서 가장 큰 방해는 본능

"육신의 생각은 하나님과 원수가 되나니 이는 하나님의 법에 굴복하지 아니할 뿐 아니라 할
수도 없음이라 육신에 있는 자들은 하나님을 기쁘시게 할 수 없느니라" - 롬 8:7-8

사람들은 세상 복을 받으려고 하지만 믿음 안에서는 하나님이
주시든 안 주시든 상관없이 기도로 섬김으로 물질로 사랑으로 심
을 때 그 안에 오는 평안만 있으면 다 된다. 믿음이 온 이후에 심는
다는 것은 신자가 마땅히 해야 할 일이지만 그 일을 통해 하나님
이 은혜를 주신다는 데 큰 의미를 두고 싶다.

믿음으로 나가다가 힘들면 그 힘든 일을 통해 예수님을 체험하
는 이런 믿음을 모른다면 믿음으로 가는 그 길의 즐거움을 조금도
모르는 것이다. 사는 동안 믿음을 모르고 살아온 지난날을 돌아보
면서 지금까지 살아온 것도 하나님 은혜라는 것을 안다면 하나님
을 모르는 이 헛된 일에서 우리는 속히 벗어나야 한다.

신자들은 그동안 황폐하고 무너진 믿음의 성을 수축하기 위한 일정이 앞에 놓인 것을 안다면 그 일 때문에 마음으로 근심해야 한다. 그러나 지금은 하나님의 은혜로 회복되어가는 시간이고 하나님의 생명을 덧입는 시간인 것에 감사한다. 그리고 그 하나님을 찾아서 방황하던 세월이 많이 흐른 후에야 전천후한 하나님의 은혜로 하나님을 절절하게 체험하면서 심령의 가지치기와 영혼과 몸의 벗김을 당하는 아픈 시간도 오랫동안 지나간다.

믿음으로 좁고 협착한 길을 통과하면서 모든 것을 내려놓는 훈련을 하게 해주시고 죽어지는 것을 한 번도 경험하지 못한 사람의 본능중심 자아가 어떤 사건을 통해 깨지고 부서짐을 당하는 깊은 은혜의 시간도 지나간다.

여러 가지 믿음의 시행착오를 겪으면서 세상 가치관이나 예리한 이성으로 살아가던 사람이 믿음으로 살아가는 생의 전환점을 통과하는 기회를 통해 믿음이 무엇인지 알게 된다. 매사에 경우가 바르고 예의가 반듯한 세상의 가치관과 본능적 자아의 곧은 생각들을 성령의 역사를 통해 여지없이 무너뜨리시는 하나님 앞에서 믿음으로 사는 것이 무엇을 말하는지 알게 해주신다.

말할 수 없는 여러 가지 믿음의 고비를 넘어가면서 하나님이 아니면 아무것도 할 수 없는 사람으로 만들어 가신다. 성향이 다른 사람을 통하여 세상적인 가치관을 믿음으로 바꾸어 주시고 옳고 곧게 살아온 신념을 모든 사건을 통하여 깨어지고 부서지게 하시는 하나님을 경험하면서 믿음으로 살아가려면 사람의 모든 사고가 믿음으로 뒤집어져야 한다는 것을 안다.

그러나 그런 가운데서도 그 천상의 세계가 안으로 들어와서 그 천국을 마음 안에서 경험하면 그 천국이 무엇을 뜻하는지를 아는 사람은 많이 달라진다. 사람이 만일 하나님 은혜를 경험하면 천국 같은 은혜가 마음 안으로 들어와서 그 천국을 마음껏 맛보게 되고 그동안의 생각과 가치관은 아무것도 아닌 것이 된다.

우리가 만일 하나님이 입혀주시는 그 천국 같은 맛을 경험하면 우리 영혼은 하나님이 주시는 생명 빛으로 아름답게 물들고 영혼 몸이 매우 역동적으로 변화되어 생동감 있게 살아가게 된다. 마음과 영혼이 하나님을 바라보다가 하나님을 경험한다면 영혼 몸과 마음은 어미 품에 안겨있는 것과 같은 고요한 평화가 날마다 지속된다. 그리고 배고픔도 외로움도 마음의 상실감도 모두 자취를 감춘다. 부드럽고 잔잔한 봄바람 같은 성령의 훈훈한 은혜가 몸과 마음을 감싸준다면 그제야 제대로 된 믿음으로 사는 것이 된다.

우리가 만일 신실한 하나님의 자녀라면 사방에서 시기하는 곤고한 시련이 있다. 만일 우리가 믿음이 점점 올라간다면 사단도 점점 더 크게 드러나서 우리가 잘 믿지 못하게 방해한다. 그러나 믿음으로 살아가는 길은 항상 이중적이어서 큰 어려움을 겪어도 이상하게 생각하면 안 된다. 하나님 은혜를 경험한 사람은 이미 악이 무엇이고 선이 무엇인지 분별한다. 때문에 힘들게 하는 어려움이 오면 생각이나 감정에 무엇이 흘러나오는지 돌아보면서 나쁜 것들을 믿음으로 다스린다. 그리고 만일 자신의 뚜렷한 의지와 상관없이 영적 혼돈 속으로 빠지면 그때는 어찌해야 하는지 깊이 고민해야 한다.

신자가 믿음으로 나가다가 경험하는 영적인 경험 속에는 마귀도 성령의 역사도 혼재되어 있어서 이런 것을 경험하는 사람은 매우 당황하지만 그때는 믿음으로 잘 통과해야 한다. 문제는 이런 것을 이겨 낼 믿음이 없다는 것인데 사단에 예속되면 늘 힘들게 살아갈 수밖에 없지만 그 어떤 형상이 들어와도 잘 이겨내야 한다.

신자가 믿음으로 나가다가 어떤 이면적인 경험이 와서 방황할 때 이런 경험을 두고 믿음이 좋아서라고 오해하면 안 된다. 그러니 믿음으로 그 좁고 협착한 길을 찾아가는 숙제가 기다린다는 것을 안다면 마음을 믿음으로 동여매어야 한다.

신자들에게는 믿음 안에서 육신의 잘못을 돌이키게 하는 일종의 영적 기회가 온다. 그러면 믿음으로 살아가는 그 길에 사단은 그 가는 길을 방해하고 사람의 영적 지각을 마비시키면서 믿음으로 나가지 못하게 방해를 한다. 그때는 그 어떤 것도 믿음으로 해결해야 한다. 그래서 이런 사단의 속박에서 벗어나기 위해 성령 은사를 받아 예언 통변을 하고 병을 고치고 귀신을 물리치는 경험 속에 하나님이 살아계심을 깨달아 믿음이 올라간다. 그러나 능력을 행하고 귀신이 물러가면 다 된 줄 알지만 그것이 아니라 믿음의 한 과정에 불과하다는 것을 안다면 이 은사 차원을 넘어가야 한다.

신자들의 믿음이 올라갈수록 점점 번성하는 것은 사단의 세력이다. 사단은 우리 영혼이 하나님을 만나지 못하게 방해하지만 이런 상황을 이겨내는 것이 믿음으로 사는 것이다. 신자들은 그 앞에 어떤 것이 드러나 사람을 괴롭혀도 믿음이 성숙해지면 별문제가 되지 않는다. 그러나 이 아름답고 좋은 믿음 안으로 들어가려면 수많은 장애를 넘어가야지 믿음은 편하게 되지 않는다. 믿음으로 살아가는 길에서 사람들은 어려운 현실에 직면하지만 하나님 말씀과 하나님 인격으로 세워지려면 믿음으로 하는 모든 수고를 피하면 안 된다.

📖

어느 날 갑자기 누군가에게서 만나자는 연락이 왔다. 그런데 만나기 싫은 감정이 올라와서 거절을 하려다가 믿음은 감정을 따라가는 것이 아니라 하나님 말씀을 따라가야 한다고 생각해 마음을 돌렸다. 그런데 그 사람을 만나기 직전에 갑자기 큰 현기증으로 온몸이 흔들리는 위협적인 증상을 겪었다. 그리고 이런 현상은 지금까지 느껴보지 못한 야릇한 흔들림이라 약속을 지키지 못하게 하려는 사단의 술수인 것을 알고 얼른 마음을 돌려서 사람을 만났다.

📖

사단은 속에서 올라오는 감정과 생각과 몸에 오는 병까지 들먹이면서 시시때때로 사람 사이를 방해하고 깨뜨린다. 이런 것을 보면서 하마터면 감정이나 몸의 증상을 따라가다가 사람과의 화평이 깨질 뻔한 경험을 한다.

삶에서 오는 사단의 술수를 경험하면 마음은 두려워진다. 불시에 두려움과 무서움으로 마음을 떨게 만들고 사방에서 깨어지고 부서지는 느닷없는 사건이 일어나면서 사람을 위협하지만 이런 것을 이기는 것이 바로 믿음으로 사는 것이다. 사단은 사람을 싫어하게 하고 만나지 못하게 방해하며 감정과 몸과 생각까지 건드리면서 화평을 깨뜨리려 한다. 하지만 이것이 사단의 일이라는 것을 안다면 이 과도한 감정과 생각에 속지 말아야 한다.

믿음은 생각이나 감정을 따라가는 것이 아니라 객관적인 하나님 말씀을 따라가는 것이다. 사람이 속히 영성이 올라가지 못하는 이유는 본능적인 육신에 좌우되기 때문인데 이런 믿음이 감정에만 머물러 있는 한 믿음이 올라가지 못해 문제가 된다.

믿음의 사람은 언제나 양면성을 지닌다. 만약 사람이 믿음으로 세워졌다면 그 마음도 성령으로 새로워져 "하나님이 함께 하신다"가 되며 성령이 입혀주시는 마음을 따라가는 바른 믿음으로 살게

된다. 또한 그 마음에 오는 것이 성령이 하시는 일이라면 주시는 은혜를 따라가야 하기 때문에 매사에 주의해야 한다. 사단은 좋아하는 것을 보여주면서 매사에 자기를 따라오라고 유혹하지만 그것을 분별하고 당당히 물리치는 힘은 오직 믿음뿐이다. 그래서 믿음으로 살아가려면 속에서 올라오는 감정과 생각이 아니라 먼저 그 감정이 사단이 주는 것인지 성령의 역사인지를 분별해야 한다.

믿음으로 산다는 것은 어디서나 마음이 평안해야 하는데 사단은 감정과 생각을 이용해 사람 관계를 파멸로 이끌어 간다. 마음과 감정을 어지럽히고 치졸하게 몰아가는 어둠의 속박에서 벗어나는 길은 오직 믿음뿐이다. 신자가 사람을 정죄하고 판단하는 것도 일종의 어둠이 주는 속성 때문이지만 청결한 마음이 되려면 마음에서 나오는 감정과 생각과 바르지 못한 것들을 분별하고 믿음으로 바로 잡아야 한다.

대부분 성령이 충만하고 믿음이 좋으면 어려움이 없다고 생각한다. 그러나 은혜를 받으면 다 잘 되는 것이 아니라 앞에 오는 더 큰 유혹을 넘어가면서 사람의 구원은 성령으로 시작되어 성령으로 종결되어야 한다.

믿음의 사람은 언제나 하나님 앞에서 바른 신자가 되지 못하는 것 때문에 속이 상한다. 하지만 열심히 기도하다가 하나님 은혜의 빛이 들어와서 하나님 나라가 열리는 체험이 온다면 본능적인 사람의 인식이 다 헛됨을 알게 된다. 사람은 자기 신념이나 세상 지식으로 살아갈 수밖에 없지만 믿음이 올라가면 하나님이 믿어지고 알아져 믿음으로 살아가게 된다.

　진정한 믿음이란 우리 영혼이 끊임없이 하나님을 찾아가는 것이고 하나님과 같이 살아가기 위하여 하나님과 함께 하는 것이다. 그런데 다른 일에 신경을 쓰다가 하나님을 잊어버리면 멸망으로 내려가는 짐승과 무엇이 다른지 생각해야 한다.

　어디서나 다른 것을 따라가다가 하나님을 의식하지 못하면 그것을 알고 속히 돌이켜야 하는데 이런 것을 알지 못해서 하나님 안으로 들어가려고 애쓰지 못한다. 그러나 만일 그가 진정 하나님을 믿는 사람이라면 가난하거나 병들거나 마음은 슬프고 괴로워도 하나님을 의지하면서 하나님이 깨닫게 해주시는 데로 살아가야 한다. 그리고 신자가 하나님을 만나서 하나님과 같이 사는 즐거움을 안다면 그 영혼은 매우 풍성해진다.

돌아보면 사단의 방해로 믿음이 되지 못한 세월이 너무 길어서 힘들었다는 것을 이제는 안다. 금식을 하고 새벽을 찾아도 하나님을 만나지 못하면 소용없는 것만 경험하면서 그 원인은 마음을 드리지 못해서라고 말할 수밖에 없다. 그러나 하나님은 곧 사랑이시라는 것을 안다면 하나님이 부르시는 그 말씀을 따라가야 한다. 하나님이 애타게 부르시는데 너무나 무지해서 그 부르심에 응하지 못한 세월이 너무도 긴 것을 보면 마음은 상하지만 지속적인 어려움을 당한 후에야 그 어려움이 하나님의 음성이었음을 깨닫는다.

사는 동안 믿음이 되지 못해서 애쓰던 시간들을 돌아보니 그 일도 믿음의 한 과정이었음을 이제는 안다. 하나님이 주시는 은혜를 받으려면 마음 안으로 하나님이 오셔야 되고 오실 하나님을 위해서 마음 준비가 되어야 한다. 그런데 그 마음 하나도 관리하기가 쉽지 않다. 우리는 하나님 안으로 들어가려고 아무리 힘써도 마음대로 되지 않으면 그곳에서 심히 좌절할 수밖에 없다. 단지 하나님께 마음을 드리고 하나님을 찾아가려고 힘쓰고 애타하면서 기다릴 뿐이지 우리 힘으로는 되지 못한다는 것을 알기에 하나님께 모든 것을 맡겨야 한다.

📖

　사람들은 보이지 않는 하나님이 마음으로 믿어져야 하는데 보이는 것만 주목하면서 하나님을 잊어버린다. 하지만 믿음이 되려면 매 순간 하나님을 의식하면서 조심해야 한다. 언제나 죄에 둘러싸여서 그 죄로 인해 척박해진 마음도 하나님이 주신 것이라는 것을 안다면 그 척박한 마음을 믿음으로 다듬어야 한다. 그리고 어려운 일과 낙심하는 일들이 한꺼번에 몰아쳐 오는 그 속에서 부패한 본성만 한없이 드러나는데 이런 것을 해결하는 방법 역시 오직 믿음뿐이다.

제33일

위기는 신앙이 세워지는 기회

"이것을 너희에게 이르는 것은 너희로 내 안에서 평안을 누리게 하려 함이라 세상에서는 너희가 환난을 당하나 담대하라 내가 세상을 이기었노라" - 요 16:33

믿음 안에서 우리가 하나님과 함께 할 수만 있다면 마음은 많이 달라진다. 믿음 안에서 우리 영혼이 단 몇 초만이라도 하나님을 경험하면 오랫동안 믿어온 믿음도 다 헛되다는 것을 안다. 오늘도 그 시간 속을 걸어가는 마음이 어디를 향하고 있는지, 그 감정이 무엇에 빠져드는지, 어떤 생각이 슬며시 치고 들어오는지…. 이와 같은 시간 속에서 마음으로 하나님을 바라보는 사람은 하나님이 주시는 영광으로 믿음의 길을 걸어가기만 하면 하나님은 다 아신다. 믿음은 언제나 이중성을 가지고 있기 때문에 때로는 채움이 없는 공허한 마음으로 나가다가 자주 실족한다. 그러나 세상과 육신을 의지하면서 살아가는 한 믿음은 올라가지 못한다.

사람이 참된 믿음이 되려면 기도의 골방 속으로 들어가 자신과 씨름을 해야 하는데 그 일이 서투르면 아무것도 되지 못한다. 그러나 늘 공허하고 목이 마르는 영적인 굶주림으로 허기져서 이런 것을 넘어가려면 하나님을 붙들어야 한다는 것을 알고 골방을 찾아다니는 인생이 오랫동안 지나간다. 그리고 사람이 자주 실패를 경험하면 기도의 골방으로 들어가지 않을 수 없다.

마음의 골방에서 기도로 씨름을 하다가 부패한 본성으로 사는 사람의 헛됨을 보고 나서야 하나님도 보인다. 그리고 결국은 소유를 잃어버리고 실패를 하고난 후에야 하나님을 붙드는 것이 우리의 현실이다. 세상에서 의지할 곳이 없어 하나님을 찾고 하나님을 붙들어야 살 것 같아 하나님만 찾아다닌다. 그러다가 실패하는 장소에서 자신과 힘겹게 씨름하던 날에야 임신한 여인이 해산하는 것 같은 고통 속에서 하나님 은혜를 경험하고는 이것이 큰 은혜라는 것을 안다.

📖

사람이 믿음으로 산다는 것은 하나님께 마음을 드려야 어느 날 갑자기 되는 것이 아니다. 그러나 지금까지 하나님을 만나지 못했다면 믿음의 분량이 부족해서라고 감히 말하고 싶다. 믿음은 하나님 은혜가 쌓이면 되는데 믿음 안에서는 하나님 은혜를 모르면 믿음도 알지 못한다.

우리는 어떤 일을 해도 믿음으로 살아가려면 마음이 먼저다. 어떤 일도 믿음으로 하나님과 같이 하는 것이 먼저인데 걷잡을 수 없이 돌아다니는 육신을 따라다니면 안 된다. 그러나 믿음 안에서는 사람의 힘도 헛되다는 것을 이제는 안다. 그동안 사람의 힘으로 나가다가 실패하면 그 실패를 통해 믿음을 붙드는 기회가 되니 오히려 소망이 된다.

　그리고 순간마다 들어오는 합당치 못한 것들을 보면서 그것을 밀어내고 하나님으로 채우기 위해서 마음을 다듬는 연습을 해야 신앙이 올라간다. 만약 매사에 편안하다면 믿음이 자라는 길은 사라진다. 그리고 믿음으로 나가려면 마음이 더렵혀지면 안 되는 것을 안다면 그 불순함 때문에 마음은 매우 힘이 든다. 그러나 그 일이 곧 믿음을 성숙시키는 기회로 그 일을 통해 사람 안의 누적된 불순물을 처리하게 된다면 매우 귀한 믿음의 경험이 된다.

　사람이 살면서 누구에게나 어려움은 반드시 온다. 하지만 그 사람의 감정을 어떻게 다루느냐에 따라서 믿음의 폭은 달라진다. 사람에게 어려움이 오면 그 곳에서 무엇을 선택하느냐에 따라 믿음의 방향이 달라진다. 많은 사람들이 어려움을 통하여 믿음이 세워진 것을 보면 어려운 감정의 기복이나 심술궂은 상념이 몰아쳤을 때 그것을 극복해야 믿음이 올라간다는 것이다. 신자에게 닥치는 마음의 위기 앞에 서면 몸과 마음은 쓰리고 아프지만 감사함으로 잘 통과한다면 그 속에 튼튼한 신앙이 세워지는 기회가 된다.

살면서 사람의 힘으로는 그 무엇도 되는 것이 없음을 경험한다면 우리는 하나님을 믿어야 한다. 사람은 아무리 잘나 보여도 흘러가는 시간 앞에서는 매우 연약한 존재일 뿐이다. 그것을 안다면 그 모든 시간을 무의미하게 보내지 않기 위해서라도 하나님으로 채우는 사람이 되어야 한다. 훗날 하나님께서 "너는 그동안 무엇을 하다가 왔느냐?"고 물으신다면 "하나님과 같이 살다가 왔습니다"라고 대답할 수 있어야 한다.

신자들은 잘 믿으려고 애쓰지만 믿음이란 사람의 힘으로 되는 것이 조금도 없는 것을 아는 것이다. 매사에 하나님께 마음을 드릴 줄 모르니 믿음으로 찾아가는 길도 무엇을 말하는지 알지 못한다. 하나님 은혜의 맛을 조금도 맛보지 못한 사람이 기도로 믿음의 차원이 열리는 것을 경험한다면 어디서든지 하나님을 만나려고 애쓰는 사람이 된다.

우리는 하나님을 사랑하는 일에 진심을 다하지 못하는 너무나 미미한 존재다. 큰일을 조금도 하지 못하는 부족한 존재지만 하나님과 같이 하고 싶은 열망으로 하나님을 만나기 위해서 모든 시간을 다 드려야 한다는 것을 안다. 그리고 하나님을 마음으로 만나지 못하고 하나님 뜻을 따라 살지 못하는 것 때문에 아파해야 한다.

사람이 하나님을 어떻게 만나 은혜 안으로 들어가게 되었는지 알지 못하면 믿음이 무엇인지 알지 못한다. 일만 열심히 하다가 시간이 흐른 후에야 처리되지 못한 사고 때문에 오랫동안 하나님을 만나지 못했다는 것을 이제는 안다. 그래서 우리는 한가하고 조용한 시간들을 무엇에 허비하고 있는지 돌아보아야 한다.

마음을 드리기만 하면 속 안으로 밀려드는 천상의 파노라마 속에 영혼 몸이 영글어가는 기쁨으로 사는 날이 돌아온다. 그런데 사람들은 이 은혜로 사는 것이 무엇인지 몰라 믿음을 붙들지 못한다. 가만히 숨을 죽이고 마음을 하나님께 돌리기만 하면 금방 영혼 몸이 황홀해지고 뜨거워지는 은혜의 시간이 있는데 사람들은 그 일을 알지 못해서 믿음을 붙들지 못한다.

📖

　사람의 힘으로는 정복하기 어려운 것이 하나님 말씀이라는 것을 깨닫지만 하나님 은혜를 모르니 하나님 말씀 안으로 들어가는 것도 무엇을 말하는지 알지 못한다. 다만 성경은 하나님 영으로 쓰인 말씀이기에 영으로 만나야 하는데 수없이 성경을 읽어도 그 깊은 하나님의 지혜와 성령의 역사를 경험하지 못하니 믿음도 허울 좋은 무늬에 불과할 뿐이다.

📖

　믿음 안에서는 무엇이든지 성령님이 오시어 깨닫게 해주셔야 된다. 부패한 육신의 힘이나 능력으로는 말씀 안으로 들어가지 못한다. 믿음으로 살아가려면 말씀도 깨닫게 해주셔서 되는 것이지 사람의 이성적인 지식이나 IQ로는 알 수 없는 것이 바로 하나님 말씀이라는 것을 깨닫는다.

📖

　믿음 안에서 나 한사람을 오래 참고 기다려주시는 하나님 사랑 때문에 오늘의 내가 있다는 것은 기적 중의 기적이다. 그 힘든 시절에 말씀을 놓고 기도하고 하나님께 마음을 드리던 때를 생각하면서 하나님 앞에 모든 것을 맡기지만 믿음이 마음 안으로 들어온다면 얼마나 행복하고 기쁜지를 알게 된다. 하나님을 향한 간절한 마음으로 밤을 지새우며 기도하다가 하나님이 말씀하시면 그대로 순종할 때 영이 자라고 믿음이 자라가는 것이지 아무 때나 믿음이 자라는 것이 아니다.

하나님이 순종하기를 원하시는 것은 순종을 통하여 하늘의 복을 주시려는 아버지 사랑의 방법이다. 하나님은 말씀을 주시면서 순종하는지 안하는지를 보신다. 그러나 그 주시는 말씀을 스쳐지나가는 생각으로 알고 받아들이지 못하면 믿음이 자라거나 믿음 안으로 들어가는 기회는 사라진다. 결국 믿음은 하나님 말씀을 통해서 하나님 뜻을 알아듣고 순종해야 자라는 것이지 자신의 생각으로 가는 것이 아니라는 것을 알게 된다.

하나님은 사람에게 하나님 나라를 조금씩 보여주시지만 우리는 조급해서 그 나라를 한꺼번에 보고 싶어 한다. 하지만 우리는 하나님께서 그 나라를 다 보여주셔도 조금도 감당하지 못한다. 그것을 아시는 하나님은 각자 믿음의 분량에 맞게 조금씩 나라를 보여주시면서 믿음이 자라 감당할 능력이 있을 때까지 하나님 나라를 보류해두신다. 그리고 우리는 성경도 한 번에 들어가려고 애쓰지만 하나님 말씀은 어려운 협곡과 험난한 영혼의 굴곡진 준령을 믿음으로 헤쳐 나가야 한다.

우리는 하나님 말씀을 한 번에 들어가려고 무던히 애쓰지만 만나는 매일 나누어 먹는 것이지 먹여주거나 가르쳐서는 안 된다. 하나님 말씀은 매일 먹음으로 생명의 양식이 되는 것이지 한꺼번에 먹는 것이 아니다. 사람이 성경을 읽으려고 여는 순간에 그는 성경 속에서 이미 믿음의 한 발자국을 걸어가는 사람이 된다. 그나마 마음이 안 된 사람은 성경을 열지 못한다.

그러나 그 무엇을 하려고 마음을 먹은 사람에게는 이미 그 답을 알고 그 일을 시작할 수 있는 것처럼 믿음의 한 걸음을 내민 사람은 이미 믿음의 성숙을 향해 한발자국 걸어가는 사람이 되는 기쁨이 온다.

사람이 믿음 안에서 솔직히 말한다면 내가 누구인지 나 자신도 알지 못하니 문제가 된다. 나라는 사람을 믿음으로 무수히 보려고 애를 쓰지만 나는 나 하나도 알아볼 수 없는 연약한 존재이기에 무엇이든지 하나님이 보여주셔야 볼 수 있다. 육신으로 살아가던 모든 것이 믿음 안에서 무너지고 드러나고 처리되어야 나 자신이 보이는 것이지 하나님 없이 나 자신을 마음대로 보지 못하는 무기력한 육신일 뿐이다.

우리가 하나님 말씀 앞에서 못난 사람이라고 인정되면 그때가 되어야 하나님이 보인다. 나 자신도 내가 누구인지 잘 모르는데 하나님은 나를 아시는 것처럼 하나님 말씀으로 비추어 보는 눈이 열려야 하나님도 보이고 나도 보인다. 두렵고 떨리는 하나님 말씀 앞에서 나란 존재는 무가치하고 맥없이 스러져버릴 안개와 같은 존재라는 것이 진실로 보여야 하나님도 보이는 것이다.

신자들은 잘 믿으면서 복을 받으려고 기대하지만 진정한 복은 하나님 은혜가 우리 안에 채워지는 것이다. 그런데 우리 마음이 세상 복에 머문다면 그것은 진실한 믿음이 되지 못하기 때문이다. 우리는 망하고 절망하는 고통스러운 때가 되어야 하나님을 붙든다. 또 불같은 시험 속에서 영과 혼과 몸이 벗김을 당하고 수치를 당해야 그 믿음의 진부가 드러난다. 그리고 그곳에서 몸과 마음이 아프고 슬퍼서 울 때 같이해주시는 하나님을 경험한다면 감사할 것 밖에 없다. 어디서나 무시를 당하고 상심하는 그 속에서 육신의 척박한 속성을 처리하심이 하나님의 방법이라는 것을 깨달으면 믿음이 무엇인지 알고 사람이 많이 달라져야 한다.

우리에게 다가오는 시련의 원인은 고통을 주고 힘들게 하려는 것이 아니라 더 좋은 것을 주시고 싶어 하시는 하나님의 마음이다. 이것을 안다면 힘들었던 날들을 되돌아보며 믿음이 올라가기 위해서는 육신의 것들이 망가지고 절망하면서 비참한 생애의 밑바닥까지 내려가야 된다는 것을 안다.

신자가 험한 시련을 경험하지 않고는 십자가도 주님도 알 수 없고 이 황무한 삶 속에서 사람을 회복시키시는 하나님 은혜를 모른다면 믿음도 알지 못한다. 그러나 사람의 완전함이 어떤 사건을 통해 여지없이 무너지고 믿음으로 살아가면서 본능 중심의 육신의 힘을 의지하면 안 된다는 것을 아는 그때가 되어야 하나님 은혜를 맛보게 된다.

오래된 아파트도 무너져야 새 집을 지을 수 있듯이 오랫동안 버티던 본능 중심의 모든 것이 다 무너진 후에야 하나님이 보이고 하나님의 은혜도 무엇인지 안다. 그래서 신자를 무너뜨리심이 하나님의 진정한 본심이 아니라 옛것은 다 무너지게 해주시고 다시 믿음으로 세워주시려는 것이 하나님의 마음이 된다.

　우리 인생이 고난을 통과한 후에 하나님이 주시는 평안을 맛본다는 것은 믿음 안에서만 누릴 수 있는 하나님의 귀한 은혜의 선물이다. 사람에게 근심과 낙심이 몰아칠 때 그것이 모든 죄의 결과라는 것을 안다면 우리는 속히 돌이켜야 한다. 늘 고단하고 힘든 삶이지만 사시사철 물댄 동산 같은 귀한 하나님 은혜 안에서 기쁨과 즐거움으로 사는 것이 믿음이라면 그것만이 이기는 힘이 된다. 그리고 아무리 좋은 설교를 들어도 하나님 말씀이 마음에 와 닿지 않으면 믿음이 무엇인지 알지 못한다. 들리는 말씀으로 살고 우리 영혼에 말씀이 새겨지고 내재되려면 하나님 말씀을 생명으로 맛보는 자리까지 나가야 한다.

　사람이 믿음으로 살아가려면 어떤 일을 하든지 모든 영적 경험이 하나님이 하시는 일인지 마귀의 역사인지 분별해야 한다. 무수한 대적을 믿음으로 물리치는 험한 시련의 골짜기를 통과하기만 하면 광명한 하늘과 새 땅 같은 믿음 안에서 우리 영혼이 하나님의 풍성한 인격을 만나게 된다. 그런데 믿음이 되지 못하면 영에 속한 경험을 아무리 많이 한다고 해도 소용이 없다. 신자는 힘든 문제 앞에서 어렵게 살아가지만 하나님 앞으로 나갈 때는 믿음으로 체험이 되어야 신앙이 자라는 것이지 믿음은 그냥 되지 않는다.

사람이 어떤 문제를 통해 내려가고 죽어지는 경험이 되어야 믿음이 된다는 것은 신비하신 은혜로만 된다. 믿음 안에서는 어디서나 낮출 줄 모르고 내려놓음을 모르면 믿음이 성장하는 길은 없다. 다른 사람을 세워주고 물러나는 법을 알지 못하면 포기하고 죽어지는 순교 영성의 의미도 알지 못하는 것이다. 사람이 믿음 안에서 매사에 포기하고 비우는 것을 아는 사람은 죽는 것이 무엇인지 져주고 비우면서 가는 것이 무엇인지 경험하면서 마음을 낮춘다. 그것이 바로 신자로서의 삶이다.

참된 믿음은 십자가를 기억하고 그 십자가를 우리 삶에 적용하는 것으로 십자가 앞에서는 육신의 모든 생각이나 의견을 포기해야 한다. 믿음은 세상을 향한 마음과 생각을 하나님 앞으로 돌이키는 것이고 본능 중심의 생각은 믿음이 아니라고 부인하는 것이 십자가를 삶에 적용하는 것이다. 때때로 하나님은 순종하는 믿음을 보시려고 험한 일을 보여주신다. "네가 나를 사랑하느냐?"라고 물으시고 "네가 그 일을 할 수 있느냐?"라고 물으시면 죽어지고 비우는 순교적인 작은 희생이 없이는 하나님 말씀을 따라 갈 수 없다.

    신자가 세상 즐거움을 따라다닌다면 그 믿음이 세상 차원에 속해 있기 때문이다. 하나님은 믿음이 약한 사람을 아신다는 것을 안다면 극히 작은 일부터 따라가게 된다. 그리고 이때 하나님은 그것을 아시고 보상해 주신다. 그래서 하나님을 순종함 없이 하나님 은혜가 들어올 수 없고 어려움을 당하는 일없이 하나님 나라가 마음 안으로 들어오지 못한다. 고난을 모르는 사람은 믿음이 무엇인지 모르지만 진정한 고난의 어려움을 안다면 고난 속에서 모든 것을 내려놓고 자신을 부인하게 하시고 다시 하나님 은혜로 살아나서 부요케 만들어 가시는 하나님의 깊은 의도를 은혜 안에서 경험해야 한다.

📖

    성경 말씀을 들으며 하나님 말씀을 자신에게 적용시키고 그대로 살아가려면 말씀으로 훈련이 되어야 한다. 지금까지 보이는 것만 중요하게 여기던 사람이 보이지 않는 비밀하신 하나님 말씀을 따라 산다는 것은 본능 중심의 생각과 사람의 의견이 믿음으로 바뀌어야 한다. 그리고 나의 나 됨이 내 힘이 아니라 하나님 은혜로 된다는 말씀은 하나님 은혜의 양이 차면 다 알게 된다.

성령으로 하나님만을 의지해야

"사랑하는 자들아 너희는 너희의 지극히 거룩한 믿음 위에 자신을 세우며 성령으로 기도하며 하나님의 사랑 안에서 자신을 지키며 영생에 이르도록 우리 주 예수 그리스도의 긍휼을 기다리라" - 유 1:20-21

오늘도 마음이 불편한 한 것은 내가 마음이 연약한 사람이라는 것을 알기 때문이다. 사람의 마음은 수시로 변하지만 그 약함을 아는 이유는 내가 부족한 사람이기 때문이다. 우리가 살아가는 삶 속에는 슬픈 일만 있는 것이 아니라 믿음이 주는 기쁨을 누리며 사는 행복한 길이 있다. 그러나 그것을 모르고 지나간 세월을 돌아보고 이제라도 세상이 주지 못하는 하나님 은혜 안에서 사는 기쁨을 안다면 하나님을 믿어야 한다. 결국은 나란 사람은 돌같이 차갑고 무지해서 하나님 말씀에 조금도 반응하지 못하는 무쇠같이 굳은 존재지만 하나님을 믿으니 하나님 은혜의 빛만 비치기만 해도 모든 것이 바뀌게 된다.

사람이 믿음으로 하나님을 만난다는 것은 상상조차 할 수 없는 일이다. 하지만 하나님을 만난 사람은 가난하거나 배우지 못하거나 못생기거나 병들거나 하나님만 따라간다면 기쁘게 하나님과 같이 사는 날이 돌아온다. 그리고 하나님 은혜로 사람의 전 존재 안에서 심령의 큰 지각 변동이 일어날 만큼 큰 영향을 받는다면 매사에 겸손하게 살아갈 수 있다.

　　한없이 울고 싶을 때가 있지만 우는 것도 마음대로 되지 않는 것을 경험하면 육신으로는 그 흔한 눈물 한 방울조차도 흘리지 못한다는 것을 안다. 매사에 육신의 냉정하고 차가운 모습을 보면서 크게 실망하지만 그 보다 더 자기를 모르는 돌 같은 자신을 믿음 안에서 보지 못하니 문제가 된다. 그 돌 같은 사람 속 안에는 무수한 상념들이 돌아다니면서 보이지 않는 가시가 되어 마음을 찌른다. 이것을 보면서 이런 무기력한 본능 중심적인 사람의 감정이 무엇을 말하는지 안다는 것은 믿음이 되어야만 한다. 그리고 그 헛된 감정에 속아도 사람은 혼자가 아니라 하나님과 함께 살아가야 한다.

사람은 믿음으로 성령님을 의식하는 삶을 살아가지 못한다면 믿음이 되지 못한다. 신자가 성령님의 도우심이 없는 세상이나 사람을 따르면 안 되는 이유는 믿음으로 살아가야 하기 때문이다.

　　어느 날 성가대에서 옆 사람이 나오지 않은 것을 생각하고 옆자리를 쳐다보다가 크게 놀란 적이 있다. 성가대원이 빠진 그 자리에 아주 희고 투명한 흰옷을 입은 천사가 서있는 것을 발견한 것이다. 천사의 얼굴을 자세히 쳐다보면서 마음에 큰 충격을 받으나 아무 말도 하지 못하고 집으로 돌아왔다. 그리고는 "하나님은 왜 나에게 천사를 보여 주시는지 알 길이 없다"고 생각했다. 그러나 다시 생각해 보면 믿음이 좋아서 천사를 본 것이 아니라 믿음이 약해서 천사의 실상을 보여주신 것이라는 것을 깨달았다.
　　그 후 두 달 동안 많이 아파서 성가대를 결석했다. 그리고 그 아픈 동안 나쁜 것을 많이 처리해주시고 새롭고 깨끗한 사람으로 만들어 주시는 하나님을 경험하면서 하나님은 나의 섬김을 매우 기뻐하신다는 것을 알게 됐다. 죄로 얼룩진 더러운 몸을 그대로 방치하지 아니하시고 깨끗하게 다듬어주시어 성가대에 서게 해주시면 하나님은 살아계시고 하나님만이 나의 길이 되시고 늘 함께 하신다는 것도 알게 된다.

믿음으로 사는 것이 무엇인지 그 의미를 모른다면 육체를 따라갈 수밖에 없지만 꿀처럼 달고 따뜻한 하나님 말씀을 체험한다면 삶이 많이 달라진다. 그러나 믿음이 장성한 후에도 믿음은 이미 완성되는 것이 아니다. 그때부터 성령님의 세밀하신 처리가 시작되고 믿음이 온 이후에는 성령으로 심고 거두는 믿음의 실재상황이 되어야 열매도 바라보게 된다.

　그러나 죄의 속성은 매우 냉정해서 깊은 병이 들어도 그 아픈 것을 깨닫지 못한다. 마음이 공허해지면 그 빈 곳에 나쁜 것들이 들어오지만 마음이 무딘 사람은 그렇거니 하면서 정신을 차리지 못한다. 믿음은 진리가 되시고 생명이 되시는 하나님을 찾아가는 길인데 이런 극히 작은 영적인 상황을 모르면 아무리 많은 일을 해도 그 일이 하나님과 상관이 없다는 것을 알지 못한다.

　사람의 선행은 보기에는 선하고 좋아보여도 육신 중심의 사람에게서 나오는 선행은 믿음으로 하는 것이 아니기에 하나님을 기쁘게 하지 못한다. 믿음으로 사는 것이란 그리스도를 영으로 말씀으로 먹고 마시고 누릴 때만이 참 만족이 되는 것이지 다른 것으로는 되지 않는다. 믿음은 자의로 되는 것이 아니라 하나님 은혜로만 되는 것임을 안다면 사랑할 수 없는 사람을 사랑하게 해주시고 거친 마음을 부드럽게 해주시어 행복한 사람으로 살아가게 해

주시면 그것이 믿음으로 가는 길이 된다. 믿음으로 산다는 것은 어려운 길이지만 그 어려운 것이 믿음이라는 사실을 안다면 아무리 어려워도 주님을 생각하면서 주님을 따라가는 믿음이 되어야 한다.

사람의 마음은 무뎌서 성령님을 조금도 알 수 없으나 믿음이 자라면 성령을 경험함으로 성령님이 하시는 일이 무엇인지 깨닫게 된다. 성령님을 안다는 것은 보이지 않는 하나님을 느끼는 것으로 성령님이 하시는 일을 통해서 하나님만이 내 영의 친 아버지라는 것을 알게 된다. 믿음이란 우리가 주님 안에 들어있는 것을 아는 것으로 성령님이 오신 이유는 우리로 주님과 함께 하시려고 오신 사실을 믿는 것이다. 우리는 이미 구원을 받았지만 믿음이 자라서 성화되기까지 나가려면 성령을 받아서 성령이 주시는 힘으로 하나님만을 의지하는 사람이 되어야 한다.

사람이 하나님을 의지하지 못하고 여전히 사람의 힘으로 나가는 것은 아직 믿음이 어리기 때문이다. 육신의 거친 본성을 흘러가는 강물에 떠나보내는 기도를 한없이 하다가 하나님 은혜를 맛보고 주님과 같이 어깨동무하고 방초동산에서 뛰놀다가 하나님을 만난다. 늘 하나님을 찾으려고 애쓰면서 헤매고 돌아다니다가 천국 문 앞에 가서도 들어가지 못하고 문고리만 만지다가 실망하면서 돌아오는 경험을 한다면 본능적인 육신의 무지와 무능과 본능적인 육신의 죄 성이 천국으로 가는 길을 가로 막고 있다는 사실을 깨닫는다.

📖

세상에서는 아무리 버둥거려도 사람 마음 하나 얻기도 어려운 우리가 하나님을 믿다가 하나님 은혜로 사는 날이 온다는 것은 기적 중의 기적이다. 그 척박한 삶 속에서 각박한 그 시간을 이기려고 무던히 버둥거리다가 하나님을 만나는 날이 온다는 것은 상상 이상의 기적 같은 일이 된다. 그리고 만일 지금이라도 하나님을 반드시 만나고야 말겠다는 각오를 한다면 하나님을 믿어야 한다. 그러나 빈 마음으로는 하나님 앞으로 나갈 수 없는 것을 안다면 믿음 안에서는 이 걷잡을 수 없는 빈 마음을 신뢰하지 말아야 한다.

육체를 위하여 심는 자는 육체로부터 섞어질 것을 거둘 수밖에 없지만 추한 육신의 속성을 보고 속상해서 울 때가 되어야 진정한 하나님의 손길을 감지하게 된다는 것은 믿음으로만 가능하다.

📖

믿음이 어릴 때는 율법을 잘 지키려고 애를 쓴다. 또한 율법을 잘 지키려고 애를 써 본 사람만이 그 힘든 율법을 통하여 복음으로 사는 것이 무엇을 말하는지 알게 된다. 신자들은 처음에는 복음으로 사는 것이 무엇인지 잘 이해가 되지 않는다. 복음은 주님이 이미 준비해 놓으신 그 길을 따라가기만 하면 믿음으로 사는 것은 아주 쉬운 것이다. 믿음은 하나님께 마음을 맡기고 따라가는 것으로 이 쉬운 길을 모르고 사람들은 신앙생활을 어렵게 한다.

📖

돌아보면 말로만 "믿습니다"라고 하면 믿음이 다 되는 줄 알고 편하게 믿어온 세월이 생각나 마음을 아프게 한다. 그동안 마음을 믿음으로 돌이켜야 하는데 아무것도 되지 못해서 요나의 물고기 뱃속 같은 캄캄한 슬픈 세월이 여러 해 지나간다.

📖

오래 전에 이미 힘든 훈련 파트너를 준비해두신 후에 적당한 시기에 훈련을 시키시고 믿음을 세워주시는 하나님을 보면 사람의 사고가 많이 바뀌게 된다. 사람도 힘든 문제 속으로 들어가기에 나만 생각하면서 자신의 함정 속에 갇혀서 살아가는 시간이 많이 흐른다. 하지만 믿음이 되려면 모든 것을 내려놓는 훈련 속에 하나님이 주시는 새 힘으로 다시 일어나야 한다. 그것이 바로 믿음으로 사는 것이다.

믿음 안에서는 일어나는 모든 일도 주님으로 해야 한다. 물론 스스로의 힘으로는 얼마든지 일어날 수 있지만 하나님이 하게 해 주심으로 하려고 하니까 오히려 오래 걸린다. 하지만 걸음마를 배우는 어린아이처럼 믿음의 한 발자국을 내디딜 때, 안에서 올라오는 기쁨과 하나님이 주시는 환희만 있으면 다 된다.

신자라면 당연히 믿음으로 세워져서 하늘의 복락을 누리면 되는데 이 좋은 복을 모르고 늘 의롭게만 행하려는 모습은 믿음을 알지 못하기 때문이다. 하나님은 의로우신 분이지만 사랑의 하나님이라는 것을 안다면 사람은 의롭고도 사랑하는 사람이 되어야 하는데 그동안 자신의 의만 강조하던 시간이 흐른 후에야 사랑으로 산다는 것은 너무나 힘든 길인 것을 깨닫는다.

그동안 믿음으로 산다고 하면서도 본능적인 사람의 본성에 끌려 다니며 살아온 날들을 돌아볼 때 그 시간 때문에 마음은 아프고 괴롭지만 고요하고 평안함으로 이끄시는 하나님을 경험하면서 나의 살 길은 오직 하나님 한 분뿐이라는 것을 절실하게 고백하게 된다.

이제 와서 돌아보니 그동안 하나님만 믿는 것이 나의 일 인줄도 모르고 바르게 사는 것만 따라다니던 그날을 돌아보면서 믿음이 되지 못한 그날이 너무나 많이 후회가 된다. 그 믿음이 되지 못해서 은혜 되지 못하는 인생이 오래 지난 후에야 은혜로 오시는 하나님을 만나면서 한없이 눈물이 흐른다. 그러나 하나님이 주시는 은혜를 받아보니 믿음이란 무슨 큰일을 해야 하는 것이 아니라 마음으로 하나님을 바라보면서 하나님과 함께 사는 것이라는 것을 경험하면 믿음은 그리 어려운 길이 아니라는 것을 이제는 안다.

믿음 안에서는 현재 그 믿음이 어디쯤에 있는지, 현재 믿음 없이 허기와 추위 속에서 돌면서 한없이 방황하며 살아가는 사람은 아닌지 구별해야 한다. 믿음이 없는 사람은 육신을 중요하게 여기고 살아가면서 자기 생각만 하고 고집과 감정에 매여서 모든 것을 사람 중심으로 나가려 한다. 때문에 하나님이 누구신지 알지 못한다. 그 신앙상태가 세상인 사람은 매사에 감정과 생각이 중요해서 자신의 판단과 생각에 매여 살아간다. 또한 자신의 생각에 속아서 스스로가 옳다는 생각 때문에 믿음을 따라 살아가지 못한다. 그리고 항상 자기감정이 시키는 대로 자기 선입견이 기준이 되어 살다가 망해도 모르는 것이 바로 세상에 속한 믿음 없는 사람의 특성이다.

제35일

"언제나 죽으면 살리라"는 말씀

"예수께서 이르시되 나는 부활이요 생명이니 나를 믿는 자는 죽어도 살겠고 무릇 살아서 나를 믿는 자는 영원히 죽지 아니하리니 이것을 네가 믿느냐" - 요 11:25-26

신자들은 하나님 은혜를 체험하지만 모두가 부분적으로 체험하고 부분적으로 나가면서 믿음의 확신을 가지지 못하고 돌고 도는 것 또한 육신에 속한 신앙이기 때문이다. 사람이 그날 먹을 식량은 해결되지만 얻지 못하는 것에 대한 허전함으로 세상을 돌고 돌면서 방황한다. 신앙이 어리면 나그네와 같은 행인으로 자주 봇짐을 싸는 일이 반복되고 보이는 것만 따라다니다가 되는 것이 없다는 것만 경험한다. 무엇을 하든지 사람의 욕망이 중요해서 욕망으로 살다가 하나님 은혜를 받으려고 하면 일이 더 안 되고 힘들어 진다. 이런 상태가 계속되면 상황이 더 안 좋아져서 자주 보따리를 싸고 푸는 삶이 반복된다. 그 속에서 더 나가지 못하고 돌고도는 곳이 바로 세상이라는 것을 안다.

그러던 어느 날 갑자기 밖으로 내쫓겨 떠도는 인생이 되고 만다. 그 빈들은 물도 없는 빈핍한 땅이지만 홀로 방황하며 갈 길도 모르고 작은 소망도 찾아볼 수 없는 그 곳으로 하나님은 사람을 몰아가신다. 편치 못한 삶과 처절한 상념 속에 갇힌 배고픈 영혼의 나를 그 척박한 곳으로 이끄신다. 도살장으로 끌려가는 소처럼 눈물을 흘리면서 말 한마디 못하고 내쳐진 그곳에서 이 상황은 내힘이 아니라 하나님이 이끄심이라는 것만 안다. 그러나 왜 이런 곳으로 가야 하는지, 무슨 죄를 지어서 이곳으로 들어가야 하는지 조금도 생각나는 것이 없다. 단지 아는 것은 그곳으로 들어가면 하나님은 나를 절대로 외면하지 않으실 것이라는 것만 믿게 된다.

📖

하나님은 생각하지도 못하는 사건을 통해 차가운 험지로 고독한 나를 부르신다. 그 속에서 보이는 것은 바람에 날리는 모래와 험악한 날씨뿐이지만 오직 그 곳만이 하나님 은혜 안으로 들어갈 수 있는 단 한곳이라는 것을 알게 된다. 그리고 또다시 목숨 건 사투와 같은 나날이 계속된다. 온전한 날 없이 하나님만을 찾아가는 시간이 지나간다.

그 과정에서 여러 가지 일을 만나면 사람들의 칠흑 같은 검은 속성을 경험하고 믿음이 아닌 방법이 무엇인지도 알게 된다. 그리고 그 어디에도 사랑이 없다는 것을 경험하고는 오직 하나님만 찾게 된다. 단지 아는 것은 그 곳에서는 자신의 모든 것이 벌거벗겨지고 수치를 당해야만 한다는 걸 안다. 헐벗고 굶주리고 외롭고 고단한 인생이 가야 할 곳은 안락한 곳이 아니라 또다시 주리고 힘든 것뿐이라는 것을 경험한다. 물이 없어 목이 마르고 갈한 영혼이 생수 되시는 주님을 만나려고 몸부림쳐야 한다는 것만 안다.

어느 날 갑자기 내동댕이침을 당한 가난한 영혼의 허기진 곳을 무엇으로 채워야 할지 난감한 시간이 힘들게 지나갔다. 그래도 주님이 감사해서 주님을 부르면서 하루를 보냈다. 주님의 십자가를 생각하면서 무슨 죄를 지었기에, 무슨 잘못을 해서 이렇게 내침을 받아야 하는지 아픈 마음을 삭혔다. 그리고 그런 곳에서 글을 쓰는 나를 보면서 모든 어려움은 반드시 그 이유가 있음을 깨달았다.

육신이 소용없음을 깨닫고 발견 되는 곳이 바로 냉정한 세상이다. 그곳에서는 가식도 체면도 허울 좋은 선의도 다 묵살 당하고 헛되다는 것만 알게 된다. 육신의 힘으로 해온 그 모든 것이 무너지고 단지 홀로 벌판에 앉아서 눈물을 흘리며 하늘만 쳐다보아야 산다는 것만 안다. 지금 이 허무한 마음의 황무함 속에서 나는 사람들에게 묻고 싶다. 갑자기 그런 척박한 곳에 가본 일이 있는지? 그리고 그런 곳에 가 보았다면 그곳에서 체험하고 본 것이 무엇인지? 그리고 어떻게 무엇으로 그런 곳을 극복해서 벗어날 수 있었는지?에 대해 묻고 싶다. 그리고 그런 척박한 환경이나 삶을 경험한 사람은 하나님이 없는 세상도 매우 헛되다는 것을 깨닫는다.

그래서 오직 눈에는 보이지 않지만 하나님만 바라보는 일이 하루의 일과가 된다. 실패의 장소에서 남아 있는 일이란 하나님을 찾아가 그 품안에서 한없이 울면서 편히 쉬고 싶을 뿐이다. 무덤에 누운 사람이 너무나 편해 보이던 시간이 지나간 후에도 광야의 광풍은 여전히 위협적이고 그 영과 혼을 한없이 주눅 들게 만들지만 하나님은 반드시 나를 버리지 않으신다는 것을 믿게 해주신다.

척박한 시간은 사람이 피 흘리기까지 나가야 하는 어둡고 습기차고 음침한 벌판이지만 그것만이 하나님이 인정해 주시는 길이라는 것을 안다면 그대로 순종해야 한다. 그러나 이 차가운 곳에서 오랫동안 무엇을 하며 살았는지를 사단도 아는데 하나님이 모르실리 없다. 하나님만 생각하고 하나님만 바라보는 사람이 하나님만 생각하다가 멍청해지는 사람을 얕보고 탈취자로 변해가는 사람을 보면서 정이 없는 세상을 경험한다.

이 세상에는 광명한 빛이라고는 태양밖에 없는데 그 곳에서 나란 사람은 보이지 않고 하나님 빛을 찾아 헤매는 불투명한 인생이 지나간다. 보이지도 들리지도 느끼지도 못하는 광풍만 부는 허허벌판에 혼자 앉아서 눈물을 흘리면서 믿음의 씨를 뿌리려고 애를 쓰면 언젠가 하나님이 걷게 해주신다는 것을 안다.

"너는 내 안에 거하라 나는 네 안에 거하리라"는 말씀대로 하나님 안에 거하려고 몸부림치면서 애쓰는 그 시간에 주위 사람들은 탈취자로 변해간다. 인간의 이기적인 모습이 사람 마음을 아프게 하지만 내가 가진 것이 하나님이라면 그 하나님을 그 누구에게도 뺏기면 안 된다. 그리고 사람이 하나님을 믿으면 사단은 싫어하지만 신자라면 이 시련이 다할 때까지 오직 하나님 안에만 머물러야 한다.

가장 척박한 땅으로 보내시어 그 척박한 사람의 척박한 마음을 경험하게 하시는 하나님을 보면서 미생물 하나조차도 살 수 없는 척박한 마음이 무엇을 말하는지 알게 됨에 감사하게 된다. 사람 마음이 얼마나 척박하고 메마른지 그 앞에 서면 숨쉬기조차 힘들어진다. 세상이 차갑다는 것은 사람 마음이 그 만큼 차갑다는 의미다.

사람의 마음이 돌같이 차갑고 냉정한 것은 어려움을 모르기 때문이라고 애써 위로하지만 이 차갑고 굳은 마음이 풀리는 것은 오직 하나님 사랑으로만 된다. 그러나 거기까지 나가려면 얼마나 오래 걸려야 하는지 잘 알지 못한다. 다만 험지로 몰아가시는 이유가 하나님 사랑을 경험하고 그 사랑을 받아서 사랑으로 살아가라는 응답이라고 받아진다.

그 시련의 고된 행군 속에서 더위와 추위로 얼어 죽는 곳이 바로 세상이다. 방황하는 나그네 같은 삶 속에서도 하나님 안에만 있으면 평안해지지만 마음대로 돌아다니다가 죽어가도 모르는 곳이 바로 세상이다. 이런 삶속에 우리는 오직 주님만 바라보아야 한다. 비록 주님을 믿지 못하고 터진 웅덩이만 파다가 채워지는 것이 조금도 없는 사람이지만 주님이 주시는 생수만 있으면 다 된다. 하나님이 주시는 생수를 마시지 못하는 사람이 행하는 두 가지 악이란 무엇을 말할까? 이는 생수의 근원되시는 주님을 믿지 못하는 것과 물을 가두지 못하는 터진 웅덩이를 파는 것이다.

📖

사람이 믿음 안에 들어가려면 자기 것으로 만족해야 하는데 사람은 욕망 때문에 하나님을 잊어버린다. 겉으로 보기에는 매우 착한 것 같으나 불시에 추한 본성이 나오면 불의한 대로 간다. 하지만 믿음은 그 길이 아니라는 것을 안다. 그래서 사람은 믿음 안에서 그 마음을 살피면서 그 마음과 생각이 어떤지 점검해야 하고 믿음으로 나가려면 늘 마음에 들어오는 생각을 살피면서 때마다 일마다 하나님을 의지해야 한다.

📖

사람은 여러 가지 모양의 크고 작은 어려움을 겪으면서 믿음으로 사는 길이 쉽지 않음을 경험한다. 믿음이 어느 정도 자라면 믿음으로 이기고 넘어가야 하는 실전 상황에서 하루하루 넘어가기가 쉽지 않다. 이유는 우리가 믿음의 사람이기 때문이다. 그러나 하나님은 예배 중에 말씀을 주신다. 믿음으로 살아가려면 자기 생명을 조금도 귀하게 여기면 안 된다고 하신다.

사람이 믿으면 온갖 시기의 대상이 된다. 이중 가장 큰 신앙의 걸림돌은 바로 대인 관계다. 사람을 만나기만 하면 괴롭히는 사람을 보면서 사는 동안 사방에서 상하고 찌르는 것뿐인데 어떻게 여기까지 오게 되었는지…. 다만 하나님 은혜라는 것밖에 표현이 안 된다. 그러나 믿음이 자라면 무엇이든지 할 수 있게 해주시는 하나님을 보면서 그동안 포기하고 내려놓음 속에서 살아가던 사람이 다시 주님 안에서 주시는 힘으로 일어나 살아가게 해주신다. 그리고 지나간 날을 돌아보면서 하나님이 주시는 이 은혜 안에서 믿음은 사람의 유익으로 가면 안 된다는 것을 안다. 처음에는 뺏기는 것이 매사에 아프고 힘들었지만 믿음 안에서는 정반대로 줄 수 있다는 것이 은혜가 되고 기쁨이라는 것을 안다.

　무엇을 어떻게 해도 믿음 안으로 들어가지 못하고 한 일이 없어 주님 얼굴을 어떻게 뵐 수 있을지 걱정도 많았다. 그러나 일생을 돌아보니 다른 사람을 돌본 것이 생각난다. 이것이 믿음의 지름길이 되고 그것 역시 내 힘이 아니라 주님이 주신 짐이라는 것을 아니 감사할 뿐이다. 이제는 인생의 수고와 섬김을 하나님이 알아주시고 그 섬김이 헛되지 않고 은혜로 보상해주시는 것을 경험하니 감사하다.

　하나님이 주시는 은혜가 얼마나 귀한지 억울하고 분하던 마음의 한과 고통이 이제는 그 일이 아니었다면 하나님을 붙들지 못했을 것이라고 생각하게 된다. 그랬다면 은혜 안으로 들어가지도 못했을 것이다. 그동안 시련으로 흔들렸던 삶이 믿음으로 세워주는 귀한 기회인 것을 아니 오히려 감사하게 된다.

📖

문득 느끼는 두려움도 오늘 받은 은혜를 시기하는 사단의 질투라는 것을 아니 더욱 담대해진다. 간혹 질병 때문으로 근심하는 그 속에서도 하나님을 바라보게 해주시니 감사하게 된다. 주변이 고독하고 조용한 틈을 이용해서 공격하는 어둠의 세력과 맞설 때마다 강하신 하나님을 붙드는 지혜가 올 때면 이 믿음 때문에 더욱 감사한 것 밖에 없다. 때로는 속에서 느닷없이 소곤거리는 어둠의 속삭임이 진정 나의 생각이 아닌 것을 알고 물리치게 되니 감사하게 된다. 늘 믿음이 되지 못하게 위협하며 다가오는 사단이 하나님 앞에서 감사만 하면 힘을 쓰지 못하는 그들을 보면 또한 감사하게 된다.

반대로 생각해도 감사한 것뿐이다. 세상은 아름다운 것이 너무 많아서 구름을 보아도 형형색색의 자연을 보아도 하나님 솜씨에 감탄하게 된다. 그것이 눈물겨워 그 속에서 함께 해주시는 하나님 때문에 너무 감사해서 눈물이 난다. 우리 인생이 얼마 남지 않았음에도 주님의 사랑을 깨닫고 감사함이 마음 안에 살며시 들어오는 그것 때문에 또 힘을 얻는다. 그리고 모든 슬픔을 믿음으로 바꾸기만 하면 천지가 개벽하듯 바뀌는 인식의 전환점 앞에서 그것으로 살아가는 것이 은혜 되어 하늘 상급으로 채우시는 하나님을 보면 이것 또한 감사가 된다.

사람들은 아무 일없이 하루가 지나가면 그것이 행복이라고 말하지만 믿음 안에서는 별일 없이 지나간 것도 믿음 없는 증거라는 것을 알기에 육신이 안일한 것을 기대하면 안 된다.

지금도 크고 작은 시련이 쉴 새 없이 다가온다. 그러나 시련은 하나님 은혜에 비하면 아무것도 아닌 것을 아니 감사하게 된다. 선을 행하다가 받는 시련으로 마음이 아플 때면 그냥 웃고 넘기는 그 아픈 웃음을 하나님이 보시고 아신다는 것을 아니 그냥 감사하게 된다. 하나님 앞에서는 오직 침묵할 것 밖에 없어 침묵으로 나가다 보니 바보 취급을 받으면서도 오직 감사할 것 밖에 없다. 바보면 어떻고 멍청이라고 하면 어떤가. 내 안에 계시는 하나님 한 분이면 굳이 변명할 필요도 없다. 또한 늘 혼자라도 그 호젓함을 아시는 하나님 때문에 벅차오르는 마음은 감사할 것 밖에 없다.

오늘도 온 집안에 가득 채워지는 하늘의 생기 속에서 잠잠히 하나님을 바라본다. 그 마음속에 온갖 보화가 다 들어있어서 그것으로 만족한 하루에 감사하게 된다. 생전 들도 보도 못한 사람들이 모여서 살아가는 이곳…. 낯익은 사람이나 정든 사람 하나 없어도 내 안에 계시는 하나님 때문에 감사가 되고 기쁨이 되어서 그 믿음이 주는 행복으로 영혼 몸이 물드는 하루가 감사하기만 하다. 그리고 내 영혼의 창가에서 온 마음으로 "사랑하는 나의 아버지 지금 제가 여기에 있나이다"를 찬송하면 더 감사하게 된다.

오늘도 주신 말씀에 감동하며 믿음의 사고가 바뀌기만 하면 다 되는 믿음을 모르고 나 중심으로 돌아다니다가 가버린 그 시간들을 돌아본다. 나를 위해 몸을 내어주신 주님을 본받아 살아가려면 바꿀 것이 너무 많다는 것을 이제는 안다. 그리고 내려놓고 포기하면서 세상을 잊으니 마음에 평화가 가득 들어온다. 이제는 "언제나 죽으면 살리라"는 말씀으로 감사한 오늘을 산다. 죽어야 사는 것이 믿음이라면 우리 마음은 죽을 준비도 해야 된다는 것을 안다. 또한 어떻게 낮아지고 죽어질지 그것이 걱정이 되지만 그것까지도 믿음으로 맡기면 다 된다는 것 아니 감사하게 된다.

사람의 능력으로 안 되는 믿음

"그가 내게 대답하여 이르되 여호와께서 스룹바벨에게 하신 말씀이 이러하니라 만군의 여
호와께서 말씀하시되 이는 힘으로 되지 아니하며 능력으로 되지 아니하고 오직 나의 영으로
되느니라" - 슥 4:6

우주 만물을 창조하신 전능하신 하나님을 믿는다는 것은 사람 안에서 일어나는 천지가 개벽할 정도로 놀라운 사건인데 사람들은 하나님이 누구신지 잘 알지 못해서 하나님을 잘 믿지 못한다. 그러나 그 하나님을 알아보지 못하도록 방해하는 것은 바로 다른 사람이 아니라 바로 나 자신이라는 것에서부터 믿음은 출발이 되어야 한다. 천지 만물을 창조하신 전능하신 하나님은 늘 우리가 하나님 안으로 가까이 들어오기를 원하시는데 믿음이 부족해서 아무 것도 되지 못하는 사람을 본다면 본능적인 육신의 사람이 변하지 않으면 하나님께 조금도 가까이 나갈 수 없는 것을 안다. 그리고 우리가 믿음 안으로 들어가려면 이 하나님께 나가지 않으려고 고집하는 이 게으른 자신과 싸우는 것이 바로 믿음으로 해야 하는 영적 전쟁이 된다.

사람이 살아가면서 맛보는 이 세상 기쁨은 한 순간에 불과하지만 참된 기쁨은 믿음 안에서 맛보는 것이라는 것을 안다면 그 믿음이 하나님 중심으로 많이 바뀌어야 한다. 사람은 그 죄로 마음이 무디어서 하나님이 주시는 기쁨을 조금도 알거나 누리지 못하지만 빈들에서나 광야나 그 어디에 가 있든지 주님과 함께만 되면 매우 행복한 곳이 있는데 그 일을 전혀 알지 못해서 믿음 안으로 들어가려고 힘쓰지 못한다. 그러나 살아가다가 때로는 하나님이 침묵하시고 간섭하지 않으시면 얼마나 힘이 드는지 그 기나 긴 인내 속에서 단 한 순간도 하나님을 만나지 못하면 죽을 것 같은 영혼의 메마름을 경험하기만 하면 하나님을 붙들어야 한다는 것을 안다. 그리고 믿음이란 주님과 함께 죽고 주님과 함께 사는 것이라는 말은 많이 듣고 알지만 영으로 만나는 주님을 몰라서 시들어가는 육신을 본다면 그것은 진정으로 하나님을 만나지 못해서라고 말할 수밖에 없다.

신자는 성령을 받아서 성령의 훈련을 통과해야지 아무것도 하는 일이 없이 믿음이 된다고 말할 수 없다. 사람이 살아가는 이 세상은 아무리 좋아 보여도 믿음 안에서는 그것이 다가 아니라는 것을 안다면 우리는 믿음 안으로 들어가기 위해서 온 힘을 다해야 한다. 그러나 매사에 믿음으로 살아가지 못하는 부족한 사람을 본다면 단 한순간도 주님이 아니면 살아갈 수 없는 것을 아는 것으로부터 믿음은 출발이 되어야 한다.

하나님 나라는 하나님 은혜로 세워지고 하나님 은혜로 만들어지고 하나님 은혜로 주어지는 곳으로 믿음 안에서 맛보는 하나님 은혜란 말은 그 말 자체로 매우 행복하고 좋은 것인데 이 은혜가 무엇을 말하는지 몰라서 사람들은 하나님 은혜 안으로 들어가려고 힘쓰지 않는다. 그러나 이 은혜가 안으로 들어오려면 먼저 마음을 주님께 드려야 한다.

하나님 나라는 은혜로 세워지고 은혜로 사는 곳이지만 그러나 그 은혜로운 곳으로 들어가려면 마음이 깨끗해야 한다. 그리고 떡으로 수많은 사람들을 먹이시는 주님을 보면서도 사람들은 생명을 주시는 주님을 알아보지 못하고 물 위를 걸어가시는 기적의 주님을 보면서도 우주 만물의 주인이신 주님을 깨닫지 못해서 주님을 믿지 못한다.

사람들은 세상에 오신 주님이 누구신지 알아보지 못해서 임의로 대우하지만 우리도 알지 못해서 성령의 사람을 임의로 대한다. 사람들은 주님 안으로 들어만 가면 되는데 많은 설교를 듣기만 하고 싶은 말을 다하면서 믿음으로 살아가지 못한다. 우리 육신은 힘이 없고 부족하지만 그 부족한 것이 사람의 힘이나 노력으로 해결이 되지 못하는 것을 안다면 주님을 붙들어야 한다. 그리고 바로 자신이 누구인지 믿음 안에서 보아야 되는데 자신의 부족함을 보지 못해서 문제가 된다.

사람이 믿음이 올라가려면 마음이 낮아져야 하는데 그 낮아지는 것이 무엇인지 알지 못해서 낮아지는 길을 찾아가지 못하고 자신을 알지 못해서 낮아져야 한다는 것을 생각하지 못한다. 사람들은 주님을 알지 못하니 마음이 낮아지는 것도 무엇인지 알지 못해서 낮은 길을 찾아가지 못한다. 마음이 낮아진다는 것은 마음으로 낮아지려고 애서서 되는 것이 아니라 하나님이 주셔야 한다.

믿음의 한 면은 마음이 낮아져야 하지만 또 한 면은 주님의 생명을 힘입어서 일어나는 믿음이 요구된다. 그리고 사람은 육신의 힘으로 얼마든지 일어나도 되지만 믿음 안에서는 믿음으로 일어나려니 오히려 오래 걸린다. 그러나 주님이 그 어느 날 일어나 걸어가라고 말씀하시면 일어나서 걸어가면서 송아지처럼 걷고 뛸 때가 있다. 그러면 그 때는 사람의 힘이 아니라 주님으로 일어나서 주님과 함께 걸어가는 것이 믿음으로 사는 것이 된다.

믿음이란 사람의 힘과 능력으로는 전혀 갈 수 없는 길이지만 하루 종일 주님을 향해 마음을 드리면서 주님을 찾아 주님 안으로 들어가려고만 한다면 언제인가는 다 들어가게 해주신다. 그러나 주님이 더디 오심도 은혜라는 것을 아는 이유는 주님이 주시는 은혜를 받을 자격이 없는 부족한 사람이라는 것을 알기 때문이다.

📖

주님은 언제나 우리가 주님 안으로 들어오기를 기다려 주시는 분이시다. 그러나 믿음으로 성령의 인도하심을 받지 못하면 주님의 인도하심도 알지 못하고 우리 영혼이 깨어나지 못하면 믿음도 알지 못해서 믿음 안으로 들어가는 길은 매우 오래 걸린다.

📖

사람이 반드시 얻어내어야 할 것은 세상에 있는 것이 아니라 오직 주님으로 이 주님이 계시는 곳으로 들어가려면 주님이 강하시니 우리도 믿음으로 강하게 세워져서 강한 믿음의 사람이 되어야 한다.

📖

우리가 주님을 반드시 따라가야 하는 이유는 말씀을 잘 안다는 사람도 성령이 아니면 주님을 알아보지 못하기 때문이다. 그래서 주님은 우리를 위하여 십자가에 달리시고 성령님이 오셔서 우리가 성령을 받아서 그 마음이 새로워져야 바른 믿음으로 살아가게 된다. 주님은 우리의 구원을 위해 십자가 위에서 조롱과 모욕과 비난과 오해와 핍박을 받으며 희생하셨다. 우리도 믿으면서 억울한 일을 당해도 몸과 마음이 상해도 결단코 믿음의 자리에서 내려오면 안 된다는 것을 깨닫는다.

📖

믿음은 내가 아니라 주님을 위해 사는 것임을 아는 것이다. 우리가 목숨을 버리면서까지 우리를 위해 죽으신 주님을 안다면 주님을 위해 사는 믿음이 되어야 한다. 우리가 믿음으로 살아가야 하는 이유는 하나님 나라가 무엇을 말하는지 알기 때문이다. 그러나 믿음이 약하면 주님이 누구신지 알지 못하고 주님을 받아들이지 못하면 믿음이 무엇인지 알지 못해서 믿음이 세워지기까지 매우 오래 걸린다.

📖

우주 만물의 주인이신 주님이 이 땅에 오셨는데 세상이 알아보지 못하는 이유는 그 죄 때문이다. 믿음 안에서는 하나님이 우리 아버지임이 믿어져야 하는데 성령님이 함께하지 않으면 육신은 무감각해서 믿음이 주는 은혜가 무엇을 말하는지 깨닫지 못한다.

신자의 믿음이 세상에 치우친 것이라면 교회 마당을 수 없이 돌아다녀도 되는 것이 하나도 없는 것만 경험한다. 그러나 주님을 아는 것은 성령의 인도하심을 따라서 그 내적 증거로 아는 것인데 그것을 모르면 주님을 전혀 알아보지 못한다. 주님은 사람의 이성이나 지성으로는 도무지 알 수 없는 분이지만 만약 우리가 주님을 순종하기만 하면 그 은혜로 주님을 알아보게 해주신다.

성경에서 물이 포도주로 변하는 기적은 순종하는 믿음으로만 되고 불순종으로 잃어버린 에덴의 회복은 주님을 순종함으로만 이루어진다. 죄로 인한 사망과 고통 속에서 가시덤불과 엉겅퀴 같은 불순종 때문에 잃어버린 영혼의 기쁨과 행복은 하나님을 순종하는 사람에게만 주어진다. 주님을 바라보고 사모하는 사람도 주님 말씀을 순종할 때만 주님이 누구신지 알게 된다. 그리고 모든 것을 다 아시는 주님을 경험하면 주님의 간섭 없이는 아무것도 할 수 없는 무익한 사람이라는 것을 깨닫는다. 그리고 믿음 안에서 바라보는 그 세계는 매우 막연하지만 하나님 은혜가 스며들기만 하면 마음이 행복해지는 것을 알기에 이것이 은혜로운 삶이 된다.

믿음은 성령을 통하지 않고는 구원을 알지 못하고 하나님 말씀도 깨달을 수 없으나 성령님이 임하시면 주님이 누구인지 알게 된다. 그러나 육으로 난 것은 육이요, 영으로 난 것은 영이기에 우리가 영으로 거듭나야 한다고 말씀하신다.

믿음은 영에 속한 문제인데 육신으로 나가면 아무리 잘 믿어도 하늘 문은 열리지 않는다. 우리 안으로 하나님 은혜가 스며들어야 하는데 이런 경험이 없으면 어떻게 믿음이 되는지 깊이 생각해 보아야 한다. 그래서 누구나 하나님 은혜 안으로 들어가지 않으면 믿음이 무엇인지 알지 못하고 어려움을 당해도 그것이 무엇을 말하는지를 알지 못해서 문제가 된다.

주님을 구주로 믿는 것이 얼마나 큰 은혜인지를 알기에 아직 그 믿을 기회가 남아 있는 것을 안다면 그것이 은혜가 된다. 지금은 은혜의 비가 한없이 내리는 성령의 시대이다. 우리에게 그 빛이 왔지만 빛보다 세상을 사랑하는 마음 때문에 주님을 믿지 못하는 것을 보면서 믿음이 아무리 좋아도 보지 못하고 듣지 못한다면 소용이 없음을 깨닫는다.

어디서나 나 아니면 안 된다는 이 사고 방식 때문에 육신 위주로 나가면서 본능적인 생각과 감정의 브레이크를 멈출 줄 모르니 믿음이 올라가지 못한다. 믿음을 인간의 기준으로 판단하면 되는 것이 조금도 없다. 나 자신이 누구인지 내 속에 하나님을 알아보지 못하는 부패한 근성이 무엇인지 알아야만 내가 부족한 사람이라는 것을 알게 된다.

믿음으로 나가려면 우리 안의 본능적인 자아가 죽어져야 하나님을 만나는 시작이 된다. 우리 마음이 쇠해지고 약해지려는 것은 믿음으로 살고 싶은 마음 때문이다. 이 본능적인 육신의 속성이 쇠해질수록 마음이 겸손해지고 그 안으로 주님이 들어오신다. 그러나 무엇을 하든지 육신의 생각이나 판단도 믿음으로 하지 않은 것은 다 헛것이다. 우리가 그것을 알지 못해서 헛된 시간만 지나가지만 이 믿음이 안 되는 것은 육신의 단단함 때문이다. 하지만 언젠가는 다 되게 해주실 때가 있다.

사람이 세상에 태어나 살아가는 목적 중 하나가 바로 천국으로 가는 길이다. 우리를 천국으로 데려가고 싶으신 주님은 사마리아

여인에게 찾아가서서 "네게 말하는바 내가 그라"고 하셨다. 그 주님께서 우리에게도 오셨다. 사람에게 영생의 선물을 주시는 분은 주님뿐이라는 것을 안다면 우리는 약해도 마음까지 약해지면 안 된다. 그리고 우리가 믿음으로 살기 위해서는 주님이 38년 된 중풍병자에게 오셔서 "네가 낫고자 하느냐"고 말씀하신 것처럼 우리에게 오셔서 말씀해 주실 때 받아들이면 다 된다. 주님은 이 다음에 만나는 분이 아니다. 지금 현재 그 죄로 병이 깊이 든 자리에 주님이 찾아오셔서 "네 자리를 들고 걸어가라"고 말씀하실 때 그대로 순종하기만 하면 된다.

우리가 믿음으로 소유해야 할 영생은 미래와 함께 오늘도, 지금도 지속적으로 우리의 영혼과 몸을 깨끗이 씻겨 주어야 한다. 진정한 성경 공부는 말씀으로 먹으면 먹을수록 배부르기 때문에 믿는 동안 사람들은 이 생명의 양식을 잃어버리면 안 된다. 이미 말씀으로 주님은 우리 안으로 들어오셨다. 경건한 두려움을 갖고 말씀의 환희를 맛보는 자리에까지 나갈 때 주님과 함께만 되면 어디를 가든지 걱정이 없다. 그 무엇과도 바꿀 수 없는 은혜 속에 주님 음성도 그냥 알아지고 믿어지는 것은 그리 어려운 일이 아니다. 하나님 아들이신 주님만 받아드리면 하나님 자녀가 되는데 주님을 받아들이지 못하는 것을 보면 믿음은 아무나 되는 것이 아니라는 것을 깨닫는다.

늘 깨어 있어야하는 믿음의 삶

"근신하라 깨어라 너희 대적 마귀가 우는 사자 같이 두루 다니며 삼킬 자를 찾나니 너희는 믿음을 굳건하게 하여 그를 대적하라 이는 세상에 있는 너희 형제들도 동일한 고난을 당하는 줄을 앎이라" - 벧전 5:8-9

우리는 믿음이 있다고 해서 마음을 놓으면 안 된다. 우리는 주님의 살과 피를 모르면 하나님 구속의 은혜를 모른다. 그리고 주님의 살과 피를 먹지 아니하면 부활 생명도 알지 못해 주님을 통해 믿음을 취하는 것이 무엇인지 잘 알지 못한다. 그러면 우리는 어떻게 주님의 살과 피를 먹고 마실 수 있을까? 그 의미는 "주님을 믿으면 믿는 자마다 속에서 솟아나는 은혜의 생수를 마셔야 한다"는 뜻이다. 믿음으로 늘 주님을 갈망하다가 주님이 흘리신 피와 주님의 말씀으로 충만해진 사람은 세상이 감당치 못하는 믿음의 사람으로 살아가게 된다.

우리는 믿음이 부족해서 주님이 주시는 생수를 마시지 못해 문제가 된다. 사람이 사건과 환경에 지배당하면 주님이 주시는 그 생명의 생수를 알 수도 먹을 수도 없다. 믿음 안에서 오는 생수의 맛은 순종이 따르지 않으면 흘러 들어올 수 없다. 순종이 있을 때만 그 희락과 기쁜 맛을 맛보게 된다. 말씀을 먹고 씹고 즐기면서 날마다 순종할 때 그 참된 생수는 안으로 흘러들어 온다.

📖

믿음과 순종은 한 묶음이다. 믿음은 들음에서 나며 말씀을 들음으로 자아가 무너지기까지 순종으로 나간다면 하나님이 은혜를 주신다. 믿음은 참으로 어렵다. 율법을 따라가고 율법을 행하여도 구원의 기회는 조금도 없지만 복음 안에서 믿음을 취하려면 성령을 받아서 성령으로 하시는 말씀에 귀를 기울여야 한다.

📖

"너희도 가려느냐"고 하시는 주님 말씀 앞에서 마음이 무너질 때면 이 말씀을 기억해야 한다.

"영생의 말씀이 계시 매 우리가 어디로 가오리이까."

그러나 12제자 중 그 하나는 마귀의 유혹을 받았다. 내 안에도 교회 공동체 안에도 세상에도 가정에도 마귀가 산다. 그리고 입으로 믿는다고 해서 모두 구원 받는 것이 아니다. 마음에 예수님을 구세주로 믿어야 구원을 받는 것이고, 그래서 구원받는 사람은 소수라는 것에 큰 의미가 있다.

사람들은 잘 믿는다고 생각하지만 진정으로 믿음이 있는 사람인지 아닌지 자신을 늘 점검해야 한다. 예수님 시대의 사람들은 예수님을 보고도 알지 못하고 중교 지도라도 주님을 알아보지 못했다. 그래서 신앙은 마음을 드리지 못하면 그 분이 나사렛에서 온 피상적인 정치적 메시야로만 아니 문제가 된다.

주님은 "누구든지 목마르거든 내게로 와서 마시라 그리하면 그 배에서 생수의 강이 흘러넘치리라"고 말씀하시면서 신자가 성령을 받을 것을 말씀해주신다. 겔 47장에서 성전에 임할 하나님 임재는 그 흘러가는 물이 닿는 곳마다 모든 생물이 살아난다. 그것을 보면 목마른 사람의 마음은 주님과 연결되어야 그 목마름이 살아난다.

신자라면 참 만족은 주님 한 분뿐이고 영혼의 회복 안에서 맛보는 영적 만족만이 참 만족이지 다른 것은 아무것도 아니다. "나를 청종하라 그리하면 기름진 것으로 얻고 너희 영혼이 살리라(사 45)고 하신다. 그러나 목마른 사람은 하나님 앞에 나가지 못하고 하나님을 버리고 스스로 물을 저축하지 못하는 터진 웅덩이만 파면서(렘 2:13) 그 터진 웅덩이에 헛된 것만 채우고 살아간다면 사람의 소망은 사라진다.

📖

우리 영혼이 갈한 그 목마름을 해결해 주시는 분은 주님 한 분 뿐이다. 우리의 갈한 영적 목마름이 채워지려면 주님을 구하고 찾고 두드려야 한다.(마 7:7) 그리고 주님이 주시는 참된 성령의 생수를 맛보고 누리려면 죄와 죽음에서 건져주신 주님을 믿어야 한다. 그 죄로 인하여 바위같이 반응하지 못하는 굳어진 심령은 죽은 사람과 같고 아무리 잘 믿는다고 해도 은혜가 없으면 마음에 참 만족을 얻지 못해서 주님을 잘 믿지 못한다. 우리는 주님을 잘 믿으려고 하지만 마음이 상하고 낙심할 때 말할 수 없는 탄식으로 말씀해주시는 성령님을 경험하면 주님을 만나는 일은 매우 쉽다는 것을 안다.

📖

복음을 전하는 사람을 세상이나 사단은 미워한다. 그들 중에는 교회는 다녀도 복음을 듣기 싫어하고 복음을 전하는 사람을 싫어하고 미워한다. 사단이 사사건건 유혹하며 사람 마음을 마구 끌고 다녀도 그것이 무엇을 뜻하는지 알지 못한다. 하나님을 아는 사람은 귀신도 알고 귀신을 아는 이는 하나님도 안다. 때문에 하나님께 속한 자는 하나님 말씀을 들어야 한다. 하나님 말씀을 듣지 못하는 사람은 하나님께 속하지 않았기 때문에 주님을 알아보지 못하고 주님의 생명이 무엇을 말하는지 알지 못하면 주님이 누구신지 알지 못하게 된다.

📖

아담 한 사람으로 인해 죄가 들어오고 그 죄로 모든 사람이 사망에 이르게 되었지만 주님은 믿는 사람에게 선물로 영생을 주시면서 삶에 소망을 주신다. 그러나 믿음이 어리면 영적으로 무지해서 믿음에 대한 불신 때문에 결국은 사단의 도구로 전락하고 만다. 이 불행의 원인은 귀신 탓이라고 하고 또한 질병은 죄의 결과로 나타난다. 그러나 문제는 원인이 중요한 것이 아니라 그 질병 문제를 어떻게 해결 하는가이다.

📖

신자들은 고난의 대명사인 유혹과 시련을 거쳐 가는 이 모든 것이 하나님 손에 달린 것을 알지 못한다. 때문에 병이 든 원인만 따지지만 병을 보고 사람을 판단하는 것은 죄의 함정에 빠질 가능성이 매우 높다는 것을 알지 못한다.

📖

우리가 빛이 되어야 하는 이유는 주님이 빛이 되시니 우리도 그 빛을 받아서 그 빛으로 살아가야 하기 때문이다. 믿음 안에서 그 빛으로 살아가지 못하는 사람은 칠흑 같은 어둠에 갇혀서 앞을 조금도 보지 못하는 맹인이라는 것을 알지 못한다. 다만 다른 맹인을 통해 스스로가 맹인이라는 것을 알게 된다. 사실 맹인이란 믿음의 문을 조금도 두드리지 못하는 어리석은 사람이다.

하나님을 향하여 두렵고 떨리는 마음으로 걸어가면서 하나님 은혜가 나에게 입혀질 것을 바라보는 연약한 사람이 우리 자신이다. 하지만 하나님은 순종하면서 걸어가는 자에게 그 빛을 더 주신다. 주님을 따르고 순종하는 자에게만 하나님이 그 삶을 관리해 주시고 하나님을 맛보고 경험하고 누리게 해주신다.

우리는 그 자리에서 일어나 그 기이한 빛 안으로 들어가서 그의 아름다운 덕을 누리고 전하는 사람이 되어야 한다. 하지만 믿음으로 바라보는 하나님의 생각과 사람의 생각은 전혀 다르다. 믿음 안에서는 질병이 죄 때문이라는 것을 나에게 적용할 수는 있지만 다른 사람에게 적용하면 안 된다. 질병이란 본인의 죄도 아니고 부모의 죄도 아니다. 모두 하나님이 하시는 일을 나타내기 위함인 것에 유의해야 한다.

믿음은 하나님을 향하여 먼저 마음을 열고 그 열린 마음으로 하나님을 부르는 그 한마디 속에 모든 것이 다 들어있다. 그리고 믿음으로 나 아닌 내 속의 본능적인 자아는 날마다 주님 앞에서 죽어야 한다고 고백되어야 한다. 주님 앞에서 나는 죄인이라고 고백만 되면 되는데 그것을 모르고 살아온 것은 그의 믿음이 소경이기 때문이다.

갓 태어나서 눈을 뜬 아이는 아무것도 모른다. 우리도 영적 소경인데 아니라고 생각하니 문제가 된다. 이만하면 되었다고 이 만큼 믿으면 된다고 생각하지만 진정한 죄인이라는 것을 마음으로 아는 사람이 되어야 한다.

그동안 안다는 것 때문에 정죄를 받을 수밖에 없는 소경은 태어나면서부터 소경인 사람보다 더 불쌍하다. 죄에 대하여 눈을 떴다는 사람도 여전히 자신의 방법으로 살면서 하나님을 잊어버린다. 하지만 소경되었으면 죄가 없지만 본다고 하니 죄가 그대로 있다고 주님은 말씀하신다. 주님은 우리의 눈을 뜨게 하시려고 오신 분이시다. 그런데 그 죄로 인해서 죽어가는 영적인 소경인 사람은 자기만 아는 것 때문에 주님이 누구신지 깨닫지 못한다. 믿음 안에서는 내가 나 자신도 잘 알지 못하면서 이미 나를 잘 안다는 것 때문에 문제가 되는 것을 알지 못한다.

📖

주님의 사랑은 우리를 향한 참사랑이고 그 사랑은 애달픈 짝사랑이지만 하나님은 주님을 짝사랑하는 우리 마음 안으로 슬픔과 좌절을 넘어서 기쁨과 환희를 부어 주신다. 그것을 모르고 나는 주님을 짝사랑 하면서 일생동안 살아왔다고 생각하지만 돌아보니 내가 주님을 짝사랑을 한 것이 아니라 주님이 나를 짝사랑하신 것을 알지 못하고 일생동안 방황한 것을 깨닫는다.

　우리가 주님을 가까이 하고 주님을 만나려면 죽어지고 쇠해지는 것이다. 그렇기에 마음은 힘들고 아프다. 그러나 그것으로 끝남이 아니라 믿음으로 살아가게 해주시려고 하나님은 그 영광을 더욱 밝게 비추신다. 믿음이 없는 사람은 항상 주님과 반대로 살아가지만 자신이 죄인인 것을 아는 사람을 아시고 늘 사랑으로 찾아오시는 주님을 만나면 모든 생각과 판단들 모두가 주님이 아니면 안 된다는 것을 알게 된다.

생명 되시는 주님을 만나야

"내가 진실로 진실로 너희에게 이르노니 내 말을 듣고 또 나 보내신 이를 믿는 자는 영생을
얻었고 심판에 이르지 아니하나니 사망에서 생명으로 옮겼느니라 진실로 진실로 너희에게
이르노니 죽은 자들이 하나님의 아들의 음성을 들을 때가 오나니 곧 이 때라 듣는 자는 살아
나리라" - 요 5:24-25

어떤 사람도 천국으로 들어가려면 예수님이 나를 위해 돌아가
셨고 그분을 믿으면 모든 죄를 용서받아 하나님의 자녀가 된다는
믿음이 있어야 구원으로 들어가는 문을 통과할 수 있다. 그렇지
않으면 천국으로 들어가지 못한다. 만일 우리가 주님의 백성이라
면 주님이 열어주시는 그 문으로 들어가야 한다. 주님이 곧 길이
요 진리요 생명이며 구원이 되시니 주님만이 생명 길이 되어 주신
다. 힘없는 우리 마음 안에는 다른 생각이 먼저 들어와 부패한 삶
으로 늘 끌려 다닌다. 이에 사람을 보면서 주님보다 앞서서 생각
하는 것이 바로 강도며 절도라는 것을 안다.

우리는 조금만 어려워도 불안해하고 힘들어 한다. 그런 것을 보면서 우리가 의지해야 할 것은 오직 주님뿐임을 안다. 우리가 돌아다닐수록 마음은 피곤하지만 주님을 만나면 마음에 감동이 온다. 우리는 사람을 사귀지만 세상에 영원한 것이란 하나도 없는 것을 안다면 항상 변하지 않는 주님만 의지해야 한다. 그리고 세상사는 동안에 붙잡고 의지할 믿음이 있는 것이 얼마나 좋은지 주님과 함께하지 않으면 모든 것이 허사라는 것을 안다.

우리가 주님을 알고 주님이 나를 아는 것이란 세포 마디마디마다 흐르는 하늘 생수가 전 영혼 몸으로 흘러 넘쳐서 주님과 하나가 되어 믿음으로 나가게 되는 것이다.

믿음은 한 고비만 넘어가면 되는데 사람들은 무감각해서 주님을 찾아가지 못한다. 우리가 주님을 믿기만 하면 그 신비한 은혜 때문에 날마다 감사하면서 살아가게 된다. 믿음은 선한 싸움을 하는 자에게 주어지는 전리품으로 아무 하는 일 없이 그냥 주어지지 않는다. 우리는 그 믿음으로 주어지는 전리품을 얻어야 하는데 주님을 알아보지 못해서 주님을 따라가지 못하고 지금 주님과 반대

되는 속성으로 가득 차 있어서 주님을 잘 믿지 못한다. 그리고 믿음이 안 되어서 순간적으로 주님을 잊어버리는 그 어리석은 모습으로는 영영 그 나라에 들어가지 못한다는 것을 알지 못한다.

📖

믿음이란 순간마다 주님을 기억하는 것으로 한 순간도 주님을 생각하지 못하는 사람은 믿음이 어린 것이다. 특히 마음의 그 빈 공간을 그대로 두면 다른 것이 들어오지만 허전한 그 때마다 그것을 믿음으로 돌려야 한다. 우리는 늘 주님을 부르는 것이 바로 믿음으로 사는 것으로 이런 사실을 믿음 안에서 경험하지 못하면 참된 믿음이 되지 못한다. 어떤 생각이 들어오거나 불안할 때도 주님을 생각하고 돌이킨다면 믿음으로 살아가게 되는 이것이 은혜인 것이다.

📖

죽은 나사로를 깨우려고 가시는 주님을 보면서 "우리도 함께 죽으로 가자"던 제자들은 주님이 십자가에 달리시는 그 곳에 제자 요한 외에는 아무도 없었다. 우리도 주님이 진정으로 필요할 때는 주님을 바라보고 매달리지만 어려운 자리에 가서는 그 일이 싫어서 피하곤 한다. 사람은 주님만 따라가야 하는데 어려운 일 앞에서는 모두 피해 버리고 외면하는 것이 사람의 이기적인 현실이다. 그러나 아무것도 할 수 없는 속수무책의 장소에 오직 주님 한 분만 남아있다면 우리는 어떻게 해야 하는지…. 그런 힘든 장소에서 우리는 오직 믿음만 붙들어야 한다.

＊

하나님을 바르게 믿는 사람은 전쟁이 나도 천지가 개벽을 해도 마음이 담대해진다. 믿음이란 모든 삶 속에 주님만을 생각하면 되는데 그러지 못하면 하루하루 살아가기가 쉽지 않다. 그래서 우리는 그 삶 속에서 주님 생각을 얼마나 하는지, 주님을 얼마나 간절하게 믿는지, 주님을 얼마나 사모하는지를 돌아보아야 한다.

"부활이요 생명이신 주님을 믿는 자는 죽어도 살겠고 무릇 살아서 주님을 믿는 자는 영원히 죽지 아니하리라"고 말씀하시는 주님은 우리에게 생명으로 오시기를 원하신다. 믿음이 있는 사람에게는 생명으로 가는 길이 있는데 그 생명 길을 잊는다면 남는 것이 무엇인지 우리는 반드시 그 길에서 생명 되시는 주님을 만나는 사람이 되어야 한다.

＊

무엇이든지 다 잘 아시는 주님은 우리도 마음만 드리면 다 만나주신다. 사람은 죽는 것을 매우 무서워하지만 주님을 만나기만 하면 죽음의 문제도 해결이 되고 이것이 믿음으로만 되는 생명의 비결이다. 믿음이란 지금 여기 계신 주님이 믿어지는 것이고 주님을 온 영혼과 몸으로 느끼는 것이다. 여기 계신 주님께서 말씀만 하시면 죽은 사람이 살아나는 것처럼 우리도 주님과 같이 그 말씀으로 영혼 몸이 살아나는 사람이 되어야 한다.

□□

아가서에서 잃어버린 신랑을 찾아다니는 술라미와 같이 우리도 영혼의 갈급함과 목마름이 되어서 주님을 찾아다녀야 주님을 만난다. 사방으로 찾아다니면서 "주님이 어디 계신지?"라고 누군가에게 물어보아도 가르쳐 주는 이가 없다. 마음으로 사모하다가 사랑하는 자를 만나는 술라미를 보면서 우리도 사람의 힘과 방법을 부인하고 내 안에 길들여진 습성들을 거절해야 내 안에 계시는 주님을 만나게 된다. 늘 밖으로 향하던 시선을 안으로 돌려야 주님을 만날 수 있듯이 술라미는 사랑하는 사람을 찾아다니다가 기어이 신랑을 만나 방으로 들어가 그를 놓지 않는다.

우리도 찾아다니다가 주님을 만나면 그 성령의 임재 안에서 만나는 주님을 다시는 놓치지 말아야 한다. 신실한 믿음의 사람 술라미가 하나님 임재를 잃어버린 후에 발이 닳도록 찾아다니다가 신랑 되신 주님을 만난다. 그 후에 은혜 안에서 믿음이 주는 행복함이 너무나 좋아서 나를 깨우지 말라고 부탁한다.

□□

똑같이 반복되는 삶이지만 생활 속에서 하나님과의 만남은 순간마다 지속되고 깊은 사귐이 되어야 한다. 사람은 하나님을 향하여 마음에 갈급함이 오면서 그 마음이 주님께 돌아가야 한다. 그러나 그런 갈급한 마음도 하나님이 주셔야지 마음대로 되지 않는다. 이처럼 믿음으로 가는 길에는 주님의 손길이 미치지 않은 곳이 없음을 안다. 믿음이란 사랑하는 주님을 만나는 것이고 오직 주님을 믿는 것이다. 주님을 만나지 못해도 기쁘게 여기면서 나갈 때 다시 주님이 주시는 새 은혜로 살아나면 다 된다.

어떤 사람을 만나거나 만나려고만 하면 어려운 일이 생겼다. 문제가 생기거나 몸이 아프거나 여러 가지 모양으로 허다한 장애 속에 마음이 힘들었다. 그래서 사람을 만나는 것을 주저했지만 그것도 잠시이고 더 이상 미룰 수 없었다. 그러다가 "왜 사람 사이에 어려운 문제가 생기고 사람 관계를 파괴하는 이유가 무엇일까?"를 돌아보면서 믿음은 그냥 되는 것이 아님을 깨달았다. 일마다 때마다 어떤 사건을 통하여 깨뜨림을 당하고 부서짐을 당하는 사실 앞에 믿음으로 가는 길은 쉽지 않다는 것을 경험했다.

그러나 믿음이란 무엇을 말 하는가? 믿음으로 가려면 자신의 생명을 조금도 귀하게 여기면 안 된다는 말씀 앞에서 믿음으로 사는 일은 쉽지 않다는 것을 안다. 그리고 믿음이 안 되어 마음은 한없이 속상하고 작아지지만 믿음으로 살아가려면 그 가는 길에 어떤 어려움이 가로막아도 그 어려움을 피하거나 물러나면 안 된다는 것도 안다.

많은 기적을 행하시는 주님을 보아도 우리는 주님을 믿지 못한다. 나는 왜 믿지 못할까? 그것은 굳고 강한 마음 안으로 주님이 들어오시지 못하기 때문이다. 그리고 잘 믿으려면 낮아져야 한다는 말을 들어도 사람의 영광을 구하는 높은 자리에서 내려오기 싫어 주님을 믿으려 하지 않는다. 그러나 우리 내면이 변화되려면 하나님 말씀을 들음으로 사람의 생명이 소생하게 된다.

우리가 주님의 말씀을 지키는 것도 주님을 사랑하기 때문이다. 그런 우리에게 마음에 근심하지도 말고 두려워하지도 말라는 것도 죽음의 문제를 두려워하지 말고 이기라는 뜻이다. 곧 주님 안에서 모든 것이 해결되면 마음에 기쁨이 오는데 사람들은 믿음 안에서 이긴 후에 오는 그 기쁨과 희락을 알지 못하는 것이 문제임을 알지 못한다.

사람들은 세상의 즐거움 때문에 평안을 추구한다. 그러나 참된 평안은 하나님 안에서 공의의 결과로 나타난다. 신자가 믿음 안에서 바르고 정직하게 살아가기만 하면 하나님은 다 알아주신다. 세상은 근심과 두려움뿐이지만 우리가 깨끗한 마음으로 주님과 하나 되어서 주님이 주시는 평안을 누리며 살아간다면 다 된다. 마음 안 깊은 곳에서 한없이 솟아오르는 평안이 주는 생수만 있다면 염려와 근심과 곤고함에 상관없이 마음에 평안으로 가득 채워진다. 그리고 흘러나가는 이 평안을 끼치는 분이 우리 안에 계시므로 믿음으로 사는 것이란 매우 기쁘고 즐거운 길이 된다.

신자는 물과 성령으로 기름 부음을 입지 아니하면 되는 것이 하나도 없음을 아는 사람으로 사람의 구원은 성령으로만 되고 믿음으로 열매 맺기까지 나가야 한다는 것을 안다면 힘들어도 애써야 한다.

무쇠가 풀무 불에 들어가서 불같은 단련 속에 쓰임 받는 도구가 되는 것처럼 주님은 우리를 믿음의 사람으로 만들어 가시려고 세상에서 순례의 길을 걷게 하신다. 사람이 만일 지식적인 믿음이라면 성장하는 길은 사라진다. 그러나 주님 안에 거할 때만 참 믿음이 되는 것처럼 믿음은 주님으로부터 영양분을 공급받아야 하고 주님의 생수로 공급받아야 아름다운 열매를 맺게 된다.

영에 주리고 목이 마른 사람은 주님으로 채워져야 한다. 그러나 씻기지 않은 그릇에는 추한 것만 들어 있어 참된 신자가 되려면 목마르고 헤매는 인내와 수고의 과정을 따라가야 한다.

신앙은 어떤 사건 속에서 영혼 몸이 부서지고 깨뜨려짐을 당하는 것이다. 그러면서 아픔 속에서 그 속의 더러운 것을 발견하고 버릴 때 하나님 은혜를 경험하는 것이지 믿음은 그냥 되지 않는다. 성령 안에서 육신의 약함을 보면서 죽기까지 수고하며 믿음을 지키지만 성령이 없이는 결코 구원에 이를 수 없다. 그러나 기름

부음이 오면 회개하게 되고 쉽게 믿음으로 자라나게 된다.

믿음이 되려면 강한 고집과 자신을 존귀하게 여기는 부분들이 어떤 사건을 통해서 깨지고 부서져야 한다. 하나님은 우리를 사랑하셔서 믿음으로 자라게 하시려고 깨끗하게 하는 기회를 주신다. 그러면 그 아프고 고통스러울 때 부모를 찾아가는 것처럼 하나님을 찾아 가는 것이 바른 믿음이다. 마음이 불안할 때 하나님을 찾아가는 것이 얼마나 감사한지, 참 만족이 없을 때 주님을 찾으려고 마음을 돌이키면 하나님 은혜가 안으로 들어온다.

"내 안에 거하라 나는 너희 안에 거하리라." 그러나 죄와 의는 하나가 될 수 없는데 주님은 죄인인 우리 안에 거하겠다고 하신다. 나무 가지가 포도나무에 붙어있지 않으면 스스로 열매를 맺을 수 없다.

믿음은 주님과 같이 죽고 사는 것

"나의 간절한 기대와 소망을 따라 아무 일에든지 부끄러워하지 아니하고 지금도 전과 같이
온전히 담대하여 살든지 죽든지 내 몸에서 그리스도가 존귀하게 되게 하려 하나니 이는 내
게 사는 것이 그리스도니 죽는 것도 유익함이라" - 빌 1:20-21

　세상이 믿는 사람을 미워하는 것은 그 사람이 세상에 속한 사람
이 아니기 때문이다. 이 세상은 사단의 지배 속에서 살아가는 나
라이기 때문이다. 세상에서 신자가 핍박의 대상이 되는 것은 매우
당연한 일이지만 참된 믿음이 되려면 이 치열한 영적 세계에서 어
떻게 살아가야 하는지 많이 고민하게 된다. 그러나 하나님을 향하
기만 한다면 우리 영혼은 하나님의 은혜로 맑아지고 밝아져서 담
대하게 살아갈 수 있다.

　신자가 자기 마음 하나도 제대로 다스리지 못하는 이유는 성령
이 마음에 계시지 않기 때문이다. 매사에 잘 믿으려고 하면서도
반대로만 가는 사람에게 하나님은 은혜를 경험하게 하시고 그 믿
음의 증거로 영생의 맛을 보게 해주시며 하나님이 누구신지 알게
한다. 그래서 예수 그리스도를 통하지 않은 믿음은 참다운 믿음이
되지 못하고 예수 그리스도를 통하지 않은 선행은 열매가 되지 못

하며 예수 그리스도를 통하지 않은 생각도 구원을 가져다주지 못한다. 즉 생명의 하나님 말씀만이 정금 같은 구원으로 이끌어 주는 비결이라는 것을 안다면 우리는 말씀 속으로 들어가야 한다.

📖

주님이 지신 십자가를 보면서도 거기서 조금도 감동이 없는 사람을 보면 사람 마음이 매우 무디다는 것을 알게 된다. 그러나 자신도 모르게 자신을 높이는 순간 하나님 은혜가 사라지는 것을 경험하면서 마음이 높아지면 문제라는 것을 알기에 믿음으로 사는 것이 무엇인지를 깨닫는다.

믿음은 주님과 같이 죽고 사는 것이라는 말을 많이 들어 알고 있다. 그 참혹한 십자가 앞에 서면 자신이 어떤 사람인지 판별이 된다. 믿음도 십자가가 무엇을 말하는지 그 의미를 깨달을 때 감사해서 믿음을 붙드는 것이지 마음으로 느끼는 것 없이 그냥 되지 않는다. 믿음이란 내가 주님을 십자가에 못 박은 장본인이라는 것을 아는 것이다. 사람들은 육신 때문에 기도하지만 하나님 자녀로서 가치를 안다면 하나님 중심으로 그 기도도 바뀌어야 한다.

📖

복음은 주님과 믿음과 교회가 무엇인지 질문하고 대답한다. 사람들은 교회를 불신하고 핍박을 가하지만 그 교회를 통해서 복음은 지금까지 전파되고 있다. 세상의 모든 것들은 수없이 나타났다가 사라지지만 주님은 세상 끝까지 성령을 약속하시면서 믿음으로 살아가라고 하신다. 그래서 우리는 다른 사람이 뭐라든지 주님이 행하시고 가르치신 말씀과 다시 오실 주님을 기다리면서 살아가야 한다.

그 기다림의 때와 기한은 하나님께 속해 있으므로 하나님이 해 주실 때까지 기다려야 한다. 주님이 우리에게 생명을 주신 이유는 하나님 생명이 있는 자로 살아가게 하시려는 것이다. 날마다 주님의 생명으로 살아가기 위해서는 성령의 인도를 받아야 한다. 주님 이름으로 성령을 받음으로 믿음이 시작되는 것을 안다면 신자들은 성령을 가볍게 여기면 안 된다.

📖

이 세상과 모든 역사는 한밤의 경점 같아서 소리 없이 지나가지만 하나님 생명이 우리 영혼 안으로 들어오기만 하면 마음이 금방 달라져 어떤 어려움이 와도 다 이기게 된다. 그러나 모든 일을 다 하고 모든 예배를 다 나가도 믿음이 부족하면 바르게 살아가지 못한다. 그래서 늘 만족을 느끼지 못하나 폭풍이 몰아쳐도 능히 이길 수 있는 것은 믿음 안에서 오는 힘뿐이다.

📖

의롭게 살아가다가 당한 고난의 흔적을 사람들은 심히 두려워한다. 그러나 고난의 흔적을 우리 몸에 남기는 것이 믿음으로 사는 것이다. 우리는 몸에 남은 그 흔적도 예수님이 주신 흔적이라는 것을 아니 그 흔적을 늘 감사하며 살아가야 한다.

📖

하나님 말씀을 순종하는 것이란 신실한 믿음으로만 된다. 믿음으로 가는 그곳에 보이는 것은 하나도 없지만 하나님은 언제나 말씀을 주시기에 따라가야 한다. 그러나 하나님 말씀을 따라간다고 하면서도 먼저 계산을 하는 것을 보면서 순종이란 절대 쉬운 것이 아니라는 것을 안다. 하나님을 순종하는 것이란 매우 어렵지만 순종하기만 하면 하나님이 기뻐해주신다는 것을 안다. 이에 신자는 그 무엇 하나도 가진 것이 없지만 하나님 말씀을 믿고 따라가면 하나님은 우리에게 주실 복을 이루어 주신다.

📖

지구는 돌고 사람도 삶도 환경도 다 돌고 돌지만 하나님은 회전하는 그림자가 없고 변함이 없으시다. 하나님은 변하시는 분이 아니다. 하지만 사람은 변하고 불평하면서 돌아다닌다. 사람이 세상 가운데 거하는 모습을 보면서 믿음으로 살아가기에 매우 힘들어진다. 그리고 속 안에서 세상 욕망이 자꾸 올라올 때마다 그 소욕을 이겨내는 것이 믿음으로 사는 것이다. 그런데 거기까지 나가는 데도 매우 오래 걸린다.

때로는 마음이 허전해지고 기쁨이 사라져도 그 일이 무엇을 말하는지 알지 못해서 믿음을 소중하게 여기지 못한다. 그러나 믿음으로 사는 것은 주님을 부르면서 주님 안으로 들어가려고 마음을 돌이키는 것이다. 사람은 믿음이 자라가면서 힘든 일이 오면 사방으로 흩어진다. 그리고 사람 속에 고여 있는 불의한 것들이 드러나면서 흩어진다. 그 흩어진 사람들이 생생하신 하나님 은혜를 경험한다면 이 은혜를 받으라고 전하지 않을 수 없다.

사람의 믿음은 본능 중심이어서 변화되는 길은 조금도 없지만 신자라면 하나님을 만나는 경험이 단 한 번이라도 있어야 한다. 몇 십 년을 믿어도 하나님을 단 몇 초만이라도 경험하면 그 경험이 믿음을 받쳐준다. 믿음으로 육신의 굳은 가치관이 무너져야 하나님 말씀도 들린다. 말씀에 의지하며 그물을 건져 올린 경험이 있는 베드로는 주님을 세 번 부인하고 나서야 마음이 무너진다.

신자도 하나님 앞에 나가서 하나님 앞에서 하나님을 만나 그 마음이 무너져야 하나님이 누구신지를 알게 된다. 복음은 주님만이 우리의 구원이 되신다는 것을 시인할 때 하나님의 알아주신다. 그러나 이만하면 됐다는 마음 때문에 아무것도 하지 못하고 보이는 것만 따라가면서 믿음으로 가는 줄 오해하니 그것이 문제가 된다.

📖

사람들은 믿음이 되지 않아서 믿음대로 살아가지 못하지만 생명이신 하나님 말씀을 들을 때면 마음이 풀어진다. 하나님을 향한 찬양을 드릴 때면 쓴물 같은 마음이 단물로 바뀌며 믿음의 차이는 하늘과 땅만큼 크다는 것을 알게 되어 하나님과 함께 살아가는 것이 즐거운 길이 된다. 그리고 믿음으로 살아가려면 주님이 주신 은혜를 낱낱이 드러내고 밝혀서 어둠에 묶인 것 같은 많은 영혼을 구원으로 인도하는 사람이 되어야 한다. 또한 그 복음과 구원은 사람의 노력이나 조건이 아니라 하나님으로부터 된 것이라는 것을 안다면 하나님을 믿어야 한다.

📖

사람들은 자신의 부족함을 깨닫지 못해서 믿음을 굳게 붙들지 못한다. 기계와 물질문명이 점점 발달하면서 사람의 설 자리가 없어지듯이 믿음의 자리에 다른 것이 들어 있는 것을 안다면 마음과 생각이 많이 달라져야 한다. 믿음과 세상은 서로 반대이기에 하나님의 진노가 나타난다. 그 원인은 마음이 허망해져서 허망한 생각을 따라가기 때문이다. 빛 되시는 주님이 이미 세상에 오셨지만 주님으로 살아드리지 못하고 그 생각이 허망해지고 마음이 어두워지는 그 진노의 결과를 그냥 내버려두는 것이 바로 심판이라는 것을 안다면 마음대로 나가면 안 된다. 마음의 정욕대로 상실한 마음대로 세상 욕심에 빠지도록 마음대로 나가다가 하나님의 진노가 임하는 것을 안다면 우리는 믿음으로 돌아와야 한다.

예전의 그 강한 나라들이 망한 이유는 정욕대로 부끄러운 욕심대로 내버려뒀기 때문이다. 예전의 그 좋은 믿음의 사람이 망하는 원인도 하나님을 잊고 마음대로 살아가기 때문이다. 그 모든 죄가 사형에 해당되는 것을 모르고 하나님을 거부하고 마음에 하나님을 두기 싫어 자기 고집과 향락대로 가는 사람은 스스로 살아날 힘이 없어 하나님을 믿지 못한다. 그러나 하나님 나라는 사람이 행한 대로 그 생각과 마음이 다 드러나는 곳이다. 요즘에는 CCTV가 설치되어서 사람의 행동을 다 보고 찍히지만 하나님 나라의 CCTV는 더욱 선명해서 세밀하게 사람의 마음속까지 다 찍힌다. 행한 대로 받는 심판을 모르고 이방인들만 심판받을 것이라고 생각하고 이방인을 개 취급하지만 남을 정죄하는 그 자체가 죄라는 것을 잊어버리면 안 된다.

사람 안에는 선악을 판별하는 양심이 있으나 그 선이란 오직 예수 그리스도 한 분뿐이다. 양심의 법은 죄를 지으면 마음이 지옥이지만 그 죄인이 살 길은 오직 믿음뿐이다. 모양만 믿음인 사람을 향해 "회칠한 무덤 또는 외식하는 자"라고 하는 말씀을 보면서 하나님과 상관없이 살아간다면 예배를 드린다고 해도 참 신앙인이 되는 것은 전혀 아니다.

📖

믿음 안에서는 그 죄를 회개하면서 그 몹쓸 자아를 믿음으로 처리해야 한다. 그러나 죄가 더한 곳에서 은혜가 더하다고 은혜 받기 위해서 죄를 지을 때 행한 대로 심판하시는 하나님을 안다면 매사에 근신해야 한다. 그리고 사람이 믿음으로 새롭게 변화되어서 믿음 중심으로 나가듯이 우리 영혼도 새롭게 태어나서 주님 중심으로 살아가야 한다. 죄를 보면 피 흘리기까지 몸을 쳐서 거절해야 하는 이유는 우리에게 살 길은 오직 주님뿐이기 때문이다. 우리가 바라보는 세상은 힘든 노예 같은 삶이지만 육신의 한계를 넘어서 믿음에 들어간 후에 새사람이 되었으면 더 이상 방황하지 말고 새롭게 살아가야 한다.

📖

사람은 율법을 지키려다가 그것이 짐이 되어 더 고통스러워하지만 복음은 모든 것을 주님께 맡기는 것이다. 율법을 잘 지키는 사람이 결국 주님을 죽음으로 몰아간 것을 본다면 율법의 문제가 무엇인지 생각해 보게 된다. 믿음이란 복음 안에서 주님과 같이 사는 것이다. 그러나 율법 없이는 주님을 알 수 없고 하나님이 주시는 은혜의 귀함도 알 수 없다.

사람이 만일 율법으로 나가다가 율법이 우리의 죄를 여지없이 끄집어낸다면 견딜 수 없게 만드는 것이 무엇인지를 깨달아야 한다. 이때 복음이 중요한 것을 아는 것으로 선한 행실의 역할이 율법으로 사는 것이지만 그 율법도 사람이 죽으면 끝난다. 율법의 사람 바울이 "나는 죄인 중의 괴수"라고 고백한 것은 율법이 심히 죄 되게 한다는 것을 알기 때문이다. 율법을 지킴으로 죄 아래 팔린 육신을 보고 한탄하는 바울을 보면서 복음 안에서 죄에 대한 불의함을 모르면 무기력한 믿음이 되고 만다.

구원은 하나님 은혜로 되어야

"복음에는 하나님의 의가 나타나서 믿음으로 믿음에 이르게 하나니 기록된 바 오직 의인은
믿음으로 말미암아 살리라 함과 같으니라" - 롬 1:17

　사람은 아무리 애를 써도 스스로 죄에서 벗어날 수 없지만 그
곳에서 우리를 건져 주실 분은 예수 그리스도 한 분뿐이다. 율법
은 선행을 하라고 권하지만 마음에도 없는 선행은 사람을 넘어지
게 하고 낙심하게 한다. 근심하고 피곤한 그 곳에서 사람은 반대
되는 성향만을 갖고 남을 비판 한다. 그 속에 내가 미워하는 것을
스스로 행하는 나를 보면서 이런 마음의 갈등이 없으면 그 죄로
무감각한 사람이 되고 만다. 그곳에서 나는 죄가 없다고 도리어
화를 내지만 율법으로 나가는 다듬어지지 않은 육신을 본다면 변
명할 수도 없다.

　내 속에서 행하는 것은 내가 아니라 미워하는 것을 행하는 내
안의 또 다른 육신이지만 그것을 행하는 자가 내가 아니라 내 속
에 거하는 죄라는 것을 깨닫게 된다. 믿음으로 산다는 것은 자기
자신과 내 속의 죄를 구분하면서 죄의 성향 아래서 무엇을 하고
있는지를 발견하는 것이다.

사람이 믿으려면 모든 불의와 싸울 수밖에 없지만 그것을 이길 힘은 오직 믿음으로만 가능하다. 본성이 부패한 육신은 이미 죄 아래 살지만 성령이 함께 하는 사람은 육신의 연약함을 알고 하나님께 도움을 구해야 한다.

신자가 하나님 임재 안에서 살아가야 할 이유는 바로 그 죄 때문이다. 늘 원하지 않는 악을 행할 수밖에 없는 본능적인 육신을 보면서 그것은 내가 아니라 악으로 이끄는 죄의 성향이라는 것을 안다. 그러나 신자는 그 죄를 하나님께 맡기고 그 죄를 거절하는 것이 믿음으로 사는 것으로 내 속에서 선을 행하기 원하는 나에게 악함이 무수하게 드러나는 것을 보면 내가 죄인이라는 것을 알기에 하나님만 바라보아야 한다. 마음은 하나님을 기뻐하지만 내 안의 악한 본성은 또 다른 것에 만족을 얻으려고 하기에 내 안의 또 다른 나의 나됨은 하나님으로만 되기를 원해야 한다.

믿음이란 거꾸러지고 넘어지면서 일어나 걷는 훈련이라면 자꾸 실패하고 넘어지는 것도 복이 되는 것이다. 우리가 이런 육신의 미약함을 모른다면 어떻게 주님을 붙들 수 있을까? 고민하다가 죄와 사망의 법에서 건짐을 받아 생명에 이르게 된다면 그것이 복이 된다. 믿음이란 바로 넘어진 그 자리에서 다시 일어나는 것으로 실수하고 실패해도 주님만 믿기만 하면 생명의 법 안에서는 다시 일어나는 것을 알기에 매사에 잘못을 인정하고 다시 일어나는 길이 있는 것에 감사해야 한다. 그래서 우리는 늘 실패하고 넘어짐에서 끝나지 말고 마침내 될 때까지 자꾸 일어나려고 하지만 그 일어나는 것도 하나님이 해주셔야 한다.

📖

우리는 이 복음을 받아들이지 못해서 낙심하면서 처절하게 탄식한다. 그러나 그 자리에서 넘어져도 다시 일어나 또 가는 것이 바로 믿음으로 사는 것이다. 사람이 힘들어도 그대로 주저앉지 않게 하시려고 기도할 기회를 주시는 하나님은 믿음을 포기하지 않게 하시려고 회개하게 해주신다. 사람의 구원은 하나님으로만 되고 그 택함을 받는 것도 전적인 하나님의 주권으로만 된다. 그러나 육신의 자녀가 다 하나님의 자녀가 아니라 약속의 자녀가 그 씨로 여김을 받는다면 신자는 하나님께 선택받은 한가지만으로도 감사해야 한다. 하나님은 하나님께 나가고자 하는 마음을 보시고 긍휼히 여기신다.

📖

하나님 은혜 안에 살아가면서도 여전히 병마가 오고 문제가 생긴다. 이유나 원인을 조금도 알 수 없지만 하나님이 주신 몸을 바르게 관리하지 못했다는 책임이 따른다는 것을 이제는 안다. 그리고 일생동안 영혼이 겪는 어두운 밤이 지속되어도 알아주는 이는 아무도 없는 것을 경험하면서 평생 믿음으로 힘들게 살아 온 인생이 지나간다.

사람들은 이 믿음으로 하는 시련의 고비를 알지 못하고 자신이 소유한 것으로 만족하면서 살아가는 것이 큰 문제가 된다. 그리고 사람들은 가는 곳마다 그 인정해주는 맛으로 거기에 매이다가 하나님을 잘 믿지 못한다. 그러나 가는 곳마다 인정받지 못하고 알아주는 사람이 없어서 슬픈 사람에게 하나님이 아시고 오신다. 하나님은 완전하고 다 가진 자의 하나님이 아니라 미약하고 부족해서 어디서나 인정받지 못하는 약한 사람의 하나님이시라는 것을 안다면 매사에 겸손해야 한다.

아무것도 깨닫지 못하는 뜨겁지도 차지도 않은 믿음이라면 그 믿음으로 할 수 있는 일이 무엇인지 깊이 고민해야 한다. 사람은 오래 믿을수록 더 하나님을 바라보고 하나님을 붙들어야 하는데 오래 믿은 것에 안심하면서 믿음을 중요하게 여기지 못한다. 믿음으로 사는 것이란 믿음의 현실과 실증의 차이가 큰 것인데 본능적인 육신의 생각으로 나가니 마음이 텅 비어가도 그 원인을 해결하는 힘이 없는 것이 문제가 된다.

그리고 믿음으로 살아가려면 생각도 느낌도 믿음이 아닌 것은 다 죄가 된다는 것을 알기까지 매우 오래 걸린다. 가장 중요한 것은 사랑으로 하지 않은 모든 것과 성령을 따라 행하지 못하는 모든 것이 다 죄라는 것이다. 자신의 소유를 자기 것으로 알고 마음대로 사용하면서 사람을 사랑하지 못하는 것도 죄라는 것을 안다. 교회 마당을 늘 돌고 돌지만 마음 안에 계시는 하나님을 찾지 못하는 어리석음도 죄가 주는 결과라는 것을 아는데도 오래 걸린다.

신자라면 사람을 믿지 말아야 하는데 자신의 부족도 모르니 믿음도 알지 못한다. 그래서 회개가 오래 걸린다는 것은 그만큼 자신의 죄를 보기가 힘들다는 의미가 된다.

📖

사람이 살아가면서도 힘들다고 말하지 못하는 인생이 지나간다. 그런 사정을 말할 데도 없고 말해야 들어줄 사람도 없지만 아프면서도 참고 살아온 삶 때문에 메말라가는 사람을 보면서 믿어야 산다는 것만 안다. 힘든 일을 하지만 힘들다고 말하지 못하고 힘들게 섬기면서도 인정받지 못하는 그 속에서 다 처리된 줄 알던 자존심이 문제 속에서 크게 드러나는 것을 본다. 그리고 또다시 제어할 수 없는 본성을 처리하지 못하고, 당하는 슬픔을 풀어 낼 곳이 아무데도 없다는 것을 경험하면서 이런 것을 처리 받고 덜어내기 위해 늘 기도하는 수고를 감수해야 한다.

📖

하나님 나라로 들어가기 위해서 주님만 믿으면 다 된다는 이 간단한 공식 속에는 많은 것이 들어있다. 그리고 믿음으로 살아가는 과정은 그리 쉬운 일이 아니라는 것을 알기까지 매우 오래 걸린다. 사람은 그 구원이 오직 믿음으로만 되려면 사람의 노력보다 은혜로 되어야 한다.

이 복된 소식을 3년 동안 주님과 동거한 제자도 주님이 누구신지 믿지 못하고 지금도 교회에 다녀도 믿지 못하는 사람이 많다. 그리고 우리는 그 말씀이 마음에 새겨지지 못해서 주님을 알아보지 못한다. 사람이 주님을 부르면 구원을 얻는 줄 알고 주님 이름을 크게 부르지만 그 이름을 부르는 것도 주님을 마음으로 믿고 입으로 시인한다면 마음 안에서 일어나는 것들이 무엇인지 알아야 바르게 믿을 수 있다.

사람은 믿음이 있는지 아닌지는 그 차이로 판별이 난다. 주님이 오신 후에 이방인인 우리는 급속하게 주님 안으로 들어감을 얻는다. 이것을 안다면 우리는 믿는 사람이지만 결국 그 불의한 것을 벗어버리지 못하면 그들처럼 내침을 받으면서 믿지 않던 사람들이 급속히 믿음 안으로 들어와서 믿음의 자리를 차지할 것이다.

결론적으로 이스라엘은 버림받은 것이 아니라 그들이 실패하는 동안 이방인이 들어오면서 오히려 복음이 속히 확산되지만 이방인인 우리도 교만하면 다시 버림받을 수 있다.

신자도 택정함을 받았으나 하나님 은혜가 없으면 더 완악해져서 그 영혼이 이전보다 더 황폐해진다. 그러면 내침을 당하는 것이 무엇인지 경험하면서 그 완악해진 속으로 하나님이 오셔야 해결이 난다. 믿음으로 가지 못하고 사람의 의로 간다면 심령의 눈과 귀가 더 어두워져서 마음이 완악해지는 이런 것이 깨어져야 믿음이 무엇인지 알게 된다.

　　　　　　　　📖

이 아름다운 세상도 믿음이 아니면 소용없지만 우리의 구원이 믿음으로 된다는 것을 안다면 매사에 낙심하면 안 된다. 구원의 문제는 하나님의 주권으로만 된다는 것을 안다면 헛된 일에 힘쓰지 말고 오직 하나님만 바라보아야 한다. 구원을 모르는 신앙은 무지해서 헛된 일만 따라다니지만 참된 믿음은 주님을 믿는 것이다. 유대인들은 자기들만 선택을 받아서 심판에 이르지 아니한다는 이 굳어진 가치관 때문에 결국은 멸망으로 내려간다.

　　　　　　　　📖

믿음은 마음이 하나님께로 돌아가는 것인데 내 마음만 생각하고 내 형편에만 관심을 가지면서 하나님을 잊으면 안 된다. 다행히 우리에게 직분이 있으니 헌신도 하고 섬기기도 하지만 하나님을 알려면 마음이 먼저다. 그리고 그 앞에 오는 모든 문제도 자신의 어리석음 때문이라는 것을 안다면 정신 차려야 한다. 그래서 자신을 지키는 것도 믿음을 위해서 지켜야 하고 나도 주님 것이기 때문에 주님을 위해서 믿음을 지켜야 한다.

어느 추운 겨울 날 방안에서 수증기로 가득 찬 유리창을 쳐다보다가 불현듯 글씨가 쓰고 싶어졌다. 손가락으로 예수님이라고 쓰는데 그 글씨가 갑자기 핏빛으로 변하면서 "내가 희생한 것 같이 너도 희생하라"는 말씀을 감동 깊게 들려주셨다. 그 말씀을 들으면서 다시 글씨를 보니 예수님이란 글씨가 피로 변해서 핏물이 유리 아래로 줄줄 흘러내렸다. 이 모습을 보며 마음에 큰 충격을 받았다.

그날 하나님 음성을 들으면서도 그 피로 변한 예수님이란 글씨가 무엇을 뜻하는지 당시에는 조금도 이해할 수 없었다. 그러나 "앞으로 희생하면서 살아가라"는 하나님의 소명이라고 생각해 마음에 깊이 담아둔다.

이런 신비한 현상을 통하여 주님 마음을 알고 난 후에는 어려운 일을 겪을 때마다 그 흐르는 피의 예수님과 들리는 하나님의 음성을 기억하면서 인내하게 된다. 돌아보니 일생동안 섬기고 희생하지만 제대로 먹지 못하고 인정받지 못한 것을 아시는 하나님을 보면서 하나님은 약한 자의 하나님이라는 걸 새삼 깨닫는다. 그리고 하나님은 소외당하고 힘없고 슬픈 영혼을 외면하지 않으신다는 것을 보면서 하나님은 왜 사람을 사랑하라고 하시는지 그 의미를 알게 된다. 하나님의 사랑을 받은 것을 생각하면 다른 것에 대한 관심도 사라지고 그 어떤 사람도 하나님이 함께 하지 않으면 소용이 없다.

우리가 믿음을 따라가려면 내적 흐름에 주의해야 한다. 믿음 안에서 하나님은 우리로 무엇을 하기를 원하시는지 하나님 마음이 어떠한지 살피는 것이 믿음이다. 그런데 보이는 세상 즐거움을 따라다닌다면 하나님이 주시는 은혜의 빛은 점점 어두워진다. 그리고 "믿음 안에서 내가 희생한 것 같이 너도 희생하라"는 하나님 말씀은 나를 믿고 해주신 말씀이기에 감사로 받으면서 아무에게나 이런 말씀을 해주실 하나님이 아니시라는 것을 아니 문득 사명감이 느껴진다. 그리고 나 같이 부족하고 못난 사람을 믿어주고 부탁하시는 그 현상을 보면서 그 어떠한 억울한 사건을 만나도 그 피의 예수님을 생각하면서 많이 덮어버린다.

사람들은 은혜 받은 것을 밖으로 드러내면 안 된다고 말하지만 복음을 위해서는 살든지 죽든지 사람의 생명을 살리기 위해서 한 알의 밀알처럼 죽어져야 한다. 많은 상처와 슬픔이 몰아치는 상황 속에서도 손해를 보아도 기쁘게 여기면서 가야 하는 길이 믿음으로 가는 길이지만 이 말씀은 나에게만 주시는 말씀이 아니라 신자라면 누구나 다 들어야 하는 말씀이다. 그리고 이제는 사방으로 힘들게 하는 그 악한 파트너도 감사로 받는 이유는 그 사람 때문에 오늘 자신이 그 힘든 일을 통하여 믿음으로 세워졌다는 것을 알기 때문이다.

글을 마치면서

영적으로 배고프고 힘든이에게

그동안 하나님을 사모하는 마음으로 여기까지 오게 되었습니다. 글을 쓰는 동안 살아계신 하나님을 얼마나 많이 경험하게 해 주시는지…. 그것을 보면서 하나님은 다른 사람이 아니라 내가 먼저 믿음으로 세워지기를 원하신다는 것을 알게 됩니다.

두서없이 격식도 없이 마음에 오는 부담을 그대로 표현하지만 아무리 보아도 부족하기만 한 글 속에 하나님을 표현하는 것이 역부족이라는 것을 잘 아니 송구스러울 뿐입니다. 그래서 은혜받은 것을 감히 드러내고 싶지 않은 마음이지만 하나님이 주신 은혜를 드러내지 않으면 할 일이 없는 것을 알기에 글을 쓰게 됩니다. 그리고 글을 쓰는 것도 나의 사명이라는 것을 압니다. 그 이유는 글을 쓰고 싶은 마음을 주지 않았으면 한 글자도 쓰지 못하는 나의 부족함을 알고 있기 때문입니다.

그 동안 영적으로 배고프고 힘든 지난날의 나를 돌아보면서 모두에게 작은 도움이라도 되고 싶은 마음으로 글을 썼습니다. 하나님이 기뻐하신다고 생각하고 용기를 내어 쓴 이 글을 먼저 하나님께 올려드리면서 그동안 힘을 주시고 세밀하게 인도해주시어 글을 마무리하게 해주신 하나님께 감사드립니다.

그리고 이 글을 쓰고 난 후에 한동안 이런 사실을 잊어버린 것을 기억합니다. 아무리 보아도 부족한 글인 것을 알고 포기한 후에 많은 어려움을 겪었습니다. 어느 날 너무나 목이 메여 숨이 막히고 가슴이 답답해서 죽을 것 같이 힘이 들었습니다. 무엇 때문인지? 왜 그런지? 한참을 생각하다가 한쪽 구석에 놓인 컴퓨터를 쳐다보았습니다. 주님이 그 작은 컴퓨터 속에 갇혀 숨이 막혀 힘들어 하신다는 것을 갑자기 깨닫게 됐습니다.

나란 사람은 얼마나 무지하고 어리석은지…. 방치된 컴퓨터 속에 생명이 되시고 살아계신 주님을 계속 가두고 산 사실에 생각이 미치니 너무 민망하고 다급해서 얼른 컴퓨터를 열었지만 이런 중에도 죽을 것 같은 고비를 넘기면서 사단의 방해가 심한 것을 경험했습니다.

사단은 우리가 하나님의 일을 전하지 못하게 수시로 방해를 합니다. 하지만 우리는 두려움, 놀람, 위협 등으로 몰아치는 그들의 방해를 넘기면 좋은 일이 있을 것이라는 소망을 갖고 믿음으로 살게 됩니다. 이런 것을 깨닫고 어려움을 견디면서 여기까지 인도해 주셔서 글을 마치게 해주신 주님께 진심으로 감사드립니다.

오늘도 소망을 갖고 주님으로 사는
강영희 드림

이 책을 읽고 받은 은혜는…

이 책을 읽고 받은 은혜는…

미국의 예일, 줄리어드, 노스웨스턴,
이스트만, 브룩힐, 한예종, 예원중에서
수석도 하고 장학금과 지원금으로
그동안 10억여 원을 받으며
공부하는 두 아이지만,
그녀는 성품교육을 더 중요시했다.

두 자녀를 잘키운
삼숙씨의 이야기

정삼숙 사모 지음

CBS-TV
「새롭게하소서」
저자 간증

1년에 젊은이 100여 명을 교회로 인도한
60대 할머니의 전도법과
주님께 받은 축복들!

전도2관왕 할머니의 전도법

박순자 권사 지음

CBS-TV
「새롭게하소서」
저자 간증

14살 학생부터 70대 할머니 성도들까지
예수님의 능력으로 앞다투어 복음을 전하며
200여 교회를 개척하게 하신
하나님 이야기!

그들에게는
예수의 심장이 뛰고 있다

윤필립 선교사 지음

유튜브 영상

사역 현장에서 참 사랑이 무엇인지도 모르고,
고통하며 아파하는 지체들과 좌충우돌하면서
하나님의 부족한 여종으로 살아온 인생 이야기!

주여, 나의 삶을 받으소서

복음성가 가수 방은미 사모 지음

CBS-TV
「새롭게하소서」
저자 간증

망망한 바다 한가운데서 배 한 척이 침몰하게 되었습니다.
모두들 구명보트에 옮겨 탔지만 한 사람이 보이지 않았습니다.
절박한 표정으로 안절부절 못하던 성난 무리 앞에 급히 달려 나온 그 선원이
꼭 쥐고 있던 손바닥을 펴 보이며 말했습니다.
"모두들 나침반을 잊고 나왔기에… "
분명, 나침반이 없었다면 그들은 끝없이 바다 위를 표류할 수 밖에 없을 것입니다.

우리는 삶의 바다를 항해하는 모든 이들을 위하여
그 나침반의 역할을 하고 싶습니다.
우리를 구원하신 위대한 주 예수 그리스도를 널리 전하고 싶습니다.

"하나님은 모든 사람이 구원을 받으며
진리를 아는 데에 이르기를 원하시느니라"
(디모데전서 2장 4절)

영성의 오솔길
믿음 안에 사는 기쁨

지은이 │ 강영희
발행인 │ 김용호
발행처 │ 나침반출판사

제1판 발행 │ 2019년 3월 1일

등 록 │ 1980년 3월 18일 / 제 2-32호
본 사 │ 07547 서울특별시 강서구 양천로 583
　　　　블루나인 비즈니스센터 B동 1607호
전 화 │ 본사 (02) 2279-6321 / 영업부 (031) 932-3205
팩 스 │ 본사 (02) 2275-6003 / 영업부 (031) 932-3207
홈 피 │ www.nabook.net
이 멜 │ nabook@korea.com / nabook@nabook.net

ISBN 978-89-318-1572-6
책번호 가-9070

값은 뒷표지에 있습니다.